JN409621

풍고집

이 책은 2015～2016년도 정부(교육부)의 재원으로 한국고전번역원의 지원을 받아
수행된 '권역별거점연구소협동번역사업'의 결과물임.

This work was supported by Institute for the Translation of Korean Classics - Grant funded by the Korean Government.

한국고전번역원 한국문집번역총서／성균관대학교 대동문화연구원

풍고집 3

楓皐集

김조순 지음 김채식 옮김

金祖淳

일러두기

1. 이 책의 번역 대본은 한국고전번역원에서 간행한 한국문집총간 289집 소재《풍고집(楓皐集)》으로 하였다. 번역 대본의 원문 텍스트와 원문 이미지는 한국고전종합DB(http://db.itkc.or.kr)에서 확인할 수 있다.
2. 내용이 간단한 역주는 간주(間註)로, 긴 역주는 각주(脚註)로 처리하였다.
3. 한자는 필요한 경우 이해를 돕기 위하여 넣었으며, 운문(韻文)은 원문을 병기하였다.
4. 맞춤법과 띄어쓰기는 한글 맞춤법과 표준어 규정을 따랐다.
5. 이 책에서 사용한 부호는 다음과 같다.
   ( ): 번역문과 음이 같은 한자를 묶는다.
   〔 〕: 번역문과 뜻은 같으나 음이 다른 한자를 묶는다.
   " ": 대화 등의 인용문을 묶는다.
   ' ': " " 안의 재인용 또는 강조 문구를 묶는다.
   「 」: ' ' 안의 재인용을 묶는다.
   《 》: 책명 및 각주의 전거(典據)를 묶는다.
   〈 〉: 책의 편명 및 운문·산문의 제목을 묶는다.

차례

풍고집 제5권

시 詩

풍고집 제6권

시 詩

풍고집

제5권

詩시

시詩

누각에 기대[1]

倚樓

맑은 난간이 땅에서 훌쩍 솟아	檻淸離地逈
넓은 창으로 하늘이 한가득 들어오네	窓豁納天多
일찌감치 잠들고 싶지만	縱欲早眠已
새로 돋은 달을 어이하랴	其如新月何
서늘한 바람에 대숲이 속삭이고	微凉生竹語
깊은 밤에 발 그림자 조용하네	遙夜靜簾波
예부터 누각에 오른 느낌은	自古登樓感
가을을 만난 때보다 더 나은 건 없었네	逢秋抵不過

1 누각에 기대 : 저자의 나이 57세 되던 1821년(순조21)경에 지은 시이다. 《풍고집》 권5에는 1821년부터 1826년 사이에 지은 시가 수록되어 있는데, 대체로 연대순을 따랐지만 순서가 뒤바뀐 시도 간혹 있다.

연사의 시에 차운하다

次蓮社韻

만사의 성쇠는 하늘의 소관일 뿐	萬事盈虛只管天
듬성한 머리숱에 무정한 세월 느끼네	蕭蕭鬢髮感流年
진로가 이미 판가름 나니[2] 점칠 필요 없고	頭顱已判無須卜
마음과 자취 어긋나니 누가 세상에 전할까	心迹相違孰可傳
가을 기운은 가만히 단풍잎 속에 스미고	秋意潛歸楓葉裏
빗소리는 드문드문 국화 앞에 이르네	雨聲疏到菊花前
한가로이 시냇가 사립 밖에 지팡이 짚고서	悠然倚杖溪扉外
당시 시냇가에 서 계시던 공자를 생각하네[3]	緬仰當時子在川

2 진로가……나니 : 원문의 '두로(頭顱)'는 본래 머리뼈를 뜻하는 말인데, 앞길이나 운명을 가리킨다.

3 당시……생각하네 : 세월의 무상함을 느낀다는 의미이다. 《논어》 〈자한(子罕)〉에, 공자가 시냇가에 계시면서 말하기를 "가는 것이 이 물과 같구나. 밤낮을 쉬지 않고 흐르누나.〔逝者如斯夫, 不舍晝夜.〕"라고 한 구절을 가리킨다.

석한에게 주다

贈石閒

그대는 초가집도 편히 여기니	君猶安茆屋
집이 없었다면 어찌했을꼬	無屋竟焉哉
한미한 유생의 모습 늘 생각하노니	永念寒儒狀
응당 찾아오는 친구가 드물 거네	應稀故友來
옷을 벗어 주어 입은 모습 보고	解衣看着罷
술을 내다 얼른 따라 권하니	呼酒進斟催
이러면 얼음과 눈 매서운 추위 잊을 만하니	卽可忘氷雪
자주 매화시 짓기를 사양치 마소	休辭數賦梅

매화 아래서

梅下

밤기운 시린 산창에 초롱불도 가물거리는데	夜冷山牕篝火殘
매화 앞에 나란히 앉아 멍하니 마주 보네	梅前耦坐嗒相看
그대에게 묻노니, 그윽한 향기를 맡아보았는가	問君暗聞生香未
시절 분간 못하는 그 뜻 또한 알기 어렵네	覺不分時義更難
빛깔과 촉감이 한 점 티끌조차 없으니	色觸都無一點塵
본래 후각의 보배가 되기는 어렵네	生來難作鼻觀珍
세모의 추운 날씨에 깊숙이 앉아서	天寒歲暮深深坐
당시에 흰 실을 슬퍼하던 사람[4]을 길이 생각하네	緬憶當年泣素人
푸른 실 같은 가지 하나 가로로 뻗어 나왔는데	一枝橫出碧紗痕
가루눈 드문드문 북풍은 시끄럽네	輕雪疏疏朔吹喧
얼음처럼 맑은 꽃을 보자 내 눈에 열이 나니	看道氷淸秖熱眼
예부터 곤륜산 옥돌은 본디 따스했다네	元來崑玉自然溫

4 흰……사람 : 묵자(墨子)를 가리킨다. 소사(素絲)는 흰색 실을 가리키는데, 사람의 성품이나 생각이 환경과 습속의 영향으로 쉽게 변한다는 의미이다. 묵자가 실을 물들이는 사람을 보고서 "푸른색을 물들이면 푸르게 되고, 누런색을 물들이면 누렇게 되며, 오색을 물들이면 오색이 되니, 물들이는 색을 삼가지 않을 수 없다."라고 탄식한 것을 가리킨다.《墨子 所染》

패옥을 차고 예쁘게 걸으니 아름다운 미소가 예쁘고[5] 佩玉之儺巧笑倩
진실로 이와 같은 사람은 정숙한 아가씨일세[6] 展如人也靜其姝
수풀 아래서 서로 만나 어울리니 相逢邂逅于林下
한 묶음 싱싱한 꼴로 망아지를 먹이고 싶네[7] 一束生芻願秣駒

새로 곧은 가지 돋고 묵은 가지는 늘어져 新枝迸直舊枝斜
가지마다 생기 돌아 차례로 꽃이 피네 竪倒生生次第花
한 번 낙와에서 점을 본 후로 一自樂窩觀占後
진정 상수의 대방가가 되었네[8] 眞成象數大方家

5 패옥을……예쁘고 : 매화를 사람으로 의인화하여 아리따운 모습과 아름다운 자질이 갖추어졌음을 가리킨 말이다. 《시경》 〈죽간(竹竿)〉에 "예쁘게 웃음에 이가 옥빛 같고, 패옥을 차고 예쁘게 걸어가네.〔巧笑之瑳, 佩玉之儺.〕"라고 하였다. 《논어》 〈팔일(八佾)〉에 자하(子夏)가 공자에게 "옛 시에 '예쁜 웃음에 보조개가 예쁘며, 아름다운 눈에 눈동자가 선명함이여. 흰 비단으로 채색을 한다.〔巧笑倩兮, 美目盼兮, 素以爲絢兮.〕'라고 하였으니, 무엇을 말한 것입니까?"라고 묻자, 공자가 "그림 그리는 일은 흰 비단을 마련하는 것보다 뒤에 하는 것이다.〔繪事後素.〕"라고 대답하였다.

6 진실로……아가씨일세 : 매화가 훌륭한 품성과 지조를 갖추었음을 가리킨 말이다. 《시경》 〈군자해로(君子偕老)〉에 "진실로 이와 같은 사람이야말로, 나라의 아름다운 분이시로다.〔展如之人兮 邦之媛也.〕"라고 하였다. 《시경》 〈정녀(靜女)〉에 "정숙한 고운 아가씨, 성 모퉁이에서 나를 기다리네.〔靜女其姝, 俟我於城隅.〕"라고 하였다.

7 한……싶네 : 품성이 고결한 현사(賢士)를 붙잡고 싶다는 뜻이다. 《시경》 〈백구(白駒)〉에 "깨끗한 흰 망아지, 저 빈 골짜기에 있네. 싱싱한 꼴 한 줌 먹이노니, 그 주인님 옥과 같네. 가시더라도 소식을 금옥처럼 아껴, 부디 나를 멀리하지 마시기를.〔皎皎白駒, 在彼空谷. 生芻一束, 其人如玉. 毋金玉爾音, 而有遐心.〕"이라 하여 어진 사람과 헤어지기 아쉬운 정을 노래한 구절이 있다.

8 한 번……되었네 : 송나라 소옹(邵雍, 1011~1077)이 매화를 감상하다가 이치를 터득하여 점치는 법을 창안하였으니, 이를 매화수(梅花數), 관매점(觀梅占)이라 하는데, 임의대로 한 글자의 획수(劃數)를 취하여 8획을 제하고 남은 수로 괘(卦)를 얻고, 또 한 글자의 획수를 취하여 6획을 제하고 남은 수로 효(爻)를 얻은 다음, 이것을 역리(易理)에 의거하여 길흉(吉凶)을 판단하는 방법이다. 낙와(樂窩)는 소옹이 소문산(蘇門山) 백천(百泉)에 은거하여 독서하던 안락와(安樂窩)를 가리킨다.

교외의 모화관에서 어가를 호종하며 말 위에서 기뻐서 짓다[9]

陪扈郊館 馬上喜賦

천시와 인사가 본디 서로 어긋남이 없어	天時人事本無違
요즘 날씨 잘못되지 않았단 걸 알겠네	比日陰晴驗不非
중국 사신은 눈 내리기 전에 조정에 왔는데	客使庭臨先雪至
우리 군왕께서 봄 저문 뒤에 교외에서 전별하시네	君王郊餞贈春歸
평소에는 흘러가는 운수를 알지 못하나	尋常莫認流行運
어둑한 가운데 오히려 돌아가는 이치 있다네	冥漠猶存斡旋機
필시 내일 아침 누런 햇살 떠올라	更卜明朝黃襖出
팔방의 추운 선비들 갖옷 입은 이 드물리	八方寒士尠裘衣

9 교외의……짓다 : 이 시는 순조가 서대문 밖 모화관에 거둥하여 중국 사신을 전송하는 의식에 참여하였을 때 지은 시로 추정되는데, 어느 해인지는 분명하지 않다.

설날 아침[10]

元朝

이날 그대의 말이 너무도 서글프니	此日君言太可憐
흰 말이 문틈 지나듯 천체가 한 바퀴 돌았네	悤悤隙駟一周天
비록 오는 신사년 다시 보게 되더라도	縱令重見來辛巳
요 임금 나이 견줘볼 때 두 살이 모자랄 뿐[11]	猶比唐堯減兩年
한 해 내내 근심 걱정에 미간 펴지 못해도	盡歲憂愁不展眉
어찌 묵은해 보내면서 처량해서야 되리	云胡餞舊却凄其
가련타, 육십갑자 태어난 해 돌아오는 날은	可憐甲子重回日
분명히 손자들이 할아비라 말하는 때이리	應是兒孫話祖時

10 설날 아침 : 시의 내용에 근거해보면 풍고의 나이 57세 되던 1821년(순조21) 설날 아침에 지은 시로 추정된다.

11 비록……뿐 : 신사년(1821)은 풍고의 나이 57세 되는 해로, 다음 신사년은 여기서 60년을 더한 117세가 된다. 요 임금은 기록에 따르면 118세 전후로 장수하였다고 하므로 이 나이보다 두 살이 모자란 것을 비교한 것으로 보인다.

죽리 족숙이 화답시를 지어 보여주었는데, 바로 경산학사가 두실 태사의 〈별향산(別香山)〉 시에 차운한 시에 화답한 것이다. 그 순박하고 진실함이 기뻐서 그 운에 따라 시를 지어 산사에 함께 보관하기를 청한다[12]

竹里叔 示和經山學士次斗室太史別香山詩韻 喜其醇眞 率步成之 乞同藏山寺

산이여, 산이여, 천 리에 뻗고 만 길을 솟으면서도
山兮山兮袤橫千里聳萬丈

과아의 어깨와 거령의 손을 빌리지 않았네[13] 不藉夸娥之肩巨靈掌

12 죽리(竹里)……청한다 : 이 시는 1824년(순조24)에 지은 시이다. 정원용(鄭元容)의 《경산집(經山集)》 권3에 〈추화풍고두실김죽리이교삼태사향산시운…(追和楓皐斗室金竹里履喬三太史香山詩韻…)〉이란 시에 자세한 내력이 실려 있는데, 풍고, 심상규(沈象奎), 김이교(金履喬) 세 사람의 시도 부록으로 모두 수록했다. 정원용이 기록한 내용은 다음과 같다. 정원용이 경진년(1820) 봄에 영변 부사(寧邊府使)로 재임하던 중에 두실 심상규가 안찰사로 순찰을 와서 함께 묘향산을 유람하였다. 심상규가 시를 지어 상원암(上院庵)에 남기면서 정원용에게 화답시를 구해 함께 보관하기를 원하였다. 시가 완성되고 나서 임오년(1822) 봄에 김이교도 안찰사로 와서 다시 화답시를 지었고, 갑신년(1824) 늦봄에 풍고 김조순이 이 소식을 듣고서 서울의 견평방(堅平坊) 집에서 화답시를 지었다. 이 기록을 종합하면 1820년에 심상규가 처음으로 시를 지어 절에 보관하였고, 1822년에 김이교와 정원용이 향산시축을 열람하고 화운시를 지었으며, 이어 1824년에 김조순이 김이교를 통해 그 시축을 보고 재차 화운시를 지어 한군데 보관케 한 것이다.

13 과아(夸娥)의……않았네 : 과아는 신(神) 이름이다. 옛날에 우공(愚公)이 집 앞을 가로막고 있는 산을 옮길 때 하늘의 상제가 우공의 정성에 감동하여 과아를 내려 보내 산을 옮기게 하였다고 한다. 거령(巨靈)은 하신(河神)의 이름으로 옛날에 화산(華山)이 하수(河水)를 막고 있어서 하수가 빙 돌아서 흐르자 거령이 이 산을 둘로 쪼개어

묘향이라 이름 지어진 것도 기이하니 名以妙香亦異哉
색깔도 모양도 형상도 취하지 않았네 非色非相非取象
어떤 신인이 박달나무 아래 석굴에서 태어났는데
有神人生檀木下石窟中
그 어미가 곰이라 하니 더욱 황당하네[14] 厥妣云熊尤惝怳
지금까지 박달나무 빼곡히 자라 至今檀木森成束
토착민들이 창고의 재물처럼 재목으로 쓰네 土人取材如府帑
서쪽으로 유람하는 객들은 꼭대기에 올라 西遊之子登絶巓
삼성과 정성의 희미한 빛을 어루만지고, 항해의 상쾌한 기운을 호흡하네[15]
捫歷參井之嘒 呼吸沆瀣之爽
나는 젊은 시절 벼슬살이하던 때부터 余自少年仕宦日
늘 이곳에서 벼슬아치가 되고자 했는데 此地常願作官長
신선의 구역을 실컷 구경하기 위함이지 思爲仙區飽看之
집이 화려하고 봉양이 풍성하길 원해서가 아니네 不在屋潤兼身養

하수를 곧게 흐르게 하였다고 한다. 《列子 湯問》《文選 張衡 西京賦》

14 어떤……황당하네 : 묘향산의 단군굴(檀君窟)에 얽힌 신화를 가리킨다. 천제의 아들 환웅(桓雄)이 태백산 신단수에 내려와 사람으로 변한 웅녀(熊女)와 혼인하여 단군을 낳았다는 신화인데, 태백산을 묘향산이라고 보는 견해가 있다.

15 삼성과……호흡하네 : 서쪽 지방의 명산 묘향산을 유람하여 신선의 경지를 체험한다는 말이다. 삼성(參星)과 정성(井星)은 각각 28수(宿)의 하나로 남서쪽에 있는 촉(蜀)과 진(秦) 분야에 해당하는 별자리이다. 당나라 이백(李白)의 〈촉도난(蜀道難)〉에 "삼성 만지고 정성 지나 우러러 숨을 죽이고, 손으로 가슴 쓸며 앉아 탄식하네.〔捫參歷井仰脅息, 以手撫膺坐長歎.〕"라고 하였다. 항해(沆瀣)는 야간의 수기(水氣)가 엉긴 맑은 이슬을 말하는데, 선도를 수련하는 법을 가리킨다. 《한서》 권57 〈사마상여전(司馬相如傳)〉에 "밤이슬을 마시고 아침놀을 먹는다.〔呼吸沆瀣兮餐朝霞.〕"라는 구절이 있다.

이따금 밤에 잠자다 살수를 건너니　　種種宵寐渡薩水
정기가 발산하여 꿈이 되고 꿈은 상상에 기인한 것이네
精發爲夢夢因想
경산이 용이하게 그곳 주인이 되자　　經山容易爲主人
죽수와 두옹이 뒤따라 호쾌한 유람을 떠났네　　竹叟斗翁踵豪賞
모두 시인으로 산과 인연을 맺었는데　　等是騷人結山緣
나만 어이하여 하늘을 오르기 어려운가　　余獨胡爲難天上
지난해에 경산이 전도를 보내주어　　去年經山寄全圖
펼쳐보매 눈이 흔들리고 정신이 더욱 달려갔네　　手披目動神愈往
오늘 다시 세 분의 걸작을 읽어보니　　今日復讀三傑作
시 구절 기이하고 소리는 크고도 넓어　　句語恢奇音渢泱
옥돌 숲, 화려한 계곡, 눈 내린 폭포, 구름 절벽, 붉은 사다리, 푸른 병풍이 완연히 눈앞에 있어　　璚林繡壑雪瀑雲壁丹梯翠鏁宛在前
나로 하여금 난새·학과 더불어 날고, 호랑이·사슴과 함께 뒹굴고 싶게 만드네　　令余遂欲與鸞鶴翔兮虎豹麋鹿共偃仰
멀리서 산신령을 위해 축하의 말 올리니　　遙爲山靈致賀語
예부터 이와 같은 칭송은 없었으리　　古來未有此誇奬
나 또한 우쩍 기이한 기운이 솟아　　余亦㪺然湧奇氣
세 걸작에 이어 더 넓히려 생각해보지만　　意沿三作更推廣
백 번 듣는 것이 끝내 한 번 보는 것만 못하므로　　百聞終遜一見親
바람결에 나도 몰래 생각이 멍해지네　　臨風不覺思惘惘
재주와 생각이 말랐으니 묘향산을 어이하랴　　才怯思枯奈山何
머리 흔들며 시를 쓰자니 견강부회가 많네　　抖擻下筆多牽强
산의 진면목을 묘사했는지는 논하지 않더라도　　未論狀山未眞面

문원의 훌륭한 일에 참여했다 하리라 文苑勝事猶髣髴
속초[16]하려는 마음에 제 역량 헤아리지 못했어도 初心續貂雖不量
대체로 나의 재주 자랑을 그만두기 어렵네 大抵難抛是技癢
또 다행히 공들께선 지난날 솥의 삼족과 같더니
又幸公輩昔似鼎三足
그렁저렁 나를 얻어 수레로 삼았으니 輾轉得余爲車兩
네 시축이 오래오래 절집에 안치되어 四軸長與鎭祇林
천년토록 그림자와 메아리처럼 서로 아니 흩어지리 千年不離影與響
나는 상상하노라, 이제부터 광염이 밤마다 사방 산을 비춰
我想自此光燄夜夜燭四山
석가모니 환희하고 도깨비들 달아나리 佛尊歡喜逃魍魎

16 속초(續貂) : 담비 꼬리가 부족하자 개 꼬리로 대신한다는 뜻으로 남의 훌륭한 시에 자신의 볼품없는 시를 이어 짓는다는 겸손한 표현이다.

석실 선조의 중대 절구에 공경히 차운하다[17]

敬次石室先祖中臺絶句韻

위아래 분별이 없어진 인간 세상[18] 통곡하셨으니	痛哭人間倒屨巾
깊은 산속에서 조수와 어울릴 만하셨으리	深山鳥獸可同群
지금 선생의 자취를 찾아보면	秖今試覓先生迹
맑은 바람과 흰 구름만 남았네	惟有淸風與白雲

정묘년의 지난 일은 눈물이 수건을 적실 만한데	丁年往事足霑巾
남기신 시 누차 읽어보니 원망의 소리 많았음을 알겠네	三復遺詩見怨群
누가 이 누각 지어 멀리 편액을 요청했나	誰葺斯樓遙乞額
담사[19]의 원력에 후손들이 부끄럽네	潭師願力愧仍雲

17 석실(石室)……차운하다 : 중대(中臺) 절구(絶句)는 《청음집(淸陰集)》 권3에 실린 〈서간초당에서 우연히 읊다〔西磵草堂偶吟〕〉라는 7언 절구를 가리키는데, 중대(中臺)는 김상헌이 거처하던 안동시 풍산면 서미리 뒤편에 있던 중대사(中臺寺)를 가리킨다. 원시는 다음과 같다. "석실 선생이 머리 위에 일각건 쓰고서, 나이 늙어 원숭이와 학 더불어 어울리네. 가을바람 지는 낙엽에 행적조차 없는데, 중대사에 홀로 올라 구름 속에 드러눕네.〔石室先生一角巾, 暮年猿鶴與爲群. 秋風落葉無行迹, 獨上中臺臥白雲.〕"

18 위아래……세상 : 원문의 '도구건(倒屨巾)'은 신발과 두건의 위치가 뒤바뀌었다는 말로 상하의 구분이 문란해진 것을 가리킨다. 《사기(史記)》 권121 〈유림열전(儒林列傳)〉에 "관(冠)은 비록 해져도 반드시 머리에 써야 하고, 신발은 비록 새것이라 해도 반드시 발에 신는다. 그 이유는 상하가 구분되기 때문이다.〔冠雖敝, 必加於首, 履雖新, 必關於足, 何者, 上下之分也.〕"라는 황생(黃生)의 말이 참고가 된다.

19 담사(潭師) : 중대사를 중건하고 편액의 글을 요청한 승려로 추정되는데, 누구인지 미상이다.

봄 새벽에 잠에서 깨어

春曉睡起

창문 달빛이 새벽빛이려니 화들짝 놀라	誤驚窓月曙光知
일어나 보니 까마귀도 깨지 않은 때이네	起得棲鴉未動時
꽃향기 가라앉았는데 안개만 사방에 깔렸고	花氣沈沈煙遶定
거미줄 밝은데 이슬방울 위태롭게 매달렸네	蛛絲耿耿露懸危
어둑한 일만 가옥에 좋은 밤은 짧고	瞢騰萬戶良宵短
화창한 온 숲엔 고운 풍경도 더디네	澹蕩千林麗景遲
뜨락의 정자에서 취중에 한 일 기억 못하는데	不省園亭醉裏事
나의 의관엔 아직도 먹자국 어지럽네	衣巾猶覺墨痕滋

이성로의 시골집을 찾아가[20]

過李性老鄉居

어찌 전원생활의 즐거움을 잊었으랴만　豈忘田園樂
어느덧 세월만 흘렀네　居然日月移
누대엔 촌사람들 지나고　樓臺經野客
관원을 거리 아이들이 부러워하네　冠冕艷街兒
겨울을 난 보리에 새 이삭 돋고　宿麥抽新穗
빈 배는 옛 연못에 떴는데　虛舟泛舊陂
도연명을 본받으려고 편액을 걸어 두고　擬陶亭有扁
동쪽 울밑의 국화 떨기 마주한다네　叢菊待東籬

20 이성로(李性老)의 시골집을 찾아가 : 이성로는 이존수(李存秀, 1772~1829)를 가리킨다. 본관은 연안(延安), 자는 성로, 호는 금석(金石)·연유(蓮游)이다. 아버지는 판서 문원(文源)이며, 어머니는 이조 판서 심수(沈鏽)의 딸이다. 1794년(정조18) 문과에 급제, 청요직을 두루 거쳐 벼슬이 좌의정에 이르렀다. 외직으로 황해도 관찰사, 경기도 관찰사, 경상도 관찰사 등을 지내 치적이 있었다. 명문 출신으로 벼슬길이 순탄했으며, 왕에게 직언하며 아첨하지 않았다 한다. 시문에 능했으며, 시호는 문익(文翼)이다.

화분에 석창포를 심고서

盆中種石菖蒲

홀로 앉아 정원을 감상하니　端居感林園
화려한 꽃은 오래전에 졌는데　紅紫久銷落
문득 돌화분의 창포를 보니　忽見石盆蒲
푸르고 싱그러운 빛 주렴에 비치네　靑潤暎簾閣
칼등처럼 잎은 몹시 길고　劍脊競尋丈
물가에 선 듯 잘 자라　宜生如在澤
계절 따라 쉽게 얻을 수 있으니　時序亦易得
누에가 고치 틀고 보리 수확할 때이네　蠶繭麥將穫
세상 변화 날마다 시끄러우니　遷化日紛然
꽃 감상과 어찌 바꿀 수 있으랴　把翫寧可博
생각에 겨운 백년의 세월　念念百年間
늘 길가는 나그네인데　悠悠行邁客
그 때문에 옛사람들의 심정은　所以古人情
이날이 아깝다 하였네[21]　謂言此日惜
캐고 캐서 수명을 늘릴 수 있으니　采采可引齡
산골 막걸리도 개의치 않네　不嫌山酒薄

21 옛사람들의……하였네 : 당나라 한유(韓愈)의 시 〈차일족가석이란 시를 장적에게 주다〔此日足可惜贈張籍〕〉라는 시에 "이날이 몹시 아까우니, 이 술은 마실 것 없네. 술은 놔두고 이야기 나누며, 하루의 햇빛을 함께 누리세.〔此日足可惜, 此酒不足嘗. 捨酒去相語, 共分一日光.〕"라는 구절이 있다.

장서실에 쓰다

題藏書室

제첨 단 책갑들을 가지런히 장서실에 정돈하니	籤帙齊齊奠閣尊
경서와 사서 종횡으로 백가의 서적 풍부하네	經經緯史百家繁
봉급 털어 두루 구입하며 심력을 기울여	俸錢買盡頗心力
제목 표시한 종이마다 손때가 묻었네	標記題多更手痕
어찌 훗날 맥망을 볼 필요 있으랴	詎必他年窺脉望
필히 제석날에 장은에게 술잔 올려야 하리[22]	端須除夕酹長恩
설경[23]으로 선대의 사업 계승해야 하니	舌耕應得承先業
내가 늙고 혼미하지만 자손을 위해 남겨주리	老悖吾將爲子孫

22 어찌……하리 : 장서를 잘 보존할 것이라는 의미이다. 원문의 '맥망(脉望)'은 신충(神蟲)의 이름으로 좀이 신선〔仙〕이란 글자를 세 번 갉아먹으면 맥망으로 변한다고 한다.《酉陽雜俎 支諾皐中》'장은(長恩)'은 책을 관장하는 전설상의 귀신 이름이다. 제석 날에 그 이름을 부르면서 제사를 올리면 쥐와 좀벌레가 책을 먹지 않는다고 한다.《說郛 卷31》

23 설경(舌耕) : 혀로 밭을 간다는 말로 책을 읽는 것, 또는 학생을 가르쳐서 생계를 영위하는 것을 가리킨다.

파옹의 붉은 대나무는 장난으로 그린 것인데, 지금 방작한다[24]

坡翁有朱竹 蓋戲墨也 今倣之

연주점역[25]도 도리어 무료해져	研朱點易還無賴
소선을 모방하여 대나무를 그려보네	却倣蘇仙寫竹竿
굳은 마디 맑은 풍모는 본분에 따랐고	勁節淸風依本分
일편단심 드러나니 더욱 사랑스럽네	更憐呈露片心丹

24 파옹(坡翁)의……방작한다 : 주죽(朱竹)은 붉은 먹이나 안료로 그린 대나무 그림을 가리키는데, 북송의 소식(蘇軾)이 최초로 그렸다고 전해진다.

25 연주점역(硏朱點易) : 주묵을 갈아두고 지은 시문의 일부를 붓으로 지우고서 새로 고치는 것을 말한다. 당나라 때 신선을 매우 좋아했던 고변(高駢)이 〈보허사(步虛詞)〉에서 "청계산 도사를 사람들은 알지를 못하니, 하늘을 오르내리는 학 한 마리뿐이로다. 골짝 어귀 깊이 잠겨 푸른 창은 춥기만 한데, 이슬방울로 주묵을 갈아 지은 글 지우고 고치노라.〔靑溪道士人不識, 上天下天鶴一隻. 洞門深鎖碧窗寒, 滴露硏朱點周易.〕"라고 한 데서 온 말이다.

궂은비 속에 영제를 지내자는 논의가 있다는 소식을 듣고서 붓을 휘둘러 한문공의 운자에 따라 지어 김·이 두 시인에게 보이다[26]

苦雨中 聞有禜祭之議 走筆用韓文公韻 賦示金·李二詩人

얼룡이 굴을 떠나와 돌아가려 하지 않아	孼龍辭窟不肯歸
여름 내내 멋대로 날뛰며 하늘을 나네[27]	長夏茫洋在天飛
구름을 불어 비를 부르니 누가 미물로 보랴	噓雲致雨孰覘微
상서를 재앙으로 만들며 잘못된 줄 모르네	徵休反咎不知非
급하게 흰 빗줄기[28] 모아 천천히 구슬을 뿌리니	急攢銀竹緩散璣
낮부터 밤까지 내리니 드물게 보는 바네	窮晝通宵見所稀
처마에 들이 부어대니 사방이 시끄러워	屋霤傾甁鬧四圍
곁에 앉아 담소하는 소리도 듣기 어렵네	坐傍語笑聆依俙

26 궂은비……보이다 : 1821년(순조21) 7월에 영제(禜祭)를 지낸다는 소식을 듣고 지은 시이다. 영제는 기청제(祈晴祭)로 오래도록 장마가 계속될 때에 날이 개기를 비는 제사인데, 서울의 도성 사문(四門)에 나아가 다락 위에서 지낸다. 김·이는 석한(石閒) 김조(金照, 1754~1825)와 국은(菊隱) 이문철(李文哲, 1765~?)을 가리킨다. 둘 다 풍고와 깊이 교유하며 많은 시를 수창하였다.

27 얼룡(孼龍)이……나네 : 비가 오래 내려 재해가 되었다는 말이다. 얼룡은 수해를 일으킨다는 전설상의 용을 가리킨다.

28 흰 빗줄기 : 원문의 '은죽(銀竹)'은 굵은 빗줄기가 마치 은빛 대나무들이 서 있는 것과 같음을 비유한 표현이다. 이백(李白)의 시에 "겨울 산을 비춰주며 내려오는 하얀 비, 흩뿌리는 그 모습 은빛 대나무 같네.〔白雨映寒山, 森森似銀竹.〕"라는 구절이 있다. 《李太白詩集 卷21 宿鰕湖》

창문 앞 한 덩어리 나환[29]의 빛을 窓前一堆螺鬟暉
공연히 나에게 석 달 동안 못 보게 만드네 使我無端三月違
화초들도 문드러져 고운 빛 잃고 葩卉腐爛失芳菲
음악 소리 사그라져 현과 기러기발도 늘어졌네 宮商喑啞弛絃徽
육로를 가는 자는 말을 타지 못하고 陸行者無賴牡騑
물가에 사는 이는 낚시터를 볼 수 없네 水居人不見魚磯
장례를 치르지 못해도 어찌 나무랄 수 있으랴 葬雖不克曷可譏
가까운 곳이나 운구할 뿐 경기를 벗어나지 못하네 送固伊邇莫踰畿
사람은 신을 믿고 신은 사람을 의지하나니 人藉於神神人依
용이여 사람을 괴롭히고서 네가 어찌 살찌랴 龍乎瘠人爾何肥
너에게 은혜를 빌지 않으면 누구에게 바라랴 不爾徼惠將誰希
마음 어진 상제께선 깊고 높은 곳에 앉으시어 上帝心仁坐深巍
얼른 모마를 거두어 말안장을 풀고서 快收茅馬卸韉鞿
개인 하늘에 노을이 찬란하게 빛났으면[30] 好放晴霞絢絳緋
농부는 울음 삼키고 들밥 내온 아낙 흐느끼니 農夫啜泣饁婦唏
가을엔 식량이 없고 겨울엔 옷이 없으리 秋將無食冬無衣
지난 일 고치지 못해도 앞일은 기대할 수 있으니 往不可追來可睎
남은 곡식 가꿀 가망이 얼마간은 남았으리 鋤培剩殘望猶幾

29 나환(螺鬟) : 여기서는 산 모양을 가리키는 말인데, 부처의 머리카락이 소라처럼 되었으므로 불두(佛頭)를 나환이라고도 한다.

30 얼른……빛났으면 : 상제의 힘을 빌려 장마를 몰고 온 얼룡을 몰아내어 날이 개기를 바란다는 의미이다. 모마(茅馬)는 본래 띠풀을 엮어 말 모양으로 만든 물건으로 고대에 제왕의 장례에 쓰던 부장품인데, 여기서는 얼룡이 타는 말과 안장을 가리킨 것으로 보인다.

담과 벽이 무너지고 집 안에 도랑이 생기고 垣壞壁敗洞閨闈
뜨락엔 지렁이에 방 안엔 쥐며느리 우글대네 庭遍蚯蚓室蛜蝛
문득 윤음을 받들어 기청제를 상의해서 忽承綸言詢虔祈
성문에 영제를 벌여 조화의 기틀을 돌리네 城門設禜斡化機
일어나 상림을 바라보니 남은 가랑비 어른대는데 起瞻上林靄餘霏
안개 속에 조금씩 날렵한 용마루 드러나네 霧裏稍稍露甍翬
태양이 밝게 빛나매 태음이 짝이 되어 太陽赫赫太陰妃
만물을 두루 비추어 질고에서 소생케 하네 照臨萬物蘇其腓
아향의 수레바퀴를 잠가[31] 포악함을 거두니 阿香柅轂斂虐威
갑자기 재앙이 사라지고 상서의 조짐 이르네 速滅者殃臻者禨
나는 성덕을 노래하며 높이 드러내고자 하나 我頌聖德欲發揮
먹은 옷칠처럼 찌들고 붓은 가죽처럼 뻣뻣하네 墨如絮漆毫如韋
시를 지어 누구에게 주랴, 날래고 헌걸차며 寫寄與誰悍或頎
작고 큰 사람이여, 손잡고서 나의 집을 찾아주오 短長相挈款余扉

석한은 체구가 작으면서 명석하고 날래며, 국은은 헌걸차면서 키가 크다.

31 아향(阿香)의 수레바퀴를 잠가 : 비와 천둥이 그쳤다는 의미이다. 아향은 용모가 단정한 진(晉)나라의 십대 소녀로 천둥 수레〔雷車〕를 끌고 나갔다는 전설이 전해온다. 《法苑珠林》 니(柅)는 수레를 가지 못하게 하는 말뚝을 가리킨다. 《주역》 〈구괘(姤卦) 초육(初六)〉에 "쇠말뚝에 붙들어 매는 것은 유순한 도를 견제하고자 함이다.〔繫于金柅, 柔道牽.〕"라고 하였다.

건릉 천봉 만장[32]

健陵遷奉挽章

선왕을 잊지 못한 지 이십여 년인데	樂利親賢卄載餘
창오산에 구름 끊겨 적막할 뿐이네[33]	蒼梧雲斷太空虛
어찌 현화를 다시 꺼내기 기약했으랴[34]	寧期復覩玄和出
황망한 심정은 신발을 떨구던 처음과 같네[35]	怳惚神情墮舃初

32 건릉 천봉 만장(健陵遷奉挽章) : 1821년(순조21) 건릉(健陵)을 융릉(隆陵) 서쪽으로 옮길 때 지은 만장이다. 1800년 6월 28일 정조가 49세의 나이로 승하하자 유언대로 정조를 같은 해 11월 6일에 정조의 아버지 능인 현륭원(훗날 융릉) 동쪽 두 번째 언덕에 안장하였다. 21년 후인 1821년 3월 9일 효의왕후(孝懿王后, 1753～1821)가 승하하자 정조의 능 부근에 안장하려다 풍수지리상 좋지 않다는 김조순의 주장으로 건릉을 현재 위치인 경기도 화성시 안녕동으로 이장하고 효의왕후와 합장해서 오늘날의 건릉이 되었다. 김조순이 올린 상소는 《순조실록》, 《승정원일기》 21년 3월 22일 기사와 《풍고집(楓皐集)》 권8 〈청건릉천봉소(請健陵遷奉疏)〉에 실려 있다.

33 선왕을……뿐이네 : 효의왕후가 승하한 1821년이 정조가 승하하여 건릉에 묻힌 지 21년이 된 것을 가리킨다. 창오산(蒼梧山)은 순(舜) 임금이 남쪽으로 순행하다가 죽은 곳으로 그의 두 왕비도 그곳으로 가서 따라 죽었다.

34 어찌……기약했으랴 : 정조의 관곽을 다시 꺼내 이장하게 된 것을 가리킨다. 현화(玄和)는 관을 가리키는 말이다.

35 황망한……같네 : 신발을 떨구었다는 것은 제왕이 승하하는 것을 가리킨다. 헌원씨(軒轅氏) 황제(黃帝)가 죽는 날을 택하여 신하들과 작별하고 죽자 교산(橋山)에 장례 지냈는데, 나중에 산이 무너진 뒤 무덤을 보니 관이 텅 비어 있고 오직 칼과 신발만 관 속에 남아 있었다는 전설에서 유래하여 칼과 신발은 제왕의 죽음을 뜻하는 말이 되었다. 《列仙傳 卷上 黃帝》

청오가 유감이 많다 온 나라가 말하더니[36] 青烏多憾國人稱
헌경의 마음을 태모께서 이으셨네[37] 獻敬之心太母承
통탄스러워라, 조정의 논의 일찍 조성되지 않고 痛矣庭詢差未早
장락궁이란 아름다운 이름도 더욱 믿기 어렵네[38] 徽音長樂又難憑

서쪽으로 조금 가까워지고 동향인 듯한데 稍西而近似東偏
영원히 선원 사이에 언덕 하나가 놓여 있네 長與仙園隔一阡
구월 십삼일에 사람들이 성군을 장례 지내니 九月旬三人葬聖
천추의 합장은 바로 이장이네[39] 千秋防合卽欒遷

36 청오(青烏)가……말하더니 : 능침이 길지가 아니라는 여론이 많았다는 의미이다. 청오는 전설상의 술사(術士)인 청오자(青烏子)를 가리키는데, 전하여 풍수가를 뜻하게 되었다.

37 헌경(獻敬)의……이으셨네 : 헌경은 사도세자(思悼世子, 1735~1762)의 부인인 혜경궁 홍씨(1735~1815)가 받은 존호이다. 태모(太母)는 정조의 비 효의왕후(孝懿王后, 1753~1821)를 가리키는데, 효성이 지극하여 시어머니 혜경궁 홍씨(惠慶宮洪氏)를 지성으로 모셨고, 왕가의 지친(至親)들과 원만한 관계를 유지하였다고 한다.

38 장락궁(長樂宮)이란……어렵네 : 장락궁은 본래 '오래오래 즐거움을 누린다'는 뜻임에도 실제 효의왕후가 일찍 승하하여 장락궁의 이름과 걸맞지 않는다는 의미이다. 본래 장락궁은 한(漢)나라 때에 태후(太后)가 장락궁에 거처했던 데서 유래하여 대비(大妃)가 거처하는 궁전을 의미하게 되었다.

39 천추의……이장이네 : 원문의 '방합(防合)'은 공자가 부친의 무덤을 방(防)에서 찾아 모친의 시신을 합장한 것에서 유래하여 합장을 가리킨다. 《예기》 〈단궁 상(檀弓上)〉에 이르기를 "공자가 어려서 아버지를 여의고 그의 무덤이 어디에 있는지 알지 못하였다. 그래서 어머니의 시체를 오보(五父)의 거리에 초빈하고, 추만보(郰曼父)의 어머니에게 물어서 아버지의 무덤을 찾은 뒤에야 방(防)의 아버지 무덤에 합장하게 되었다.〔孔子少孤, 不知其墓, 殯於五父之衢, 問於郰曼父之母, 然後得合葬於防.〕"라고 하였다. 원문의 '난천(欒遷)'은 이장(移葬)을 가리킨다. 옛날 문왕(文王)의 아버지인

능원을 옮기던 일 어제 일과 같으니[40] 遷園昔事隔晨攀
곤룡포에 피눈물 흔적이 점점이 찍혔었네 御袖痕生淚血斑
그 자손이 오직 효성을 공경히 받들었으니 貽厥欽承惟孝已
슬픔으로 검어진 용안을 또 보게 되었네[41] 又瞻深墨戚龍顏

지금까지 해로했더라도 고희가 넘었을 뿐이니[42] 雖今在御古稀强
어찌 무정한 저 하늘을 원망하지 않으랴 那不悠悠恨彼蒼
일기만 더 장수했어도 볼 수 있었으니 一紀少延猶得及
문손에게 경사 있어 상서로운 가례 행해졌네[43] 文孫之慶自文祥

왕계(王季)의 무덤에 난수의 물이 들이쳐 관(棺)이 드러나게 되자, 문왕이 "선군(先君)께서 신하와 백성들이 보고 싶으실 것이다."라고 하며 관을 꺼내어 3일 동안 조정에 가져다 놓았다가 장사 지낸 일이 있다. 《呂氏春秋》

40 능원을……같으니 : 사도세자의 능을 옮긴 일을 가리킨다. 영조 38년(1762)에 사도세자를 경기도 양주군 배봉(拜峯)에 장사 지낸 후 묘를 수은묘(垂恩墓)라 하였다가, 정조 즉위년(1776)에 영우원(永祐園)으로 고쳤고, 동왕 13년(1789)에 경기도 화성군 태안읍 안녕리로 옮긴 후 현륭원으로 고쳤다.

41 그……되었네 : 순조가 슬픈 나머지 몸이 수척해지고 얼굴이 검어진 것을 가리킨다.

42 지금까지……뿐이니 : 정조(1752~1800)가 죽지 않고 효의왕후와 함께 현재(1821)까지 해로했더라면 그 나이가 70세가 막 넘었을 것이라는 말이다. 원문의 '재어(在御)'는 부부의 금슬이 좋아 해로함을 비유한 말이다. 《시경》 〈여왈계명(女曰雞鳴)〉에 "금슬이 자리에 있는 것도, 고요하고 아름답지 않음이 없도다.〔琴瑟在御, 莫不靜好.〕"라고 하였다.

43 일기(一紀)만……행해졌네 : 1이기는 통상 12년을 가리키고, 문손(文孫)은 제왕의 후손을 범칭하는 말이다. '문상(文祥)'은 《시경》 〈대명(大明)〉에 "예로써 상서로운 배필을 정하였다.〔文定厥祥.〕"라는 구절이 있는데, 이는 혼례를 가리킨다. 정조의 손자이자 풍고의 외손자인 효명세자(孝明世子) 이영(李旲)이 세 살 때인 1812년(순조12) 7월 6일에 왕세자로 책봉되는 경사가 있었고, 1819년(순조19)에 조만영(趙萬永)의 딸

장막에 남은 분들 모두 폐부 같은 친족으로　　帷幄餘蹤肺腑親
슬픔과 기쁨을 다 겪으며 귀밑머리 세었네　　悲歡閱盡鬢成銀
비록 꿈속에서 때때로 뵙더라도　　縱然夢裏時承覿
깨고 나서 기억이 가물가물하여 늘 한스러우리　　常恨醒回記不眞

과 가례를 올렸다. 본문에서 1이기 더 장수하면 만날 수 있다는 것이 무엇을 가리키는지 미상이다.

효의왕후 만장[44]

孝懿王后挽章

동방에 오기 동안 높이 국모로 계셨으니　東方五紀母臨尊
온 천하 모든 생명이 곤후의 덕을 입었네[45]　薄海含生載厚坤
문무백관은 모두가 흰머리인데　文武衣冠多白首
목 놓아 울부짖고 눈물 쏟으며 상여를 전송하네　雷號雨泣送靈轎

망망한 우주는 철 따라 순환하니　宇宙茫茫代序遷
가슴이 미어져 읍궁하던[46] 해를 추억하네　摧心追憶泣弓年

44 효의왕후 만장(孝懿王后挽章) : 1821년(순조21)에 정조의 비 효의왕후(孝懿王后, 1753~1821)의 덕을 기리며 지은 만사(輓詞)이다. 효의왕후의 본관은 청풍(淸風)으로 좌참찬 김시묵(金時默)의 딸이다. 1761년(영조37) 12월에 세손빈(世孫嬪)으로 간택되어 어의동(於義洞) 본궁(本宮)에서 가례를 올렸고, 1776년 정조가 왕위에 오르자 왕비로 진봉되었다. 효성이 지극하여 시어머니 혜경궁 홍씨를 지성으로 모셨고, 왕가의 지친들과 원만한 관계를 유지하였으나, 자녀를 두지 못한 채 1821년 3월 9일에 창경궁 자경전(慈慶殿)에서 69세를 일기로 세상을 떠났다.

45 동방에……입었네 : 오기(五紀)는 60년으로 효의왕후가 1761년에 세손빈으로 간택되고부터 1821년에 운명할 때까지 60년이 되었음을 가리킨다. 곤후(坤厚)의 덕이란 후비의 덕을 가리킨다. 《주역》 〈곤괘(坤卦) 단(彖)〉에 "곤의 두터움이 만물을 실음은 건의 끝없는 덕에 부합하며, 포용하고 너그러우며 빛나고 광대하여 만물이 모두 형통한다.〔坤厚載物, 德合无疆, 含弘光大, 品物咸亨.〕"라고 하였다.

46 읍궁하던 : 읍궁(泣弓)은 선왕이 남긴 활을 보고 운다는 말로 정조가 죽은 것을 가리킨다. 전설상의 제왕인 황제(黃帝)가 형산 아래의 정호에서 솥을 주조하여 완성하자, 하늘에서 용이 내려와 황제를 태우고 승천하였다. 남아 있던 백성들이 그 활과

옥난간에 꽃이 피니 그곳이 어디런가 玉欄花發知何處
이날에 인간세상에선 하늘을 향해 곡하네[47] 此日人間哭望天

바깥 사람들이 사적으로 하는 말이 外人私語漫云云
비파소리와 패옥소리가 은은히 들려온다나 寶瑟鳴璜自在聞
땅의 도리로 하늘의 도를 순종하지 않았다면 不緣地道承天順
성군의 사랑과 공경을 어찌 얻을 수 있었으랴 愛敬如何得聖君

보책에는 무심하게 휘호만 더해야 하거늘 寶冊無心顯號加
동관의 붓으로 신·와의 덕이라 칭송한 자 누구인가[48] 誰將彤筆頌莘媧
탁룡문 아래 수레 먼지 적었으니 濯龍門下車塵少

칼을 부둥켜안고 우러러 하늘을 바라보았다고 한다.《史記 卷28 封禪書》

47 옥난간에……곡하네 : 옥난간은 왕후가 죽은 것을 비유하는 말로 효의왕후가 운명한 것을 가리킨다. 송 신종(宋神宗)의 모후(母后)인 자성광헌황후(慈聖光獻皇后)가 훙(薨)했을 때, 신종이 슬픔과 그리움이 사무친 나머지, 신술(神術)로 사자(死者)를 다시 살린다는 사람이 있다는 말을 듣고는, 그자에게 그 신술을 시험해보도록 했으나 아무런 응험도 없었다. 그러자 그자가 말하기를 "신이 뵈오니, 태황태후께서 방금 인종과 연회를 하시고 백옥 난간에 납시어 모란꽃을 감상하시면서 다시 인간에 돌아오실 뜻이 없었습니다.〔臣見太皇太后方與仁宗宴, 臨白玉欄干, 賞牡丹, 無意復來人間也.〕" 라고 했다고 한다.《類說 卷17》

48 동관(彤管)의……누구인가 : 효의왕후의 어진 덕이 고대의 훌륭한 후비들에 비견된다는 의미이다. 동관의 붓은 황후의 모든 행동을 기록한 여사(女史)의 글을 가리키는데, 여사는 대롱이 붉은 붓〔彤管〕을 썼다고 한다. 신(莘)은 고대의 나라 이름으로 주(周)나라 문왕(文王)의 비(妃) 태사(太似)가 신국(莘國)에서 태어나 문왕에게 시집온 일이 있다. 와(媧)는 여와(女媧)를 가리키는데, 일설에 우(禹) 임금의 비 도산씨(塗山氏)의 이름이 여와라고 한다.

사사로운 은전을 사가에 내리려 하였으랴[49] 肯許私恩到外家
별자리 돌아 혼례 올린 갑자가 다시 돌아오매 周天甲子舊舟梁
부모의 연세를 알아 기쁨을 드러내는 성상의 효성 빛나는데[50]
賁喜知年聖孝光
누가 생각했으랴, 백성들이 무한한 장수를 노래하는데
誰謂輿情謠海屋
참된 유람이 갑자기 아득한 백운향을 향할 줄을[51] 眞遊遽邈白雲鄕

49 탁룡문(濯龍門)……하였으랴 : 탁룡문은 한나라 때 명덕마황후(明德馬皇后)가 거처하던 궁원(宮苑)으로 여기서는 효의왕후가 왕대비로 거처하던 창경궁 자경전(慈慶殿)을 가리킨다. 수레 먼지가 적었다는 것은 청탁을 일삼는 행차가 거의 없었다는 의미이다. 효의왕후가 평소 사가의 어버이를 접견하더라도 세상의 일과 조정의 기상(氣象), 인물의 옳고 그름에 대해 언급한 적이 없었고, 사가(私家)에 은택을 주는 것을 더욱 경계하여 수진궁(壽進宮)과 어의궁(於義宮) 두 궁에서 남은 음식이 있더라도 규식 이외에는 사사로 주지 않으면서 "궁중의 재물은 즉 공물(公物)이니, 사가의 어버이에게 줄 수 없다."라고 하였다고 한다. 《純祖實錄 21年 8月 7日 行狀》

50 별자리……빛나는데 : 원문의 '주량(舟梁)'은 임금의 혼례를 가리키는 말이다. 효의왕후가 신사년(1761, 영조37) 12월에 세손빈(世孫嬪)으로 간택되어 신사년(1821, 순조21)이 60주년이 되므로 갑자가 돌아왔다고 한 것이다. 순조21년 신사(1821) 1월에 효의왕후의 주량(舟梁) 60주년을 경하하는 고유제를 행하고 경과(慶科)도 설행하게 하였는데, 얼마 후 효의왕후가 운명하였다. 연세를 안다는 것은 《논어》 〈이인(里仁)〉에 "부모의 연세를 몰라서는 안 되니, 한편으로는 오래 사셔서 기쁘기도 하지만 또 한편으로는 살아 계실 날이 얼마 남아 있지 않을까 두렵기 때문이다.〔父母之年, 不可不知也. 一則以喜, 一則以懼.〕"라는 공자의 말이 실려 있다.

51 백성들이……줄을 : 효의왕후의 장수를 모두가 축원했는데 갑자기 승하했다는 의미이다. 원문의 '해옥(海屋)'은 해옥첨주(海屋添籌)의 줄임말로 무한한 장수를 가리킨다. 옛날 세 노인이 서로 만나 나이를 따졌는데, 한 사람이 "바닷물이 상전(桑田)으로 변할 적마다 나는 산가지 하나씩을 던져 놓았는데 지금은 열 칸 집에 가득 찼다.〔昔有三

老相遇 一曰海水變桑田 吾輒下籌 已滿十屋矣.]"라 한 데서 유래하였다. 《東坡志林 三老語》 원문의 '진유(眞遊)'는 참된 세계로 돌아가는 것을 뜻하는 말로, 여기에서는 효의왕후의 승하를 가리킨다. 백운향은 신선이 사는 세계를 가리킨다.

병들어 베갯머리에서 우연히 짓다[52] 서문도 함께 실었다
病枕偶成 幷序

병에서 목숨을 건진 두 번째 밤 베갯머리에서 우연히 이 시를 지었다. 마음이 마치 갓난아이와 같이 허명(虛明)해져 조금의 잡된 생각도 없어졌으니, 병들기 전은 이미 지나간 일이 되었으며 소생하고 난 뒤엔 앞으로 새로운 일들이 생길 것이기에 '초학노인(初學老人)'이라 스스로 호를 지었다. 그 취지는 옛날의 습관을 버리고 스스로 공부에 힘써서 천지가 다시 살게 해준 은혜에 보답하려는 것인데, 글 읽기가 아니면 불가능하므로 마지막 구절에 다음과 같이 읊었다.

목숨이 다시 소생하였으나 몸은 아직 허약하니 縷命甦回體尙虛
벌레 소리 들리는 긴긴 밤에 내 심사가 어떠하랴 蟲聲遙夜意何如
노수가 천시를 법도로 삼은 것에 몹시 부끄럽고[53] 深慙魯叟天時律
당나라 사람의 한 해가 저문단 말 그저 한스럽네[54] 空恨唐人日月除

52 병들어……짓다 : 1821년경에 지은 시이다. 정원용(鄭元容)의 기록에 따르면, 가을에 유행한 돌림병에 풍고도 전염되어 사경을 헤매다 간신히 소생하여, 이에 새로 태어난 심정을 시로 표현하였는데, 이 시에 정원용도 화답시를 남겼다고 한다. 《經山集 卷2 次楓皐太史病枕寄作》

53 노수(魯叟)가……부끄럽고 : 자연의 법도에 순응치 못하여 뜻밖에 전염병에 걸린 것이 부끄럽다는 의미이다. 노수는 공자(孔子)를 가리킨다. 《중용장구》 제30장에 "공자는 멀리 요 임금과 순 임금을 받들어 계승하고, 가까이로는 문왕(文王)과 무왕(武王)의 법도를 드러내 밝혔다. 위로는 천시를 법도로 삼고 아래로는 수토의 이치를 따랐다.〔仲尼祖述堯舜, 憲章文武, 上律天時, 下襲水土.〕"라는 말이 있다.

육체의 질병은 꼼짝없이 목숨과 함께 끝나리니　形役分明生與盡
끊임없는 근심 걱정은 죽고 나서도 남음이 있으리　憂虞澒洞死應餘
지금부터 어린아이의 길함을 행하고자 하여[55]　從今擬作童蒙吉
옛날에 마치지 못한 책을 다시 붙잡네　更授當年未了書

54 당나라……한스럽네 : 무정히 흐르는 세월이 한스럽다는 의미이다. 《시경》의 당풍(唐風) 〈실솔(蟋蟀)〉이란 시에 "귀뚜라미 집에 드니, 벌써 해가 저무네. 지금 우리가 즐기지 않으면, 세월은 그냥 지나가리. 너무나 즐기는 건 아닐까, 제가 할 일 생각해서, 즐겨도 지나치지 않기를, 마치 양사처럼 챙겨야지.〔蟋蟀在堂, 歲聿其莫. 今我不樂, 日月其除. 無已大康, 職思其居. 好樂無荒, 良士瞿瞿.〕"라고 한 데서 온 말이다.

55 지금부터……하여 : 어린이의 순박한 심정으로 새롭게 시작하겠다는 의미이다. 《주역》 〈몽괘(蒙卦) 육오(六五)〉에 "어린아이의 몽매함이니, 길하다〔童蒙吉.〕"라고 하였는데, 상전(象傳)에 "어린애의 몽매함이 길하다는 것은 순하고 겸손하기 때문이다〔童蒙之吉, 順以巽也.〕"라고 풀이하였다.

병을 보내며

送病

장유는 휴가를 자주 청했고[56]	長孺請告數
맹호연은 친구가 드물었으며[57]	孟浩故人疏
휴문의 수척함 시의 소재 되었고[58]	休文瘦入詩
사마는 소갈병에도 글을 지었네[59]	司馬渴著書
질병이 어찌 사람을 구속하랴	疾病何累人
저 옛날부터 명사들은 모두 그러했네	名士自古初
참으로 완악한 기운 제거하고	良由頑氣祛
막힘없이 청허함을 쌓았기 때문이네	洞然積清虛
아, 저 난초 혜초 같은 자질은	猗彼蘭蕙質

56 장유는……청했고 : 장유(長孺)는 한(漢)나라의 명신 급암(汲黯)의 자(字)이다. 급암이 질병이 많아 벼슬 생활을 하는 동안 자주 휴가를 청해 청정(淸靜)한 곳에 들어앉아 두문불출한 적이 많았으나 관아와 백성을 잘 다스렸다고 한다.

57 맹호연은 친구가 드물었으며 : 맹호연(孟浩然)은 〈세모귀남산(歲暮歸南山)〉에서 "재능이 없어 밝은 임금에게 버림받고, 병이 많아 벗들도 멀어졌네.〔不才明主棄, 多病故人疏.〕"라고 하였다.

58 휴문의……되었고 : 휴문(休文)은 남조(南朝) 양(梁)나라의 저명한 시인인 심약(沈約)의 자(字)이다. 그는 몹시 야위고 허리가 가늘어서 '심요(沈腰)'라는 말이 생길 정도였다고 한다. 당나라 육구몽(陸龜蒙)의 시에 "나 또한 휴문처럼 야위었는데, 그대는 숙보처럼 청아하구려.〔我亦休文瘦, 君能叔寶淸.〕"라고 하였다. 《松陵集 卷5 奉酬》

59 사마는……지었네 : 사마(司馬)는 한(漢)나라 때의 문장가 사마상여(司馬相如)를 가리키는데, 그는 소갈증(消渴症)을 앓았다고 한다.

바람과 서리에 쉬이 꺾이는데 風霜每易沮

참나무는 아무리 천년을 산들 櫟樹雖千年

도목수가 버리고 돌아보지 않네 匠石棄不居

달관한 자는 거슬리는 바가 없어 達觀無所忤

지극한 즐거움이 늘 넉넉하니 至樂常有餘

휘파람 불고 노래하며 옛 모습 간직하면 嘯歌宛舊態

이웃집에서 북을 던진들 또한 어떠랴[60] 隣梭亦奈如

이수[61]에게 말하노니 爲語二竪子

주저치 말고 속히 떠나라 速去勿躊躇

네가 사람을 곤궁케 하고자 하나 縱爾欲困人

지금 나는 옛날의 나와 같다 今我尙故余

60 휘파람……어떠랴 : 진(晉)나라 사곤(謝鯤)에 얽힌 투사절치(投梭折齒) 고사를 가리키는데, 질병과 같은 외물에 의해 흔들리지 말아야 한다는 의미이다. 사곤이 이웃집 여인을 유혹하려다가 그녀가 길쌈을 하다 던진 베틀의 북에 얻어맞아 치아 두 개가 부러졌다. 사람들이 "제멋대로 경솔하게 굴더니, 유여가 결국 이를 부러뜨렸네.〔任達不已 幼輿折齒.〕"라고 놀리자, 사곤이 이 말을 듣고는 오연(傲然)히 휘파람을 길게 불면서 "나는 그래도 휘파람 부는 일을 계속해야겠다.〔猶不廢我嘯歌.〕"라고 응수했던 고사가 있다. 유여(幼輿)는 사곤의 자이다. 《晉書 卷49 謝鯤列傳》《世說新語 賞譽》

61 이수(二豎) : 병마(病魔)를 가리킨다. 춘추 시대 진 경공(晉景公)이 병이 들어 진(秦)나라의 이름난 의원을 불렀다. 그사이에 경공이 꿈을 꾸었는데, 꿈속에서 병이 두 아이〔二豎〕로 변하더니 서로 얘기를 하는데, 이번에 오는 용한 의원에게 다칠지 모르니, 황(肓)의 위와 고(膏)의 아래에 숨어 있자고 하였다. 꿈에서 깨어난 경공이 막 도착한 의원에게 진찰을 받았는데, 병이 이미 고황에 들어 있어 치료할 수 없다고 하였다. 과연 경공은 얼마 지나지 않아 죽고 말았다고 한다. 《春秋左氏傳 成公 10年》

안찰사로 떠나는 신취미에게[62]

寄申翠微按使

종이 가득 이별의 시름에 심사가 참으로 어지러워	滿紙離憂思政紛
머리 긁으며 나도 이러쿵저러쿵 말을 했지	搔頭吾亦有云云
두 마음이 옛날부터 금란지교 맺으니	兩心舊托如蘭契
비방의 말이 새로이 저초문에 더해지네[63]	多口新憎詛楚文
양숙자가 사람을 독살했다 해도 누가 믿으려 할까[64]	羊叔酖人誰肯信

62 안찰사로 떠나는 신취미에게 : 1821년(순조21)경에 신재식(申在植, 1770~?)에게 지어준 시이다. 본관은 평산(平山), 자는 중립(仲立), 호는 취미(翠微)이다. 아버지는 판관 신광온(申光蘊)이며, 어머니는 송익흠(宋益欽)의 딸이다. 1805년(순조5) 문과에 급제, 홍문관의 벼슬을 거쳐 1818년(순조18) 대사간에 이어 1821년 강원도 관찰사를 지냈다. 부제학, 개성유수, 대제학 등을 거쳐 벼슬이 이조 판서에 이르렀다. 저서로 《취미집》이 있다.

63 두……더해지네 : 풍고와 신재식의 교유가 깊어질수록 세간의 비방이 늘어났음을 의미한다. 원문의 '증(憎)'은 증(增)과 통용하는 글자로 《맹자》에 맥계(貉稽)란 사람이 자신이 남의 구설을 많이 받는다고 말하자, 맹자는 "해로울 것 없다. 선비는 더욱 구설이 많은 것이다.〔無傷也, 士憎玆多口.〕"라고 한 말이 있는데, 집주(集註)에서 '증(憎)'을 '증(增)'의 착오로 해석하였다. 《孟子 盡心上》 〈저초문(詛楚文)〉은 전국 시대 진(秦)나라 소양왕(昭襄王)이 천신(天神)에게 제사를 올려 초병(楚兵)의 격퇴와 변성(邊城)의 회복을 기원한 것을 말하는데, 석각이 세 개 있다고 한다. 《歐陽脩 集古錄跋尾 秦祀巫咸神文》

64 양숙자(羊叔子)가……할까 : 진실한 마음으로 남을 대하면 사소한 이간질에 흔들리지 않는다는 의미이다. 양숙자는 진(晉)나라의 양호(羊祜)로 숙자는 그의 자(字)이다. 양호가 강릉(江陵)에서 오(吳)나라 육항(陸抗)과 대치하면서도 싸움보다는 덕화로 상대를 심복시키려고 노력했다. 언젠가 육항이 병이 들어 양호가 약을 지어 보냈는데, 그곳 사람들이 그 약을 먹지 말라고 하자, 육항이 말하기를 "양호가 무슨 사람을

탁공이 말을 돌려준 일 그대 또한 들었으리[65]	卓公還馬子猶聞
알겠노라, 대나무 두른 산방에 달이 떠서	也知有竹山房月
응당 봉래산 지각의 구름과 통할 줄을[66]	應徹蓬萊池閣雲

독살할 위인이라던가."라며 태연히 마셨다고 한다.《晉書 卷34 羊祜列傳》

65 탁공이……들었으리 : 안찰사로서 백성을 인후(仁厚)하게 다스려야 백성이 감화된다는 말이다. 후한(後漢)의 탁무(卓茂)가 말을 타고 다니는데, 어떤 사람이 그 말이 자기가 한 달 전에 잃어버린 것이라고 주장하였다. 탁무는 그 사람 말이 아닌 줄 알면서도 그에게 말을 내주었다. 얼마 후에 그 사람은 잃었던 말이 되돌아오자 관아로 찾아와 머리를 조아리고 사죄했다고 한다.《後漢書 卷55 卓茂列傳》

66 대나무……줄을 : 풍고가 거처하는 옥호산방 위에 뜬 달이 신재식이 근무하는 강원도 감영의 연못 딸린 누각에 곧장 통할 것이라는 의미이다.

초학노인이 천민에게 주다[67]

初學老人贈天民

옛날에 깊이 좋아하는 기호가 없이	夙昔他無嗜好深
그렁저렁 독서하여 유림에 끼리라 생각했네	思將螢蠹比儒林
성현들 이미 죽었어도 오히려 참 면목 남아 있고	聖賢已死猶眞面
천지가 무슨 말을 하랴 끝내 마음 수고로운 걸[68]	天地何言竟苦心
등뼈가 약해 천고의 사업 감당하기 걱정이고	脊薄愁擔千古事
목구멍 쉰 채 태초의 소리에 억지로 화답하네	喉嘶强答太初音
갈림길에 양을 잃은 사람처럼[69]	臨歧却似亡羊子
저무는 나이에 인간세상에서 흰 머리만 느네	日暮人間白髮侵

67 초학노인(初學老人)이 천민(天民)에게 주다 : 초학노인은 풍고가 1821년(순조21)에 전염병에 걸렸다가 다시 소생하고서 지은 호이다. 천민은 이의철(李懿喆, 1779~?)의 자(字)이다. 본관은 원주(原州), 자는 호민(好民), 호는 용성(蓉城)인데, 천민이란 자(字)도 있었던 듯하다. 1804년(순조4)에 진사시에 합격하였다. 풍고와 자주 시를 주고받았고 수시로 문학에 대해 담론을 나누었으며, 풍고의 아들 황산(黃山) 김유근(金逌根)과도 깊이 교유했다.

68 성현들……걸 : 성현은 죽어도 서책에 진면목을 남겼으므로 이를 공부하면 되지만, 천지자연은 말을 일삼지 않고 마음으로 운행하는 존재이므로 인간이 추구할 대상이 아니라는 의미이다. 《논어》 〈양화(陽貨)〉에 공자가 "나는 말을 하지 않으려 한다.〔予欲無言.〕"라고 하자, 자공(子貢)이 "말씀을 하지 않으시면 저희가 어떻게 도를 전하겠습니까?"라고 하니, 공자가 "하늘이 무슨 말을 하던가. 그럼에도 사시는 운행하고 만물은 자라난다.〔天何言哉, 四時行焉, 百物生焉.〕"라고 대답하였다.

69 갈림길에……사람처럼 : 도망한 양(羊)을 쫓아가다가 갈림길이 많은 데에 이르러 마침내 양을 잃어버리고 탄식하였다는 다기망양(多歧亡羊) 고사에서 온 말로, 흔히 학문의 방향을 잃어서 진리를 깨닫지 못하는 것을 비유한다. 《列子 說符》

병석에서 새벽에 일어나 절구를 읊어 유근에게 주다

病枕曉起 吟絶句示逌根

입맛이 막 돌아오니 기운도 따라오니 食味初廻氣亦隨
등불 아래 침상에 기대 새 시를 구상하네 燈光倚枕念新詩
밝음이 점점 모이자 어두움 사라지니 昭昭漸集昏昏去
묘경이란 언제나 새벽이 되레는 때가 제일일세 妙境依然欲曙時

어둠이 한 번 물러나자 몸이 새로워진 듯하니 沈冥一退體如新
선의 단서 절로 싹트고 까닭이 있음을 깨닫네 善自萌端悟有因
근년 이래로 병이 많다 그대는 탄식 말라 多病年來君莫歎
하늘이 그대를 옥성하려 함이 아닌 줄 어찌 알랴[70] 安知天不玉成人

70 하늘이……알랴 : 인격을 완성해주려고 하늘이 일부러 많은 괴로움을 준다는 의미이다. 송(宋)나라 장재(張載)의 〈서명(西銘)〉에 "그대를 빈궁하게 하고 시름에 잠기게 하는 것은 장차 그대를 옥으로 만들어주려 함이다.〔貧賤憂戚, 庸玉汝於成也.〕"라는 말이 있다.

파공이 지은 매화시에 차운하다[71]

次坡公賦梅韻

지난밤 창 앞에 몇 송이 피더니	昨夜窓前只數花
아침엔 나무마다 백옥 가지 뻗었네	朝來樹樹玉枝斜
벗들이 시의 동무 이제야 생겨났다 하며	謂言詩伴從今始
봄볕 속 하얗게 꽃핀 집으로 나를 부르리	呼我陽春白雪家
창밖에 어지러이 눈발 날리는데	窓外紛紛亂雪飛
언 나무가 꽃가지 빌려온 게 사랑스럽네	憐他凍樹借花枝
맑은 향내 끊이지 않고 거문고와 책도 고요하니	淸香不斷琴書靜
문득 사람과 꽃이 서로를 잊은 때로세	忽到人花兩忘時

71 파공이……차운하다 : 송나라 소식(蘇軾)이 서호(西湖)에 있을 때 지은 〈재화양공제매화(再和楊公濟梅花)〉라는 연작시 중 두 수에 차운한 것이다.

잠에서 깨어

睡起

매화 아래서 잠 깨어 보니	睡起梅花底
주위에 사람 없어 홀로 문을 여네	無人獨啓門
새벽 서리는 눈처럼 두껍게 내렸고	晨霜如雪厚
대낮 햇살은 참으로 봄의 따스함 같네	晝日定春溫
마구간의 말은 여물 먹으며 서 있고	櫪馬銜槽立
둥지의 까마귀는 나무를 돌며 날개 치네	棲鴉繞樹翻
멀리 안개 끝의 봉우리를 바라보니	遙看煙際岫
두릉 마을이 몹시도 생각나네	頗憶斗陵村

따스한 봄날

春暄

청제[72]가 무슨 조화를 부렸는지	青帝操何術
쌓인 눈을 말끔히 치웠네	能令積雪開
산은 어진 자의 상이라	山如仁者相
바람이 반갑게 불어오네	風有惠然來
문밖 버들은 눈이 막 깨고	門柳初明眼
시냇가 꽃은 빰이 점차 붉어지니	溪花漸赬腮
늙은 사내의 옷도 가벼워져	老夫衣亦減
한가로운 걸음으로 날마다 누대를 오르네	閑步日登臺

72 청제(青帝) : 오행(五行)의 학설에 따르면, 동방(東方)은 목(木)에 속하는데, 목은 또 봄과 청색과 인(仁)을 상징하므로, 봄을 주재하는 신을 동황(東皇) 혹은 청제(青帝) 등으로 부르게 되었다고 한다.

두보의 절구에 차운하여 아들 유근의 〈석춘〉 시에 화답하다[73]

次杜絶韻 和逌兒惜春

해마다 꽃버들 싫증을 모르고 보면서 年年花柳看無厭
시에 미치고 술에 미친 사람 되곤 했는데 作箇詩顚與酒狂
미치광이를 하늘이 금지할 줄 뉘 알았으랴 誰道顚狂天復禁
금년 봄엔 진실로 병으로 침상을 못 떠났네 三春端不病離床

기억하자니 지난해에 북쪽 계곡 물가에서 記得前年北澗濱
동서로 돌아다니며 봄을 흠뻑 즐겼는데 東來西去過全春
지금은 집 안에 깊숙이 앉아서 如今屋裏深深坐
풀빛 푸른 강남으로 또 사람을 전송하네 草綠江南又送人

구십 일 동안 서글프게 산골 집을 추억하니 九旬怊悵憶山家
담장의 살구와 뜨락의 매화만 하릴없이 피었으리 墻杏庭梅謾着花
우스워라, 늘그막에 거듭 자주 문 앞 길 쓸며 回笑老申頻掃逕
손님을 맞고 보내는 것으로 생애를 삼은 것이 別人迎送作生涯

73 두보(杜甫)의……화답하다 : 모두 절구 10수인데, 전반의 5수는 당나라 두보의 〈강반독보심화(江畔獨步尋花)〉 7수 중에서 5수를 차운하였고, 후반의 5수는 〈만흥(漫興)〉 9수 중에서 5수를 차운하였다. 풍고의 첫째 아들 김유근(金逌根, 1785～1840)은 김용순(金龍淳)의 양자로 출계하였는데, 그가 지었다는 〈석춘(惜春)〉 시의 내용은 미상이다.

누런 주렴 서쪽과 굽은 난간 동쪽에	緗簾西畔曲欄東
댕그랑 풍경소리 저녁바람에 울리네	鈴鐸郎當響晩風
무슨 까닭으로 창 앞의 산철쭉은	何事窓前山躑躅
꽃잎 흩날리는 시절에 비로소 붉게 피는가	飛紅時節始開紅

어찌 꼭 봄이 바쁘고 꽃이 애석하기만 하랴	詎必春忙與花惜
흐르는 세월은 다만 스스로 재촉하는 법이네	流光秪是自家催
그대는 보아라, 오늘 어지러이 날리는 꽃잎은	君看今日紛紛落
반드시 내년에 가득히 피어나리니	政爲明年滿滿開

바람 부는 침상 적적한데 꿈이 막 깨어	風床寂寂夢初醒
일어나 바라보니 꽃그늘이 작은 정자 덮었네	起看芳陰覆小亭
눈앞의 꽃술 속에서 나비 되어 날아갔으니	眼底花鬚成蝶去
묵은 대가 청녕으로 변하지 않을 줄 어찌 알랴[74]	那知久竹不靑寧

평소 시구절 찾을 때는 선어가 많고	尋常覓句多禪語
잠깐 읽는 책으로 도가가 제격이네	造次看書愛道家

74 묵은……알랴 : 원문의 '구죽(久竹)'은 죽순이 오랫동안 나오지 않은 대나무이고, '청녕(靑寧)'은 대의 뿌리에서 생기는 벌레를 말한다. 《장자》 〈지락(至樂)〉에 "양해라는 풀은 오랫동안 죽순이 나오지 않은 대나무와 교합해서 청녕이란 벌레를 생기게 하고, 청녕은 정이라는 벌레를 낳고, 정은 말을 낳으며, 말은 사람을 낳고, 사람은 도로 만물을 발동시키는 원기인 기로 들어간다. 그래서 만물은 모두 이 기에서 나왔다가 다시 모두 기로 들어가는 것이다.〔羊奚比乎不筍久竹生靑寧, 靑寧生程, 程生馬, 馬生人, 人又反入於機, 萬物皆出於機, 皆入於機.〕"라고 하였다.

찾아와 나를 일깨워주는 사람 없어　　祇爲無人來起我
홀로 지는 꽃을 심호하게 이해하네　　獨持玄解了殘花

괴이할손, 삼청교 곁의 노인이여　　太怪三淸橋畔老
전처럼 자주 찾아주지 않는 듯하네[75]　　經過不似嚮來頻
꽃 피고 꽃 지는 서원 가운데에서　　花開花落西園裏
봄 술이 가득한데 부질없이 사람만 기다리네　　春酒盈盈謾待人

모를레라, 누가 비바람을 불어오는가　　不知誰遣雨風來
붉은 꽃 한번 피면 푸른 잎 한번 돋네　　紅一回旋綠一回
내 심장이 세월과 다툴 수 없으니　　沒得心腸爭日月
스러지는 봄빛에 가득한 술잔 마시지 않으랴　　祇殘春色奈深杯

비바람에 수심 겨워 고개를 내밀지 못한 채　　愁雨愁風不出頭
신록에 시냇물 불어날 것을 누워서 생각하네　　臥思新綠漲汀洲
내일 아침 여주 가는 길을 따라　　明朝擬踏黃驪路
늦봄 아지랑이 속에 최상류까지 오르리　　煙景殘春冣上流

누가 꽃방석이 양탄자보다 낫다 했나　　誰道鋪花勝繡氈
태전[76]으론 술 사기 어려움이 한스럽네　　難將買醉恨苔錢

75 삼청교……듯하네 : 30여 년 전부터 팔판동(八判洞)에서 살며 풍고와 어울려 자주 시주(詩酒)를 즐긴 조학은(趙學殷, 1759～?)을 가리키는 듯하다. 《楓皐集 卷4 次趙竹陰先生贈淸陰先祖詩 奉呈君素 幷序》

세간의 명성과 실상이 대체로 이러하여　　世間名實多如許
황량밥 짓는 동안 다시 살풋 잠드네[77]　　一枕黃粱又客眠

76 태전(苔錢) : 이끼를 말한다. 이끼의 반점(斑點)이 돈 모양과 닮았다는 뜻이다.

77 황량밥……잠드네 : 황량일취몽(黃粱一炊夢) 또는 한단지몽(邯鄲之夢)의 고사로 인간 세상의 영욕(榮辱)이 한바탕 꿈처럼 부질없음을 가리킨다. 노생(盧生)이란 사람이 조(趙)나라 수도 한단(邯鄲)에서 도사 여옹(呂翁)의 베개를 얻어 베고 잠이 들어 한평생의 부귀영화를 한껏 누렸는데, 잠을 깨고 보니 아직도 메조밥〔黃粱〕이 채 익지 않았다고 한다. 《枕中記》

운헌에서 장난삼아 짓다[78]

雲軒戲題

배에 살며 물이 없고 육지에 살며 집이 없다는	舟居無水陸無家
장융의 훌륭한 이 말 늘 좋아했기에[79]	常愛張融此語佳
근래 산 누각에 잠시 붙어살며	比日山樓權住着
병풍 장막으로 푸른 산 가리게 했네	却教屛帳碧山遮
푸른 나무가 그늘 드리우니 또한 사랑스러워	綠樹成陰亦可憐
시냇물 머리에서 흡족한 웃음 지어보네	溪頭回笑一怡然
올 봄에 윤달 만난 것을 잘못 기뻐하였으니	今春枉喜逢春閏
작년보다 병이 몹시 많아질 줄 누가 알았으랴	多病誰知甚去年
어른대는 소나무 그림자는 푸른 이끼를 덮고	參差松影覆蒼苔
고요한 대낮 제비 새끼 지저귀고 비둘기 울어대네	乳燕鳴鳩晝靜哉

78 운헌(雲軒)에서 장난삼아 짓다 : 1822년(순조22) 윤3월경에 지은 시인데, 운헌이 어디인지는 미상이다.

79 배에……좋아했기에 : 장융(張融, 444～497)은 남조 제(齊)나라 오현(吳縣) 사람으로 자는 사광(思光)이다. 글을 잘 지어 특정한 격에 얽매이지 않았고, 유불도(儒佛道)에 두루 능해 현리(玄理)가 담긴 말을 잘했다고 한다. 장융이 언젠가 동쪽 지방으로 나갔을 때, 무제(武帝)가 장융에게 어디에 사느냐고 물으니, 장융은 "육지에 거처하며 집이 없고, 배에 살며 물이 없습니다.〔陸處無屋, 舟居無水.〕"라고 대답하였다. 이는 장융이 타지에서 임시로 배를 육지에 올려다 놓고 살고 있었기 때문이다.《南齊書 卷41 張融列傳》

황정경 뒤적이다 말고 베개 베고 누우니	繙罷黃庭支枕臥
버들솜 하늘하늘 주렴을 지나 날아오네	楊花委曲度簾來

늙음을 애도하며

悼老

근육과 뼈는 날이 갈수록 느슨해져	筋骸日以弛
허리띠로 묶을 필요도 없고	衣帶非可束
정수는 날이 갈수록 고갈되어	菁華日以竭
머릿기름 발라도 윤기가 나지 않네	膏沐非可沃
어느덧 늙고 추한 몸이	居然老醜身
황량한 심사로 빈 골짜기에 누웠으니	荒繆臥空谷
처음 포부 어찌하면 이룰까	初志問何遂
지난 허물은 되돌릴 수 없네	往咎知莫贖
길을 잃고 자주 탄식하면서	倀倀增屢欷
이 맑은 계곡을 돌아보니	睠玆淸溪曲
계곡의 구름은 저 홀로 뭉쳤다 퍼지는데	溪雲自卷舒
인간사 영광과 모욕을 뉘 주관하는가	人事誰榮辱
아득히 청춘시절 회상하니	緬想靑春時
해가 처음 떠오르는 듯했지	如日始朝旭
온갖 사물 현상 풍부하게 갖추어져	萬象歸富有
가득 차 부족함이 없었네[80]	充盈無不足
책을 욈에 눈 한번 스치는 것으로 충분했고	誦書秖過目

80 온갖……없었네 : 젊은 시절에 세상에 모든 것이 갖추어져, 내가 행하는 바에 따라 무엇이든 이룰 수 있었다는 의미이다.

복기[81]할 제 매양 바둑 판국 틀림없었네　覆碁每整局
맑고 밝음을 마음에 쌓아　淸明積中心
선현들을 더욱 독실히 사모했네　前脩慕彌篤
사람의 말은 다시 공허해지고　人言亦復虛
좋아하는 바도 욕망 따라 바뀌어　所好移所欲
벼슬길이 도리어 사람을 그르치고　軒冕却誤人
해와 달은 서로 재촉하네　日月更相促
추구처럼 버려진 지 오래이고[82]　芻狗望已陳
울타리의 양은 스스로 뿔을 꼈으니[83]　藩羊成自觸
조물주가 참으로 괴롭혀　造物眞太劇
신령한 본성 도리어 쭈그러들었네　靈性此還牿
세태를 따라 얼굴에 웃음 띠고　色笑徇世情
늘 녹녹한 신세를 달게 여기는데　恒居甘碌碌
번데기 마르면 고치라도 켜고　蛹枯亦繅繭
뒤꿈치 잘린 변화도 옥을 쪼았네[84]　和刖猶琢玉

81 복기(覆棊) : 바둑을 다 두고 나서 암기한 대로 본래처럼 돌을 다시 놓는 것이다.

82 추구(芻狗)처럼……오래이고 : 이미 쓸모없는 존재가 되었다는 의미이다. 추구는 풀을 묶어서 개 모양으로 만든 것으로 옛날에 제사를 지낼 때 쓰고, 제사가 끝나면 바로 내버리기 때문에 쓸모없는 물건의 비유로 쓰인다.

83 울타리의……꼈으니 : 무모하게 전진하다가 진퇴양난(進退兩難)의 곤궁한 처지에 빠졌음을 뜻한다. 《주역》 〈대장괘(大壯卦) 상륙(上六)〉에 "숫양이 울타리를 들이받아 물러나지도 나아가지도 못하여 이로운 바가 없다."라고 하였다.

84 뒤꿈치……쪼았네 : 초(楚)나라 사람 변화(卞和)가 초산(楚山)에서 옥덩이 하나를 얻어 이것을 초나라 여왕(厲王)과 무왕(武王) 2대에 걸쳐 바쳤으나, 그때마다 옥인(玉人)의 잘못된 판정에 의해 기만의 죄로 몰려 양쪽 발꿈치를 잘렸다. 문왕(文王)이

죽음이 임박했지만 남길 만한 것 없으니	迫死無可留
후인들에게 무엇을 말해주랴	何以後人告
우주 사이를 우러러보노라니	俯仰宇宙間
감개함 뒤에 근심이 늘 뒤따르네	感慨憂常續
근심이 생기면 외로운 소나무에 기대	憂來倚孤松
거품 뜬 봄 술을 따르니	酌言春酒綠
봄 술이 어찌 내 마음을 비추랴	春酒豈照心
산에 뜬 달이 촛불보다 밝네	山月皎於燭

즉위하자, 변화가 또 옥덩이를 안고 형산(荊山) 밑에서 3일 밤낮을 통곡하자 문왕이 사람으로 하여금 그 옥덩이를 가공한 결과 보옥(寶玉)을 얻었다. 《韓非子 和氏》

용성이 보내온 시에 차운하다[85]

次蓉城見寄韻

긴 여름 감상거리가 많아	長夏多淸賞
단풍 그늘에 자주 앉고 누우니	楓陰坐臥頻
새로 돋은 파초는 봉황 꼬리 같고	蕉今如鳳尾
늙은 소나무는 용의 비늘 되었네	松古自龍鱗
사물에 의탁하여 내 마음 위로하노니	寓物聊娛我
흐르는 세월이 사람을 저버릴까 두렵네	流年恐負人
한가한 중에 때로 시구절 찾으니	閑中時覓句
산빛이 볼수록 새롭네	山色看逾新

85 용성(蓉城)이……차운하다 : 용성은 이의철(李懿喆, 1779~?)의 호이다. 본관은 원주(原州), 자는 호민(好民)인데, 천민(天民)이란 자(字)도 있었던 듯하다.

유근의 시에 차운하다

次逌根韻

요란한 우레소리 마침내 고요하다는 걸	疊鼓轟雷竟是空
너는 응당 물소리 속에 분명히 알았으리	汝應明了水聲中
용문과 적석은 일부러 뚫을 필요 없고	龍門積石無關鑿
적안과 은하는 본래부터 통하였네[86]	赤岸銀河本自通
늙고 병든 종문은 거문고 소리를 울렸고	老病宗文琴動響
슬피 노래하며 완보는 막다른 데서 수레 돌렸네[87]	悲歌阮步轍廻窮
사람이 입만 열면 천지를 말하지만	人生開口談天地
고금에 뉘라서 시종을 알았으랴	今古誰曾識始終

86 용문(龍門)과……통하였네 : 용문과 적석(積石)은 모두 중국 산서성에 있는 지명으로 황하가 지나는 곳이다. 《서경》 〈우공(禹公)〉에 "하수를 인도하되 적석으로부터 용문에 이르며 남쪽으로 화음에 이르고 동쪽으로 지주에 이른다.〔導河積石, 至于龍門, 南至華陰, 東至砥柱.〕"라고 하였다. 적안(赤岸)은 장강(長江) 어귀에 있는 지명인데, 두보(杜甫)의 〈희제왕재화산수도가(戱題王宰畫山水圖歌)〉에 "파릉의 동정호로부터 일본 동쪽에 이르고, 적안의 물은 은하수와 서로 통하누나.〔巴陵洞庭日本東, 赤岸水與銀河通.〕"라고 하였다.

87 늙고……돌렸네 : 사람이 왕성한 때가 지나면 자연히 곤궁해질 때가 있다는 의미이다. 종문(宗文)은 남조(南朝) 송(宋)나라 종병(宗炳)을 가리키는데, 자(字)가 소문(少文)이다. 서(書)·화(畫)·금(琴)의 명인이었으며 노장학(老莊學)에 조예가 깊었다. 그는 늙어 명산대천을 유람하지 못하자 자기가 유람하였던 산수를 벽에 그려 두고 누워서 구경하였다고 한다. 또 〈금석령(金石靈)〉이란 곡조를 오직 종병만이 연주할 수 있었는데, 문제(文帝)가 악사 양관(楊觀)을 시켜 배워오도록 명한 일이 있다. 《宋書 卷93 宗炳傳》 완보(阮步)는 보병교위(步兵校尉)를 역임한 진(晉)나라 완적(阮籍)을 가리킨다. 완적은 천성이 방달불기(放達不羈)하여 때로 마음 내키는 대로 수레를 타고 가다가 막다른 곳에 이르면 통곡하며 돌아왔다고 한다. 《晉書 卷49 阮籍列傳》

현암의 시골집을 생각하며[88]

憶玄巖田舍

여주의 강물은 푸르고 또 산은 높으니	黃驪水綠復山峨
수놓은 관복인들 벽라의와 바꾸랴[89]	黼黻其能換薜蘿
만사는 하늘에 맡길 뿐 뉘라서 헤아리랴	萬事聽天誰忖度
십 년 동안 지세 살피며 몇 번이나 지났던가	十年相地幾經過
듬성한 백발엔 바람이 눈을 날리고	蕭蕭素髮風飄雪
자욱한 흙먼지에 해는 물결 따라 부침했지	滾滾紅塵日逐波
백성 구제할 경륜은 모두 접어두고	康濟經綸都疊了
흉중에 옛 책을 저버렸으니 어찌하랴	胸中孤負舊書何

근골과 이목은 날로 무능해지니	筋骸耳目日無能
마구간에 엎드려 어찌 비등하는 지기를 논하랴	伏櫪寧論志氣騰
만사가 어그러져도 여전히 세속에 뒤섞여 있고	萬事都違猶混俗
육친이 구존해도 늘 승려 되길 생각하네	六親雖具每思僧

88 현암(玄巖)의 시골집을 생각하며 : 1822년(순조22)에 지은 시이다. 현암은 경기도 이천시 백사면 현방리를 가리키는데, 풍고가 만년에 마련한 시골집이다. 풍고가 별세한 1년 뒤 1833년(순조33)에 성균관 유생들이 상소하여 이곳에 현암서원(玄巖書院)이 건립되었고, 같은 해에 사액(賜額)되었다가 1870년 홍선대원군의 서원철폐령으로 없어졌다.

89 수놓은……바꾸랴 : 높은 관직으로도 전원생활과 바꾸지 않겠다는 의미이다. 보불(黼黻)은 화려한 문양의 수가 놓인 예복으로 높은 작록을 가리키는 말이다. 벽라의(薜蘿衣)는 산에 사는 은자(隱者)의 복장을 가리킨다. 《초사(楚辭)》 〈구가(九歌) 산귀(山鬼)〉에 "벽려로 옷을 해 입고 여라의 띠를 둘렀도다.〔被薜荔兮帶女蘿.〕"라는 표현이 있다.

선현들의 명성과 업적은 서책 속에서 알아	前脩名業書中識
젊은 나이의 화려한 영광을 꿈속에 의탁했네	早歲繁華夢裏憑
지난가을 죽음의 문턱에서 살아난 후로[90]	一自去秋瀕死起
뜬구름 인생이 바람 앞 등불임을 더욱 느끼네	浮生更覺似風燈

어찌하면 시골 노인의 적삼을 몸에 걸치고	安得身披野老衫
둥근 배를 드러낸 채 푸른 바위에 누울까	坦開皤腹臥蒼巖
산속에서 풀뿌리 캐니 모두가 깨끗한데	菜根山裏多芳潔
도성의 샘물 맛은 늘 짭짜름했네	泉味城中久鹵鹹
손님을 맞느라 억지웃음 웃으며 아픔을 참고	强笑耐疼緣拜客
편지를 쓰느라 눈이 침침하고 정신이 고갈되네	眼昏神耗爲裁緘
수심이 오면 앉아서 봄 강물 추억하노니	愁來坐憶春江水
구름 그림자가 골짜기 오르는 배를 멀리 따르리	雲影遙隨溯峽帆

90 지난……후로 : 풍고가 1821년(순조21) 가을에 전염병에 걸렸다가 간신히 소생한 것을 가리킨다.

생일 아침[91]

生朝

갑자로는 대체로 육십인데	甲子大都秖六十
생일 아침을 쉰여덟 번 만났네	生朝五十八回逢
한번 손가락 퉁기는 사이에 내년이 되면	一彈指頃明年至
사종의 수레가 막다른 데에 이름과 무어 다르랴[92]	何異嗣宗車轍窮

91 생일 아침 : 풍고의 나이 59세 되던 1824년(순조24)경에 지은 시이다.

92 사종(嗣宗)의……다르랴 : 노년이 되어 희망이 점차 사라짐을 비유한 말이다. 사종은 진(晉)나라 완적(阮籍)의 자(字)이다. 완적이 수레를 타고 자유롭게 다니다가 막다른 곳에 이르면 통곡하고 돌아왔다는 궁도곡(窮途哭)의 고사가 전한다.《晉書 卷49 阮籍列傳》

이씨의 부인이 된 손녀를 애도하며[93]

哀孫女李氏婦

어미 없이 우는데 기르는 방도도 서툴러	無母呱呱鞠育疏
어미 찾아 소매에 젖은 눈물 언제나 측은했는데	恒憐孺慕淚凝裾
너의 어린 딸이 태어난 지 겨우 백여 일이라	嬰嬌出腹旬纔百
지금의 애절한 슬픔은 네가 태어났을 때보다 심하네[94]	悲絶如今甚汝初
하늘을 보니 어둑하여 아무 말이 없으니	視天冥漠竟無言
네가 우리 가문에 태어난 게 합당치 않았나보다	不合而生在我門
알겠노라, 신명이 너무 번성함을 시기하여	知是神明猜太盛
남녀 아홉 자손을 꺾어버린 줄을	却摧男女九兒孫

93 이씨의……애도하며 : 이 시는 이인기(李寅夔)의 부인이 된 김유근(金逌根)의 딸이 일찍 죽자 이를 애도해 지은 시이다. 풍고가 부인 청송 심씨(青松沈氏)를 위해 지은 묘지명에 '김유근의 딸이 생원 이인기(李寅夔)의 아내가 되어 딸 하나를 남기고 일찍 죽었다'는 기록이 있다. 《楓皐集 卷12 亡室青陽府夫人墓誌銘》 이인기(李寅夔, 1804~?)는 본관이 전주(全州), 자는 요장(堯章)으로 1822년(순조22)에 생원시에 합격하고 1839년(헌종5)에 문과에 급제, 승지·성균관 대사성·이조 참판 등을 지냈다. 1866년(고종3)에 강화 유수로 있으면서 이양선에 성을 잃고 달아난 죄로 신지도에 유배되었다가 2년 뒤 방면되어 한성부 좌윤에 서용되었다.

94 어린……심하네 : 김유근의 첫째 부인 해주 오씨(海州吳氏, 1783~1809)가 딸 하나를 남기고 일찍 죽었는데, 그 딸마저도 어미처럼 딸을 낳고 일찍 죽은 것을 가리킨다.

할아비가 화내면 무서워 않고 아비가 화내면 무서워하여

翁嗔無怕怕爺嗔

해맑은 웃음소리가 늘 미간을 펴게 했지 瑳笑雛音每破顰

손녀의 재롱을 어찌 다시 볼 수 있으랴 嬌戲從今寧再見

혼백이 있다면 꿈속에서 만나자꾸나 惟應魂魄夢相因

장난삼아 정생에게 주다

戲贈丁生

늙어도 죽지 않음은 정녕 하늘이 주는 것이라	老而不死丁天與
내가 이번 겨울에 필시 병들리라 생각했네	謂我今冬病必嬰
백번 점을 쳐도 적중한 적 없더니	百筮不曾見一中
이번에는 어찌하여 귀신같이 잘도 맞혔는가	此番巧湊豈神明

봄날 아침의 고향 생각

春朝思鄉

아침 해가 동녘에 떠오르니	朝日升東皐
고운 햇살 맑고도 싱그럽네	麗彩颺淸淑
싸늘한 기운이 가지 끝을 희롱하더니	輕寒弄條達
봄기운이 동산의 나무에 돌아왔네	春氣回園木
희고 흰 남산의 눈은	皚皚南山雪
어찌 아직도 남았는가	胡然尙留宿
눈이 묵은 것 또한 우연이요	雪宿亦偶爾
강 물결엔 벌써 주름이 지네	江流縠已蹙
멀리 고향의 일 추억하니	遠憶鄕里事
시골집 맛난 음식[95]도 동났겠지	田家窮旨蓄
며느리와 시어머니가 함께 머리 쪽 찌고	婦媼偕鬅叉
호미 들고 목숙[96]을 캐리	携鋤採苜蓿
그 맛이 기름지고 감미로워	其味肥而甘
삶으면 고기보다 부드러우니	湘之軟勝肉

95 맛난 음식 : 원문의 '지축(旨蓄)'은 맛있는 채소를 쌓아두었다는 말이다. 《시경》 〈곡풍(谷風)〉에 "나에게 좋은 채소를 축적해둔 것이 있으니 이로써 겨울을 지낼 수 있다.〔我有旨蓄, 亦以御冬.〕"라는 구절이 있다.

96 목숙(苜蓿) : 서역 원산으로 콩과에 속하는 두해살이풀로 우리나라에서는 거여목, 개자리 등으로 일컫는다. 회풍초(懷風草), 광풍초(光風草), 연지초(連枝草) 등의 별칭이 있고 사료용이나 식용으로 이용한다.

내 성미가 이 채소를 즐기고	余性嗜食此
또 삶은 콩나물을 사랑하네	又愛黃卷熟
집을 두른 푸른 측백이 있고	繞屋有翠柏
겨울을 난 세죽이 많으니	經冬多細竹
귀거래가 어찌 이르다 하리	歸去詎云早
보지 않아도 눈에 선하네	不見如在目

바람 불고 화창한 날

喜風日和暢

스물네 번에서 지금 몇 번째 바람인가[97]	廿四番今第幾風
소라뿔 같은 산이 자욱한 아지랑이 속에 있네	山螺野馬藹然中
으슥한 골짜기에 원기가 돌게 하여	定教陰壑回元氣
더는 먼지가 하늘을 더럽히지 못하게 하네	無復纖塵滓太空
아침햇살 받은 풀빛은 새로 초록빛 토해내고	草色朝暄新吐綠
밤비 맞은 꽃가지에 어느새 붉은 꽃송이 돋았네	花枝夜雨暗胚紅
앉아서 봄 풍경 바라보건대 이토록 아름다우니	坐看時物佳如此
모두 조화옹의 은택을 받아 소생한 것이라네	均是重生荷化翁

97 스물네 번에서……바람인가 : 봄에 꽃이 피는 때에 불어오는 바람을 화신풍(花信風)이라 하는데, 소한(小寒)에서 곡우(穀雨)까지 120일 동안 5일에 한 번씩 모두 24차례 불어온다고 한다.

현목 수빈 만사[98]

顯穆綏嬪挽詞

영지에 뿌리 있고 예천엔 근원 있어	芝有靈根醴有源
면면히 쌓인 경사 야옹[99]의 문중일세	緜緜積慶冶翁門
육궁이 소분[100]이 길하다 서로 경하하였으니	六宮相賀盆繅吉
주록현황 옷을 지어 채번을 보좌하였네[101]	朱綠玄黃佐采蘩

98 현목 수빈 만사(顯穆綏嬪挽詞) : 1822년(순조22)에 순조(純祖)의 생모인 수빈 박씨(綏嬪朴氏, 1770~1822)를 애도하며 지은 만사이다. 궁호(宮號)는 가순궁(嘉順宮), 능호(陵號)는 휘경원(徽慶園), 시호는 현목(顯穆), 모신 사당은 경우궁(景祐宮)이다.

99 야옹(冶翁) : 조선 전기의 문신 박소(朴紹, 1493~1534)를 가리킨다. 본관은 반남(潘南), 자는 언주(彦胄), 호는 야천(冶川)이다. 어린 나이에 김굉필 문하에서 수학하였고, 후에 조광조의 문인이 되었다. 조광조 등 신진사류와 더불어 왕도정치 구현을 위해 힘썼으나, 김안로 등 훈구파의 탄핵으로 파면되어 경상도 합천에서 학문에 전념했다. 영의정에 추증되었고, 나주의 반계서원(潘溪書院), 합천의 이연서원(伊淵書院) 등에 배향되었다. 시호는 문강(文康)이다.

100 소분(繅盆) : 고치를 따서 실을 뽑는 의식 절차를 말한다. 왕후가 누에를 친 뒤 후궁들이 누에고치를 따서 바치면 왕후가 이를 받아 왕에게 보인 뒤 물동이에 세 번 담근〔三盆手〕 다음 다시 후궁들에게 준다. 그러면 후궁들이 실을 뽑아 베를 짜고 수를 놓아 제왕의 예복을 만들었던 예를 말한다. 《禮記 祭義》

101 주록현황(朱綠玄黃)……보좌하였네 : 주록현황은 붉은빛과 푸른빛, 검은빛과 누런빛의 관복(官服)을 이르는 말이다. 채번(采蘩)은 제사를 공경히 받든다는 말이다. 《시경》 〈채번(采蘩)〉은 쑥을 뜯어서 정성껏 제사를 지내는 여인의 모습을 읊은 시인데, 그중에 "쪽을 성대히 추켜올림이여, 아침저녁으로 공소(公所)에 있도다.〔被之僮僮, 夙夜在公.〕"라는 말이 나온다.

꿈에서 해를 품었으니 경인년이고[102] 夢維懷日歲維庚
요모문 열리매 팔방이 경하하였네[103] 堯母門開慶八紘
매제사의 상서를 하늘이 열어준 후로 一自禖祥天啓後
만년토록 연이어 성자신손께서 태어났네[104] 萬年瓜瓞聖神生

중령포는 울부짖고 배봉도 애통해하는데 中泠浦咽拜峯哀
정삽은 아득히 한번 가서 돌아오지 않네[105] 旌翣悠悠去不廻

102 꿈에서……경인년이고 : 수빈 박씨(綏嬪朴氏)가 태어난 해가 경인년(1770)인데, 모친 원주 원씨(原州元氏)의 꿈에 한 노인이 나타나서 큰 구슬을 바치매 그 광채가 온 집 안에 가득하였다고 한다.

103 요모문(堯母門)……경하하였네 : 수빈 박씨가 순조(純祖)를 낳은 것을 가리킨다. 요모는 고대의 성왕인 제요(帝堯)의 모친으로 14개월 만에 요 임금을 낳았다는 전설이 있는데, 한(漢)나라의 구익부인(鉤弋夫人)이 14개월 만에 소제(昭帝)를 낳고 그 궁문의 이름을 요모문(堯母門)이라고 했다는 고사가 있다.《漢書 卷97上 孝武鉤弋趙倢伃傳》《史記 卷49 外戚世家》

104 매제사의……태어났네 : 하늘의 가호를 입어 왕실의 후손이 면면히 이어짐을 비유한 말이다. 옛날에 제왕이 제비가 오는 봄날에 매신(禖神)에게 사손(嗣孫)을 내려주기를 빌기 위하여 올리는 제사를 교매(郊禖)라고 한다. 옛날 고신씨(高辛氏)의 비(妃) 간적(簡狄)이 자식을 낳게 해달라고 교매에게 빌었는데, 이때에 제비가 알을 주자 간적이 그 알을 삼키고 설(契)을 낳았다는 고사가 있다.《史記 卷3 殷本紀》 원문의 '과질(瓜瓞)'은 오이 덩굴이라는 뜻으로 《시경》〈면(綿)〉에서 "면면히 이어진 오이 덩굴이여, 주(周)나라에 백성이 처음 산 것이, 저수(沮水)와 칠수(漆水)에 터전을 닦으면서부터이다.〔緜緜瓜瓞, 民之初生, 自土沮漆.〕"라고 하였다.

105 중령포(中泠浦)는……않네 : 하늘과 땅마저도 수빈 박씨를 애통해하는 가운데 장례 지내는 모습을 표현한 구절이다. 중령포는 서울 도성에서 동쪽으로 15리가량에 있던 여울목 이름이고, 배봉(拜峯)은 수빈 박씨의 묘소인 휘경원(徽慶園)이 처음 만들어진 양주(楊州) 배봉산(拜峯山, 서울 동대문구 휘경동 일대) 기슭을 가리킨다. 휘경원

머리 흰 시인은 무한히 애통해하니	頭白詞臣無限感
옛날 입궁하시던 성대한 모습을 보았기 때문이네	入宮曾覩盛儀來

은 철종6년(1855)에 양주 순강원(順康園) 옆으로 옮겼다가 철종14년(1863)에 달마동(達馬洞, 현재 남양주시 진접읍 부평리)으로 천장하였다. 정삽(旌翣)은 명정(銘旌)과 운삽(雲翣)을 가리킨다. 명정은 죽은 이의 관직과 성씨 등을 기록하여 상여 앞에 들고 가는 깃발이며, 운삽은 발인(發靷) 때 영구 앞뒤에 세우는 구름무늬를 그린 부채 모양 상구(喪具)이다.

여주 가는 도중에

驪州路中

파사성[106] 아래 강물 빛도 좋을시고	婆娑城下江光好
추읍산[107] 앞에 토심도 비옥하네	趨揖山前土脉肥
내 고을이 낙토인 줄 일찌감치 알았건만	早識吾鄕如此樂
무엇에 발이 묶여 돌아오지 못했던가	被誰牽住不能歸

106 파사성(婆娑城) : 경기도 여주군 대신면 천서리에 있는 석축산성으로 삼국시대에 축조되었다. 신라 파사왕 재위(80~112) 때 축성했다는 설이 있고, 1592년(선조25)에 임진왜란이 일어났을 때 유성룡(柳成龍)의 발의에 따라 승군장 의엄(義嚴)이 승군을 동원하여 둘레 1,100보의 산성을 수축하였다는 내용이 전한다.

107 추읍산(趨揖山) : 경기도 양평군 개군면에 위치한 산이다. 일제강점기 이후 주읍산(注邑山)으로 불렸으나 1995년 고유지명인 추읍산으로 변경되었다.

수레 위에서

車上

맑은 바람이 길거리 먼지를 불어가는데　清風吹斷陌頭塵
이런저런 한가로운 사념이 바퀴소리 따라오네　輾轉閑思逐逐輪
졸졸 산골 샘물은 귀에 쏙쏙 들리고　汩濊山泉偏警耳
우거진 들풀은 마음을 상하게 하네　綿芊野草欲傷神
교량의 까투리는 세 번 냄새 맡으면 족하니　梁雌只可供三嗅
추구를 어찌 다시 진설하기 바라랴[108]　芻狗何嘗望再陳
우스워라, 남은 생애가 정녕 어그러졌건만　自笑餘生誠老悖
그래도 독서인 되기를 상상해보네　猶然想作讀書人

108 교량의……바라랴 : 까투리 고기를 공자께서 먹지 않았고, 추구(芻狗)는 제사가 끝나면 버리는 것이므로 풍고 자신이 세상에 쓸모 있는 인물이 못 된다는 뜻을 비유적으로 표현한 말이다. 《논어》 〈향당(鄕黨)〉에 공자께서 "산량의 암꿩이 제때를 만났구나. 〔山梁雌雉, 時哉時哉.〕"라고 하자, 제자 자로(子路)가 그걸 잡아 요리해서 바쳤는데, 공자께서 세 번 냄새를 맡고 일어나셨다는 고사가 있다. 추구(芻狗)는 짚으로 만든 개인데, 옛날에 제사에 진설하고서 제사가 끝나면 바로 버리기 때문에 쓸모없는 사물을 가리킨다.

송파나루에서 배를 기다리며

松坡待渡

송파진 북쪽으로 한강이 흘러	松坡鎭北大江流
치렁치렁 푸른 버들이 작은 누각을 감쌌네	碧柳毿毿罨小樓
지는 해 모래밭 물들여 마음 절로 급하니	落日含沙情自急
예전의 고운 풍경이 지금은 수심을 자아내네	向來風景宛今愁

봉양 받으며 회양으로 떠나는 이참판 보천 에게 드리다[109]

奉呈李參判 普天 就養淮陽

선친의 친구분들이 지금처럼 드문 때에　先人執友尠如今
덕망 높고 연세도 많아 더욱 깊이 앙모했네　厚德高齡仰獨深
그 아들이 이름난 고장에서 성대하게 봉양하니[110]　賢胤名區榮養就
공을 보내며 이 선민의 심정[111]을 어찌 억누르랴　送公那抑鮮民心

듣자니 금강산 일만 이천 봉우리가　聞道金剛萬二千
기기묘묘 앉은 부처와 날아가는 신선 같다네　形形坐佛與飛仙
한 봉우리마다 하루씩 공을 위해 축수하노니　一峯一日爲公壽
지금부터 삼십 년은 더 장수하시길　富有從今三十年

109 봉양……드리다 : 이 시는 1813년(순조13) 9월경에 지은 시이다. 이보천(李普天, 1737~1821)은 조선 후기 문신으로 본관은 용인(龍仁)이다. 1771년(영조47) 문과에 급제, 청요직을 두루 거쳐 벼슬이 판서에 올랐고, 외직으로 청송 도호부사, 고성 현령, 춘천 도호부사, 이천 도호부사, 무산 도호부사 등을 역임했다. 1812년 8월에 70세 이상의 대신으로서 찬물(饌物)을 하사받은 일이 있다.

110 아들이……봉양하니 : 이보천의 아들 이석호(李錫祜, 1762~1834)는 자가 군범(君範)으로 1798년(정조22)에 문과에 급제, 교리·수찬·대사간·승지 등 청요직을 두루 거쳐 벼슬이 참판에까지 올랐다. 1813년 9월부터 1816년 2월까지 회양 도호부사를 지냈다.

111 선민(鮮民)의 심정 : 부모를 여의고서 외롭게 사는 슬픔을 말한다. 《시경》〈육아(蓼莪)〉에 "선민의 생애는 죽는 것만도 못한 지가 오래일세.〔鮮民之生, 不如死之久矣.〕"라고 한 말에서 유래하였다.

강 물고기에 탈이 났다가 냉수를 마시니 즉시 그치다

病河魚 飮冷水卽已

처음 약천의 물 일곱 대접을 마시고　初飮七椀藥泉取
다시 동쪽 우물물 그 두 배로 마신 뒤에　再飮東井倍厥數
세 번째로 서암의 바위 아래 유천을 마셨는데　三飮西巖巖下乳
일곱에서 두 배를 더하고 십사에서 다섯을 감했네　加二於初減再五
이틀에 서른 대접을 배 속에 들이 부으니　兩日三十椀入肚
둥그렇게 불어난 배가 수레의 북과 같았네　便便大腹如輓鼓
묵은 더위와 쌓인 담이 깨끗이 씻기자　滌盪炎伏與痰聚
정신 맑고 기운 상쾌하기가 화창한 가을하늘 같았네　神淸氣爽開秋宇
강 물고기로 생긴 병이 즉시 나으니　河魚之疾卽日愈
쓴 약을 입에 넣을 필요도 없었네　不煩刀圭試口苦
의원이 말하기를, 이 법은 예부터 전해오지만　醫言此法傳自古
조치가 너무 거칠어 사람을 놀라게 하오　擧措駭人太硬粗
용맹한 사내가 맨손으로 범을 잡는 거와 같으니　譬如猛士徒搏虎
범이 굴복하지 않는다면 후회한들 무슨 소용이겠소　虎若不服悔何補
지금 사람이 목숨이 간들간들 위태로우면　今人凜凜氣一縷
경황없는 중이라 한하토[112]를 쓰기 어려운데　造次難能汗下吐

112 한하토(汗下吐) : 금·원(金元) 시대에 활동한 의원 장종정(張從正, 1156~1228)이 창안한 치료법으로 사기(邪氣)를 공격하여 내보내는 것을 주지로 삼는다. 한(汗)은 발한(發汗), 토(吐)는 용토(涌吐), 하(下)는 사하(瀉下)를 의미하는데, 병이 겉에 있으면 한법, 위에 있으면 토법, 아래에 있으면 하법을 쓴다.

더구나 공께서는 육십 세에 난치병을 가볍게 여겼으니 　況公六十輕二竪
요행히 재앙이 없었지만 다시는 믿지 마시오 　僥倖無災再勿怙
나는 그대의 말을 듣고 진부하다 여기노니 　我聽君言眞酸腐
의원의 뜻은 항문을 무엇으로 막자는 건가 　醫者意也竅何敷
독한 설사 고치지 못했을 땐 내장이 무너지는 듯하더니 　毒痢不治壞臟腑
냉수를 마시자 가뭄에 단비가 적시는 듯하였소 　飮冷如旱沃甘雨
만물의 생명은 물이 핵심이 되니 　萬物之生水爲主
물이여! 물이여! 공자께서도 탄식했소[113] 　水哉水哉歎尼父

113 물이여……탄식했소 : 《맹자》 〈이루 하(離婁下)〉에 나오는 구절이다. 맹자의 제자 서자(徐子)가 "공자께서 자주 '물이여! 물이여!'라고 하셨으니, 물에서 무엇을 취했습니까?〔仲尼亟稱於水曰, 水哉水哉, 何取於水也.〕"라고 묻자, 맹자는 "근원이 좋은 물이 펑펑 솟아, 밤이고 낮이고 멈추지 않고 흘러서, 구덩이를 모두 채우고 난 뒤에야 전진하여 사방의 바다에 이르는데, 학문에 근본이 있는 자도 바로 이와 같다. 공자께서는 바로 이 점을 취하신 것이다. 만약 근원이 없다면, 칠팔월 사이에 비가 퍼부어 도랑에 모두 물이 가득 찼더라도, 언제 그랬느냐는 듯이 말라 버리고 말 것이다. 그러므로 명성과 소문이 실제보다 지나친 것을 군자는 부끄러워한다.〔源泉混混, 不舍晝夜, 盈科而後進, 放乎四海, 有本者如是, 是之取爾. 苟爲無本, 七八月之間, 雨集, 溝澮皆盈, 其涸也, 可立而待也, 故聲聞過情, 君子恥之.〕"라고 풀이하였다.

병중에 문득 고기 냄새가 싫어졌는데 병이 나은 뒤에도 그대로였다

病裏忽厭聞肉臭 及瘉猶然

소의 노고 생각하여 늘 도살이 잘못이라 한탄하면서도 念功常歎殺牛非
시속을 따라 나도 살코기 먹기를 즐겼네 從俗吾猶喜嚙肌
고기 냄새가 까닭없이 역하게 느껴지니 一嗅無端生惡阻
이 병이 혹시 인을 이룰 계기가 되지 않을까 今疴得不爲仁機

좌근의 〈관수(觀水)〉 시에 차운하다[114]

次左根觀水韻

너희가 물 구경을 다녀왔으니	爾曹觀水去
아름다운 경치가 청진하였던 듯하구나	佳境憶淸眞
맑은 강물은 우레가 땅을 울리는 듯하고	雪練雷殷地
날리는 폭포는 비처럼 사람에게 흩뿌렸으리	風簾雨濺人
거문고 타는 마음은 분명히 그 묘리를 알았고[115]	琴心應解妙
시에 쓰인 말에는 티끌이 머물지 않았구나	詩語不留塵
지난날 나도 한창일 때에는	往日吾猶健
구름 낀 암자에 옛 인연 있었노라	雲菴有宿因

114 좌근의……차운하다 : 김좌근(金左根, 1797~1869)은 풍고의 셋째 아들로 자는 경은(景隱), 호는 하옥(荷屋)이다. 1819년(순조19)에 생원이 되고, 1838년(헌종4) 문과에 급제했다. 안동 김씨 세도정치 시기의 핵심인물로 요직을 두루 역임하여 벼슬이 영의정에까지 올랐다.

115 거문고……알았고 : 물의 성질을 무언중에 마음으로 이해했다는 의미이다. 춘추시대 초(楚)나라 사람 백아(伯牙)가 거문고를 연주하면서 흐르는 물에 뜻을 두면〔志在流水〕, 그의 친구 종자기(鍾子期)가 듣고서 "거문고 소리가 호호탕탕 유수와 같구나.〔蕩蕩乎若流水〕"라고 알아주었다는 고사가 있다. 《呂氏春秋 卷14 孝行覽 本味》

가을날 장씨의 정원을 찾아가다

秋日訪張氏園

움푹하고 으슥한 모정이 달빛 받기 어려워　凹僻茅堂受月難
함께 어스름 저녁에 숲 언덕에서 기다리네　共携暝色佇林壇
시내는 어두워 자리를 침범하는 구름 분간 못하고　溪昏未辨雲侵席
이파리 무성하여 갓 적시는 이슬을 막아주네　葉密堪遮露墊冠
애석할사, 거주하는 사람 옛날 알던 이가 아니고　怊悵居人非舊識
흐릿하게 남은 먹자국은 새로 보는 듯하네　依俙留墨似新看
그대에게 묻노니, 동령사[116]를 유람한 적 있는가　問君曾否遊東嶺
산이 이곳보다 깊었고 나무가 일찍 붉어졌었지　山比玆深樹早丹

116 동령사(東嶺寺) : 조선 시대에 삼각산(三角山)에 있었던 사찰이다. 경치가 아름답다고 전해지나 자세한 내력은 미상이다.

심효전, 조사은, 김석한과 함께 산에 들어가 종일토록 소요하다가 저녁에 등불 밝히고 장난삼아 짓다[117]

與沈孝田・趙斯隱・金石閒入山 終日逍遙 夕燈戲賦

가을 숲 조용하고 좋은 나무 많은데	秋林窈窕多佳木
서리 이슬 서늘하여 잎이 알록달록 물들었네	霜露凄淸葉黃赤
해뜰 녘에 일어나 나막신 신고 나서니	起趁升暉携雙屐
이웃 친구가 전날 밤의 약속을 어기지 않았네	隣朋不爽前宵約
형제천[118] 곁에서 잠시 휴식 하노라니	兄弟泉傍暫憩息
물의 등급이 어찌 중령[119]보다 못하랴	品水何減中泠滴
다시 마른 뿌리를 붙잡고 위험한 골짜기 건너니	更攀枯根度危壑
숨은 계곡이 굽이굽이 자주 꺾여 흐르네	屛澗逶迤屢轉曲
문득 높은 언덕 올라 멀리까지 바라보니	忽到高岡送遐矚
한양 남쪽 성가퀴가 산빛 속에 숨었네	漢南粉堞隱山色
불암산과 아차산[120]은 형세가 서로 따르니	佛巖峨嵯勢相蹴

117 심효전……짓다 : 옥호정사(玉壺精舍)의 뒷산인 백악산(白岳山) 일대를 유람한 것으로 보인다.

118 형제천(兄弟泉) : 옥호정사와 가까운 곳에 있던 샘물이다.

119 중령(中泠) : 중국 강소성(江蘇省) 진강현(鎭江縣) 서북쪽의 양자강(揚子江) 속에 있는 샘. 강물과 함께 흐르면서도 이 물은 특히 섞이지 않고 찬맛을 그대로 지닌다고 한다.

120 불암산과 아차산 : 불암산(佛巖山)은 서울시 노원구와 경기도 남양주시 별내면에 걸쳐 있는 산으로 필암산(筆巖山), 천보산(天寶山) 등의 별칭이 있다. 아차산(峨嵯山)은 서울특별시 광진구와 경기도 구리시에 걸쳐 있는 산으로 '阿嵯山', '阿且山' 등으로도 쓴다.

강물을 흰 띠처럼 두른 모습 상상되네	想像江流襟帶白
바람 부는 비탈 내려가며 옥구슬이 울리니	躡下風磴弄鳴玉
하룻밤 사이 연못을 터 쌓인 공적을 보네	一夜疏潭見功積
연못을 굽어보는 바위에 자리를 깔고	臨潭靠巖肆氈席
한가운데 덩그러니 바둑판 놓으니	當中突兀安碁局
한흥[121]의 수염과 살쩍은 학처럼 희고	漢興鬚鬢皎如鶴
국수의 명성은 서울에 뜨르르하네	國手聲價重京洛
이날에는 의기양양 건장함을 발휘하니	此日昂昂試矍鑠
바둑판 줄 사이로 번쩍이는 두 눈이 푸르러	方罫閃暎雙瞳綠
손가락 끝에 바둑알 들고 있다가 갑자기 두며	指端攝子忽漫着
〈길일〉과 〈거공〉의 형세로 속여 취하지 않네[122]	吉日車攻不詭獲
오묘한 비결이 국수의 적통에게 전해지건만	妙訣自傳棊家嫡

121 한흥(漢興) : 정조와 순조 시대에 바둑으로 명성을 떨친 국수(國手) 김한흥(金漢興)을 가리킨다. 풍고 또한 1819년(순조19) 동짓달 하순에 김한흥과 노래하는 군빈(君賓), 거문고 타는 익대(益大)와 사냥꾼 한 사람을 데리고 봉원사를 유람한 기록을 남겼다.《楓皐集 卷15 記奉元寺遊》

122 길일(吉日)과……않네 : 바둑에서 정공법으로 상대를 몰아가는 형세와 전법을 묘사한 구절로 보인다. 〈길일(吉日)〉과 〈거공(車攻)〉은 모두 《시경》 소아(小雅)의 편명이다. 〈거공(車攻)〉은 주(周)나라 선왕(宣王) 때에 옛 제도를 회복하여 거마(車馬)를 수리하고 기계(機械)를 정비하여 사냥을 나가는 모습을 읊은 시이고, 〈길일〉은 제후들과 모여 사냥을 하며 짐승을 몰아가는 모습을 찬미한 시이다. 원문의 '궤획(詭獲)'은 수단과 방법을 가리지 않고 이익만 탐하는 것을 의미한다. 춘추 시대에 왕량(王良)이 조간자(趙簡子)의 신하 해(奚)와 함께 수레를 타고 사냥을 하는데, 왕량이 법도에 맞게 말을 달렸을 때는 종일 한 마리도 잡지 못하다가, 왕량이 법도를 무시하고 말을 몰아 짐승을 맞닥뜨리게 해주자 잠깐 사이에 열 마리나 잡았다는 고사에서 온 말이다.《孟子 滕文公下》

후생들 갖은 고생하며 비법 얻으려 다투네　後生汗僵爭企得
나는 크게 기뻐하며 보는 것으로 만족치 못하고　我大歡喜看不足
손으로 홍로주 따라주며 적을 격파함을 축하하네　手斟紅露賀破敵
정오가 되어 점심을 갖추라 산복을 부르니　日午具饍喧山僕
흰쌀과 누런 좁쌀 섞어 잘 지었네　白秔黃粱共炊熟
송이와 고기를 함께 볶아 올리고　松蕈和肉薦爊炙
순무 김치며 게젓도 갖추었네　菹醃菁菘醢郭索
대가들 기뻐하며 이미 배가 부르자　大家欣然已果腹
큰 소나무에 기대거나 돌을 베고 누웠네　或倚長松或枕石
엿 파는 동자가 연극에 익숙하여　賣餳童子解演劇
기괴한 솜씨로 곡을 잘도 하는데　怪底伎倆能善哭
곡소리가 슬프지 않아 되레 웃음이 나오니　哭不悲來笑反作
우레 같은 웃음소리가 산골짜기에 울리네　笑聲如雷闐山谷
백년 인생은 문틈으로 지나는 말과 같아　百年大抵駒過隙
곡하고 웃는 사이에 그대 머리 벗겨졌네　哭笑之間君頭禿
이 때문에 고인들은 이날이 아깝다[123] 하였으니　古人所以此日惜
그대들은 지금의 즐거움을 잊지 마시게　請君莫忘今者樂
도성의 사산[124]은 연기처럼 푸르러　城裏四山如煙碧

123 이날이 아깝다 : 당나라 한유(韓愈)의 시 〈차일족가석이란 시를 장적에게 주다〔此日足可惜贈張籍〕〉라는 시에 "이날이 몹시 아까우니, 이 술은 마실 것 없네. 술은 놔두고 이야기 나누며, 하루의 햇빛을 함께 누리세.〔此日足可惜, 此酒不足嘗, 捨酒去相語, 共分一日光.〕"라는 구절이 있다.

124 사산(四山) : 서울 도성(都城)을 둘러싼 네 산으로 백악산(白岳山), 인왕산(仁王山), 목멱산(木覓山), 낙산(駱山)을 가리킨다.

아름다운 경치론 예부터 백악이 으뜸인데　佳境由來最白嶽
하물며 이날 만남에 속객이 없으니　況是相逢無俗客
형체와 모양을 잊고 한적함을 즐겨보세　忘形去態恣閑適
일생의 지기는 늘 집집마다 즐비하고　一生知己長比屋
열 세대를 허통한 집안은 산기슭에 연달았네　十世通家連小麓
오래된 벗도 초면인 사람도[125] 또 막역지우 되니　白頭傾蓋又莫逆
인간세상 어느 즐거움 이것과 바꾸랴　人間何快此事易
산의 해가 뉘엿뉘엿 저무는 것도 알지 못하고　不知山日澹將夕
산에 비가 간간이 떨어지려는 것도 알지 못하네　不知山雨疏欲落
취한 눈에 산길이 어둑해도 근심치 않고　醉眼不愁山路黑
소매 잡고 어깨 부딪치며 희학질 어지럽네　聯袂拍肩紛雅謔
나는 늙었어도 칠언시 지을 수 있으니　我老猶堪七言屬
붓을 잡고 등잔 앞에서 성대한 나들이 기록하네　搦筆燈前記盛躅
나는 등불의 신을 마주하여 축원하노니　我對燈神發願祝
해마다 이처럼만 단풍 국화 구경케 해주소서　年年如是賞楓菊

125 오래된……사람도 : 《사기(史記)》 권83 〈추양열전(鄒陽列傳)〉에 "흰머리가 되도록 오래 사귀었어도 처음 본 사람처럼 느껴질 때가 있고, 수레 덮개를 기울이고 잠깐 만났지만 오랜 벗처럼 느껴지는 경우도 있다.〔白頭如新, 傾蓋如故.〕"라는 말이 나온다.

말 위에서 국화향을 맡다

馬上嗅菊花

찬란한 황국화가 참나무 울타리에 밝아	燦燦黃花耀槲籬
꺾어다 안장 위에서 한참 향내를 맡네	折來鞍上嗅多時
갈림길에서 차마 버리지 못하고	臨歧不忍空拋擲
가을 향기 거두어 시에도 담았네	收拾秋香也入詩

바둑을 두고 싶어도 둘 수 없어

思圍棋不得

김씨 노인[126]이 세상을 떠난 후로	自從金老歸眞後
먼지 낀 바둑판을 대하기 드무네	塵鎖文楸罕對時
오직 두 가지 소일법이 있으니	惟有兩般消遣法
흑첨향 외에 또 벼루와 함께 하네[127]	黑甛鄉外硯成池

126 김씨 노인 : 정조와 순조 시대에 바둑으로 명성을 떨친 국수(國手) 김한흥(金漢興)을 가리킨다.

127 흑첨향(黑甛鄉)……하네 : 잠을 자는 것과 글씨를 쓰는 것을 가리킨다. 흑첨(黑甛)은 잠자는 것을 말하는데 캄캄하고도 맛이 달다는 뜻이다. 벼루에서 먹물이 모이는 곳을 연지(硯池) 또는 묵지(墨池)라고 한다.

이자의 우신 를 곡하다[128]

哭李諮議 友信

잡초는 늘 잘 자라는데　　雜卉蔓常滋

좋은 나무는 보호해도 부러지고 마네　　嘉植護猶折

이러한[129] 것이 과연 하늘의 마음인지　　寧馨果天心

어리석은 의혹은 오래도록 가슴에 머무네　　愚惑久私竊

침침한 소미성이 근심이고[130]　　少微憂星沈

번개처럼 흐르는 세월이 슬프네　　流光悲電掣

부음 소식이 문득 귀에 진동하니　　訃車忽震耳

말을 하기도 전에 울음이 터지네　　未語先泣啜

아, 독서하는 종자가　　嗚呼讀書種

128 이자의를 곡하다 : 1822년(순조22)에 이우신(李友信, 1762～1822)의 죽음을 애도한 시이다. 이우신의 본관은 덕수(德水), 자는 익지(益之), 호는 문원(文原)・죽촌(竹村)・수산(睡山)이다. 김양행(金亮行) 문하에서 수학하였고, 《근사록》과 주자서(朱子書)를 중점적으로 연구하여 성리와 인물성에 대해 탐구하였다. 1818년(순조18) 가주서로 기용되어 학문의 능력을 인정받아 경연관과 서연관에 등용되었다. 이듬해 세자시강원의 자의(諮議 정7품)를 지냈다. 양평 산중에 은거하였는데, 학문이 깊고 지식이 해박하여 많은 사람의 존경을 받았다. 저서로 《수산유고》가 있다.

129 이러한 : 원문의 '영형(寧馨)'은 진송(晉宋) 시대의 속어로 '이러한〔如此〕'이라는 의미이다. 참고로 영형아(寧馨兒)는 '이러한 아이'라는 감탄사로 매우 기특함을 뜻한다.

130 침침한 소미성(少微星)이 근심이고 : 이우신이 깊은 학문을 지니고도 쓰이지 못하고 죽은 것을 가리킨다. 소미성은 처사성(處士星)으로, 소미성이 희미하거나 떨어지면 인간 세상의 처사가 죽는다 한다.

오늘 마침내 끊어졌다 하리 　謂竟今日絶
인재 선발하던 육십 년 동안 　相士六十年
유독 그대의 명철함이 부러웠네 　獨豔之子哲
문과 도가 본래 두 길이 아닌데 　文道本非二
성인이 죽자 드디어 분열되어 　聖死遂分裂
성쇠에 따라 취향을 달리하니 　汙隆不同趣
아득한 천년의 역사를 살펴보라 　汗漫千載閱
우리나라는 기자의 가르침 받아 　左海襲箕訓
세대마다 많은 영걸 배출했는데 　世出固多傑
그대가 쇠미한 말세에 분발하여 　之子奮衰末
사문이 계발되어 막히지 않았네 　斯文啓不閼
총명함은 일찍부터 저절로 스승 될 만했고 　聰明早自師
큰 포부 굳은 의지[131]로 절개 더욱 연마하여 　弘毅彌勵節
다른 사람들은 변두리에 구애되는데 　衆目局邊幅
큰 솜씨는 홀로 요점 움켜쥐었네 　大手獨領挈
맹자는 순정한 중에 순정하며[132] 　孟氏醇乎醇
사마천은 엄정하고 깨끗함 독차지하여 　司馬擅峻潔
모든 신령 큰 강에 모이고 　百靈畢巨浸

131 큰……의지 : 원문의 '홍의(弘毅)'는 포부가 원대하고, 의지가 견고한 것을 말한다. 《논어(論語)》〈태백(泰伯)〉에 "선비는 그릇이 크고 뜻이 굳세지 않으면 안 되니, 책임이 무겁고 길이 멀기 때문이다.〔士不可以不弘毅, 任重而道遠.〕"라고 하였다.

132 맹자는……순정하며 : 한유(韓愈)가 "맹씨는 순한 중에 순하고, 순자와 양웅은 크게 순하면서 약간 흠이 있다.〔孟氏醇乎醇, 荀與揚大醇而少疵.〕"라고 평한 구절이 있다. 《孟子集註 孟子序說》

높은 산악이 개미둑을 굽어보네　喬岳俯邱垤
성품 따라 저서로 말을 하니　率性著發言
한길에서 누가 수레를 나란히 할 수 있으랴　中逵誰竝轍
소소가 엄숙한 사당에 울리니[133]　簫韶振淸廟
정성은 여름 두견새에 불과하고[134]　鄭聲自夏鴂
하늘 꽃이 기이한 향내를 뿜으니　天葩噴奇馥
여러 꽃이 눈 녹듯 사라지리　群芳如晛雪
구름 비단이 찬란히 상서 드러내니　雲錦爛瑞彩
자수는 참으로 외설스럽네　刺繡眞猥褻
지난날 한유에 스스로를 비기며　昔韓庶相擬
녹봉 구하기를 달갑게 여기지 않고　干祿又不屑
아름다운 옥을 손아귀에 가득 쥐고　瑾瑜牣懷握
끼니 자주 걸러도 암혈에 누워　屢空伏巖穴
오백 년 만에 드문 운수 만나　半千丁曠運
태평성대에 빛나는 업적을 이루었네[135]　昭代增光烈
수명의 장단은 처음 태어날 때 정해지니　延促在厥初

133 소소(簫韶)가……울리니 : 소소는 순 임금이 만든 음악을 가리킨다. 《서경》 〈익직(益稷)〉에 "순 임금이 소소를 아홉 번 연주하자, 봉황이 찾아와 춤을 추었다.〔簫韶九成, 鳳凰來儀.〕"라고 하였다.

134 정성(鄭聲)은……불과하고 : 정성은 정나라 음악으로 음란한 음악을 상징한다. 원문의 '결(鴂)'은 제결(鶗鴂), 즉 두견새로 이 새가 춘분에 앞서 미리 울면 초목이 시든다는 속설이 있기 때문에 충직한 인사를 모함하는 참인(讒人)의 대명사로 쓰인다.

135 오백 년……이루었네 : 1819년(순조19)에 세자시강원의 자의(諮議)에 등용되어 세자의 학문을 보좌한 것을 가리킨다.

죽음이 한스러운 건 아니고　順化非憾切
재주를 가지고도 더는 베풀 수 없으니　旣有復無施
고금에 한스럽게 여길 바로다　今古恨所結
아득한 대택은 광활하고　蒼茫大澤闊
아련한 단산은 가파른데　迢遞丹山巀
용과 봉이 이미 사라지니　龍鳳旣亡逝
날고 잠긴 것을 무어 다시 말하랴[136]　飛潛復何說
무양이 불렀으니 어찌 돌아오랴　巫陽招曷歸
수문랑 자리가 아마도 비었으리[137]　修文官或缺
상제 곁에 많은 즐거움 있을 테니　帝傍知多樂
산 자들만 헛되이 오열하네　生者徒悲咽
귀한 보배는 결코 사라지지 않을 것이니　至寶必不泯
백세 뒤에도 틀림없이 증명되네　百世徵蓍揲
양자운이 후대에 나온다 해도　子雲雖後作

136 아득한……말하랴 : 훌륭한 사람이 죽어 이 세상에는 다른 인재가 없음을 형용한 말이다. 대택(大澤)은 용이 사는 큰 호수를 가리키고, 단산(丹山)은 오색 봉황이 산다는 전설상의 산 이름이다. 《예기》 〈예운(禮運)〉에 기린, 봉황, 거북, 용 네 동물을 사령(四靈)이라 하는데, 군자가 덕치(德治)를 이루면 이 사령이 나타난다고 하였다.

137 무양(巫陽)이……비었으리 : 이우신이 죽어 하늘나라에서 천제(天帝)의 명을 받는 관원이 되었다는 의미이다. 무양은 고대 신화에 나오는 무당 이름으로, 천제의 명을 받들어 죽은 사람의 영혼을 불러들인다고 한다. 《楚辭 招魂》 수문랑(修文郎) 은 천상(天上)에서 글을 짓는 관원이다. 두보(杜甫)의 시 〈곡이상시역(哭李常侍嶧)〉에 "일대의 풍류가 다하였으니, 깊은 지하에서 수문랑 되었으리. 이 사람을 다시 볼 수 없으니, 늙어가는 때에 지음의 벗 잃었도다.〔一代風流盡, 修文地下深. 斯人不重見, 將老失知音.〕"라고 하였다.

어찌 내 입이 싸다 의심하랴[138]　寧復疑饒舌
침문에서 곡하는 걸 이 글로 대신하며　請代寢門哭
배앓이를 하면서 영근하길 그만두네[139]　腹痛郢斤輟

138 양자운(揚子雲)이……의심하랴 : 양자운은 전한(前漢) 말기의 학자 양웅(揚雄)을 가리키는데, 내 말이 거짓이 아님을 증명해준다는 말이다. 양웅이 《태현경(太玄經)》을 짓고 그것을 알아주는 사람이 없자, 스스로 말하기를 "후세에 양자운이 나온다면 반드시 이 책을 좋아할 것이다."라고 하였다.

139 배앓이를……그만두네 : 원문의 '복통(腹痛)'은 거과복통(車過腹痛)의 준말로, 죽은 벗을 애도한다는 의미이다. 옛날 삼국 시대 조조(曹操)가 태사(太史) 교현(橋玄)과 서로 서약하기를 "죽은 뒤에 무덤 앞을 지나는 일이 있을 때, 술 한 동이와 닭 한 마리를 가지고 무덤을 찾지 않으면 수레가 세 걸음도 가기 전에 배앓이를 할 것이다."라고 한 고사가 있다. 《後漢書 卷51 橋玄列傳》 영근(郢斤)은 영(郢) 땅 사람의 자귀질이라는 뜻으로 나의 재주를 알아주는 이가 죽어 더는 재주를 부리지 않는다는 의미이다. 옛날 영(郢) 땅 사람이 자신의 코끝에 백토를 발라놓고 장석(匠石)에게 깎아내라고 했더니, 장석이 도끼를 휘둘러 깎아 내도 코가 조금도 다치지 않았다고 한다. 《莊子 徐无鬼》

동령사를 유람하며[140]

遊東嶺

세 번 들어간들 내 어찌 싫어지랴 三入吾何厭
가을빛이 골짜기에 가득하네 秋光滿洞天
무성한 숲은 새벽 해를 가리고 密林籠曉日
푸른 봉우리는 아침 안개를 뚫었네 青嶂破朝煙
숲 소리는 악기소리를 옮긴 듯하고 聽可移箏笛
풀 자리는 비단 방석 그립지 않네 鋪無戀錦筵
도성 근처에 강과 산이 많지만 近城多水石
아름답기는 이곳만이 그러하네 佳絕此爲然

140 동령사(東嶺寺)를 유람하며 : 동령사는 조선 시대에 삼각산(三角山)에 있었던 사찰이다. 경치가 아름다웠다고 전해지나 자세한 내력은 미상이다.

스스로 신세를 애도하며[141]

自悼

딸은 곡하고 아들은 울부짖어 새벽까지 슬퍼하니　女哭男號徹曉哀
집집마다 우리 집에 대상이 돌아온 줄 아네　家家知是再朞廻
등불 앞에 살아생전 당시 일 회상하니　燈前自念當時事
가슴 아픈 인간사 미련 둘 게 뭐 있으랴　何戀人間又活來

141 스스로 신세를 애도하며 : 1830년(순조30)경에 창작된 시이다. 풍고는 1828년(순조28) 8월에 부인 청송 심씨(青松沈氏)의 상을 당하였는데, 재기(再朞)가 돌아와 대상날이 되어 슬픔에 겨운 심정을 읊었다.

고시를 지어 사은, 효전, 석한 세 늙은 벗에게 보내다

古詩 寄呈斯隱·孝田·石閒三老友

밝은 달이 추운 하늘을 도는데	明月轉寒空
달빛이 둥글고도 후하니	輪光圓且厚
숙직할 땐 수심을 안고서	直廬抱幽獨
창을 열고 자주 올려다보았었지	推窓屢仰首
산중의 생활이 갑절 아름다우니	山居倍應佳
서글프게 회상이 길어지네	悵然懷思久
어찌 산중의 경치뿐이랴	詎直山中景
이로운 세 벗도 있네	益者有三友
세 벗이 함께 이웃하여	三友共一隣
낮부터 밤까지 서로 어울렸네	日夕相携手
괴롭고 궁함은 사은만 한 이가 없어	苦窮莫斯隱
스스로 힘써 오릉의 지조[142] 지키네	自勵於陵守
사람 가운데 용을 옛날 소식에게 들었는데[143]	人龍昔聞蘇

142 오릉(於陵)의 지조 : 전국 시대 제(齊)나라 귀족의 자제로 지나치게 청렴결백했던 진중자(陳仲子)의 지조를 가리킨다. 자기 형이 받은 녹봉을 불의하다 여겨 먹지 않고, 자기 어머니가 만든 음식도 먹지 않고, 아내와 함께 오릉에 가서 신을 삼고 길쌈을 하며 살았다고 한다.《孟子 滕文公下》

143 사람……들었는데 : 송나라 소식(蘇軾)이 후한 때의 명사 공융(孔融)이 자질이 빼어나고 논평이 공정하여 천하의 표준이 됨을 칭송하며 사람 속의 용〔人中龍〕이라고 말한 것을 가리킨다.《東坡全集 卷94 孔北海贊》

지금 심노인이 그럴 줄 생각지 못했네　　不意今沈叟
김조는 참으로 기이한 선비로　　照也信奇士
가도와 맹교[144]의 짝이 될 만하네　　島郊可匹耦
맑은 가을 골짜기 가에　　淸秋㵎壑際
마음 논하며 다시 술잔 들었으니　　論襟復對酒
숭상함은 정녕 같지 않으나　　所尙諒不同
나를 좋아함은 모두 억지가 아니네　　悅我均非苟
나는 노둔하고 겁이 많아 남들보다 못하니　　駑怯出衆下
고명하신 분들이 무어 취할 만하랴　　高明何見取
쇠미한 세상에서 인륜에 돈독하니　　衰世敦人倫
이 즐거움 참으로 우연이 아니로세　　此樂良不偶
늘 좋은 사람이 없다고 말한 것은　　恒言好人無
남의 말을 똑같이 따라 한 것이라　　一例順萬口
내가 세 벗을 통해 보건대　　我以三友觀
마음 알아주는 이 본래 드문 것이네　　識者自希有
준마라 불리려면 반드시 잘 길러야 하고　　稱驥須盡豢
옥을 품평하려면 반드시 쪼개야 하리　　品玉必待剖
만석 무게의 큰 종이라도　　大鍾雖萬石
들리는 게 없는 것은 두드리지 않아서라네　　無聞由不叩
빈천은 선비의 껍데기이니　　貧賤士之皮
어찌 곱고 추함을 볼 수 있으랴　　寧足相姸醜

144 가도(賈島)와 맹교(孟郊) : 당(唐)나라 시인으로 둘의 시풍이 비슷한 데다 청절(淸切)하고 처고(凄苦)한 정서가 많아 가수교한(賈瘦郊寒)이라 일컬어진다.

지금 선비들도 하늘이 내어 今士亦天生
신령한 성품 똑같이 받았는데 靈性卽同受
하물며 두각을 나타낸 자는 矧出頭角者
어찌 고인들보다 못하랴 何遽古人負
외로이 일만 가옥 앞에서 悄悄萬戶前
적막한 삼경 뒤에 寂寂三更後
일어나 앉아 밝은 달 읊조리며 起坐誦明月
아름다운 고운님[145]을 함께 노래하네 兼歌佼人懰

145 아름다운 고운님 : 《시경》 〈월출(月出)〉에 "달이 떠서 환하거늘 아름다운 사람 예쁘기도 하네.〔月出皓兮, 佼人懰兮.〕"라고 하였다.

밤에 이천민과 어울려 이 시를 지어놓고 아침에 일어나 써서 주다

夜與李天民賦此 朝起書贈

각궁을 읊은[146] 은혜 어찌 잊으랴	惠好寧忘詠角弓
고인의 풍모를 서로 늦게 알아 한스럽네	相知恨晚古人風
응후는 마음이 비뚤어져 위험한 사람 되었고[147]	應侯心折傾危士
용백은 이름이 높아지니 확삭옹 덕분일세[148]	龍伯名高矍鑠翁
백설가 이뤄지니 어느새 세밑에 이르렀고[149]	白雪吟成驚歲暮

146 각궁(角弓)을 읊은 : 서로 친하게 어울리자는 의미의 시를 가리킨다. 각궁은《시경》소아(小雅)의 편명으로 통치자들이 서로 친해야 하고, 원한을 풀어야 한다는 뜻을 내포한다.

147 응후(應侯)는……되었고 : 응후는 전국 시대 위(魏)나라 범수(范睢)를 가리킨다. 경위사(傾危士)는 교활한 속임수로 국가를 기울어지고 엎어지게 하는 사람이라는 뜻이다. 범수가 위나라에서 중대부(中大夫)로 있을 때, 참소를 입어 죽을 지경에 이르자 진(秦)나라로 도망가 장록(張祿)으로 이름을 바꾸고 그곳에서 정승이 되었다. 범수의 행실에 대해 사마광(司馬光)은 "마침내 진나라 왕으로 하여금 모자의 의리를 끊고 생질과 외숙의 은혜를 잃게 하였으니, 범수는 참으로 위험한 인물이었도다.〔遂使秦王絶母子之義, 失甥舅之恩, 睢眞傾危之士哉.〕"라고 평하였다.《史記 卷79 范睢列傳》《資治通鑑綱目 卷1 下 丙申年》

148 용백(龍伯)은……덕분일세 : 확삭옹(矍鑠翁)은 고령에도 혈기가 왕성한 노인이란 뜻으로 후한(後漢)의 복파장군(伏波將軍) 마원(馬援)에서 유래한 말이다.《後漢書 卷54 馬援列傳》용백고는 후한의 경조(京兆) 사람으로 돈후하고 신중하기로 명성이 있었는데, 마원이 그의 신중한 성품을 인정한 뒤로 광무제(光武帝)에 의해 영릉군(零陵郡) 태수로 발탁되었다.

149 백설가(白雪歌)……이르렀고 : 벗들과 어울려 시를 짓다 세월 가는 줄 몰랐다는

청운의 뜻 게으르니 하늘이 공활하네[150] 青雲意倦覺天空
알겠노라, 오늘 밤 매화 앞의 술자리가 須知此夜梅前飮
능연각 초상화[151] 속의 공적보다 나은 줄을 勝似凌煙畫裏功

의미이다. 백설가는 전국 시대 때 초(楚)나라에서 불렸던 고아(高雅)한 가곡(歌曲)의 이름이다.

150 청운의……공활하네 : 높은 관직에 오르려는 뜻이 점차 사라질수록 하늘이 더 넓고 높은 줄 깨닫는다는 의미이다.

151 능연각(凌煙閣) 초상화 : 능연각은 당나라 때 공신각의 이름이다. 당태종이 정관(貞觀)17년(643)에 장손무기(長孫無忌)·두여회(杜如晦)·위징(魏徵)·방현령(房玄齡) 등 공신 24명의 초상화를 그려서 여기에 걸어놓게 하였다. 《新唐書 卷2 太宗皇帝本紀》

새벽 베갯머리에서 우연히 절구를 지어 원근에게 부치다[152]

曉枕偶題絶句 寄示元根

멀리 삼엄한 성에 새벽 종소리 높으니	嚴城迢遰曉鍾高
변방의 나무 구름에 잠겨 꿈도 수고롭네	隴樹關雲夢亦勞
종이 장막 찬 등불이 서글픔 자아내어	紙帳寒燈怊悵事
부질없이 편지종이에 보푸라기만 온통 피었네	漫教書面盡生毛

152 새벽……부치다 : 1822년(순조22)경에 지은 시인데, 김원근(金元根, 1786~1832)은 1821년 11월부터 1823년 1월까지 황해도 황주 목사(黃州牧使)를 지냈다.

어진 사람
仁人

사사로이 은혜 베푼 적 없어도 원한만 어찌 이리 모이는가
恩無私樹怨何叢
어진 사람은 반드시 공정하리라 믿을 뿐이네 秖信仁人必大公
음양처럼 길이 갈렸으나 지혜는 어긋나지 않고 塗判陰陽知不外
천지에 삶이 근본하여 성품은 중도를 잡았네 生原天地性其中
전현들이 어찌 밝음을 잃을까 두려워하기를 잊었으랴[153]
前賢豈忘傷明懼
후세 풍속은 부정을 행해서라도 공적을 탐하네[154] 後俗猶貪獲詭功
격경의 소리 잦아지고 하궤도 죽으니[155] 擊磬聲沈荷蕢死

153 전현들이……잊었으랴 : 현인(賢人)이 암군(暗君)을 만날 가능성에 늘 두려워한다는 의미이다. 원문의 '상명(傷明)'은 《주역》 〈명이(明夷)〉에 나오는 말이다. 〈명이괘(明夷卦) 육오(六五)〉에 "기자의 명이이니, 곧게 하는 것이 이롭다.〔箕子之明夷, 利貞.〕"라고 하였는데, 전(傳)에 "상육은 음암하여 밝음을 해침이 지극하므로 명이의 군주가 된다. 오(五)가 밝음을 해치는 군주와 매우 가까우니, 만약 그 밝음을 드러내면 상해를 당함이 틀림없다. 그러므로 기자가 스스로 밝음을 감추듯이 하면 곤란함을 면할 수 있을 것이다.〔上六, 陰暗傷明之極, 故以爲明夷之主. 五切近傷明之主, 若顯其明, 則見傷害必矣. 故當如箕子之自晦藏, 則可以免於難.〕"라는 말이 있다.

154 후세……탐하네 : 후세가 되어 도리를 따지지 않고 오직 많은 공적을 얻기를 탐한다는 말이다. 춘추 시대에 왕량(王良)이 조간자(趙簡子)의 신하 해(奚)와 함께 수레를 타고 사냥을 하는데, 왕량이 법도에 맞게 말을 달렸을 때는 종일 한 마리도 잡지 못하다가, 왕량이 법도를 무시하고 말을 몰아 짐승을 맞닥뜨리게 해주자 잠깐 사이에 열 마리나 잡았다는 고사에서 온 말이다. 《孟子 滕文公下》

뉘라서 귀가 밝아 천년 후에 소리를 감상하랴　　賞音千載更誰聽

155 격경(擊磬)의……죽으니 : 천하에서 성인과 은자가 모두 사라진 것을 가리킨다. 노(魯)나라가 쇠미해져 예악(禮樂)이 무너지자, 예관(禮官)과 악관(樂官)들이 뿔뿔이 흩어져서 다른 곳으로 떠나갔는데, 그중에 "소사 양과 격경 양은 바닷속 섬으로 들어갔다.〔少師陽擊磬襄入於海.〕"라는 말이 《논어》 〈미자(微子)〉에 나온다. 하궤(荷蕢)는 삼태기를 멘 은자(隱者)를 가리킨다. 공자(孔子)가 위(衛)나라에서 일찍이 경쇠〔磬〕를 치고 있을 때, 마침 삼태기를 메고 그 집 앞을 지나던 은자가 경쇠 소리를 들어보고는 공자가 천하를 과감하게 잊지 못하고 난세(亂世)에도 도를 행하려 한다는 뜻을 지니고 있음을 은연중 비판한 일이 있다. 《論語 憲問》

병이 나아 포선노인에게 드리다[156]

病退贈逋仙老人

그대가 주후방[157]을 가져 君持肘後方
인간 세상을 유희했네 游戲人間世
공덕 쌓고서 말하지 않아도 功德積不言
신명은 응당 묵묵히 알리 神明應默諦
나의 자질은 맑고 연약하여 顧余淸脃質
병에 잘 걸려 거른 해가 없었는데 善病無虛歲
지난가을에 전염병에 걸려 去秋嬰沴毒
한 가닥 목숨이 끊어지려 하더니 一縷幾不係
이번 겨울에 몸 관리 소홀하여 今冬忽所愼
겨울 날씨 변덕으로 기혈이 삭았네 愆陽鑠榮衛
그대는 망칠의 나이에도 君當望七年
수고로운 일 꺼리지 않아 不復憚勞勩
밤낮으로 내 곁을 지키며 曉夜守我傍
내가 병든 때에 간호해주었네 護我沈冥際

156 병이……드리다 : 포선(逋仙) 노인은 풍고보다 약간 연상의 인물로 추정되는데 누구인지 미상이다. 평소 의학에 대한 지식이 깊고 풍고가 병에 걸렸을 때 정성껏 간병해주어 그 감사의 표시로 이 시를 지어준 것이다.

157 주후방(肘後方) : 《주후비급방(肘後備急方)》의 준말로, 진(晉)나라 갈홍(葛洪)이 지은 의학서이다. 이 책은 갈홍 자신이 지은 100권의 《옥함방(玉函方)》에서 구급이나 실용에 유용한 단방(單方) 및 구법(灸法)을 추려 만든 것이다.

절묘한 기예는 평범한 데서 나오고	妙技出尋常
지극한 논리는 어지러움이 없네	至論無惉懘
죽고 사는 것은 하늘에 달렸으나	死生雖本天
인력은 좋은 약에 의지하네	人功資良劑
두 번 위급하다가 두 번 편안해지니	再危終再安
어리석은 자가 헤아릴 바가 아니네	愚忖非所逮
뱀도 구슬을 물고 은혜를 갚을 줄 알고[158]	銜珠尙知恩
인어도 눈물 흘려 은혜에 보답하는데[159]	垂淚能報惠
사람의 마음만이 그렇지 못하랴	人情獨無然
가슴속에 이미 깊은 사귐 맺었으니	方寸已深契
다만 생각건대 좋은 물건이 적으니	但思尠長物
서로 보답함이 시속과는 달라야 하리	相酬異俗例
생사의 윤회에 습관이 되어	多生有結習
읊는 시가 자못 영민하니	口業頗靈慧
이 구구한 심정을 받들어	將此奉區區
어찌 폐백을 대신하지 않으랴	豈不當腆幣

158 뱀도……알고 : 수주(隋珠)를 말한다. 수후(隋侯)가 외출 중에 큰 뱀이 다쳐서 괴로워하는 것을 보고 치료해주게 하였는데, 나중에 그 뱀이 밤에도 달처럼 환히 비치는 구슬을 바쳐 보은(報恩)했다는 이야기가 전한다. 명월주(明月珠) 혹은 영사주(靈蛇珠)라고 한다. 《搜神記 卷20》

159 인어도……보답하는데 : 남해(南海)의 바다 밑에 사는 인어〔鮫人〕가 물속에서 나와 어떤 사람의 집에 기숙하다가, 떠날 때가 되어 보살펴준 은혜를 갚고자 집주인에게 그릇 한 개를 달라고 청한 다음, 진주 눈물을 흘려 그릇에다 진주를 가득 채워놓고 떠났다 한다. 《蒙求 卷上 淵客泣珠》

바라건대 그대는 대대로 교분 나눈 사람으로	願君世世人
아름다운 덕성에 재주도 많으니	令德又多藝
왕래하며 옛 사귐 돈독히 하여	往來敦舊誼
나의 후예에까지 끼쳐주소	爰及我後裔

정생 제봉이 보내온 시에 차운하여 고향으로 돌아가는 길을 전송하다[160]

次鄭生濟鳳見贈韻送歸

객지 창가에서 새해의 바뀐 경물에 놀라	客窓驚攬歲華新
서둘러 글봇짐 꾸려 근친길을 떠나네	忙束書囊爲省親
북쪽으로 배우러 와 지난 섣달 눈 내린 철 보내고	北學耐消前臘雪
동쪽으로 돌아가니 고향산천의 봄이 이를 것이네	東歸恰早故山春
뜬구름 좇아선 당세에 편안할 수 없으니	浮雲未必聊當世
다른 때에 응당 좋은 사람 되어야지	他日應須作好人
농부 목동 초동 어부 무엇이 되어도 좋으니	耕牧樵漁無不可
그대가 이번에 가서 즐거이 진리를 찾기 바라네	期君此去樂尋眞

160 정생……전송하다 : 정제봉(鄭濟鳳)은 행적이 미상이나, 철종과 고종 대에 걸쳐 해미 현감, 청주 영장, 안흥 첨사 등을 역임하였다.

달이 둥글어[161]

月圓

맑은 빛 예와 같은데 바라보매 새로우니	淸光如舊望如新
겨울을 지나 새로 봄이 되었기 때문일세	爲是經冬復入春
고금의 염량세태 너와 무슨 상관이랴	今古炎涼何與爾
슬픔과 기쁨, 짙고 옅음은 모두 사람 때문이네	悲歡濃淡摠由人
산하의 그림자 속에 삼계[162]를 감싸고	山河影裏籠三界
소고 소리 곁에 사방 이웃 비추네	簫鼓聲邊照四隣
육십 번째 정월대보름을 맞으니	六十回迎元夕至
차고 기욺 한 이치란 게 사실임을 이제 알겠네	盈虧一理始知眞

161 달이 둥글어 : 풍고 나이 60세 되던 1824년(순조24)에 지은 시이다.

162 삼계(三界) : 불가(佛家)의 용어로, 일체 중생이 윤회하는 욕계(欲界), 색계(色界), 무색계(無色界)를 가리킨다. 이 삼계 속의 만물은 끊임없이 변화하여 고정된 실체가 없다고 한다.

양평에서 잠시 쉬다

梁坪小憩

내 몸이 팔뚝 버렁을 박찬 저 매가	奚殊脫韝鷹
맑은 가을 하늘을 맘껏 나는 것과 무어 다르랴	自縱秋霄澄
시선을 시내와 들판의 광활함에 두니	目送川原曠
몸에 깃털과 날개가 돋아난 듯하네	身疑羽翮增
흐드러진 꽃과 향기로운 풀 다시 우거지고	繁花芳草又
아름다운 햇살 따스한 바람도 좋을시고	麗日惠風仍
위아래로 시절의 변화를 관찰하니	俯仰觀流化
소요하는 즐거움 가눌 수 있으랴	逍遙樂可勝

진관의 시골집을 지나며[163]

過津寬村舍

서북쪽으로 시냇물 콸콸 흐르고	西北溪流活
동남쪽으로 산세가 비스듬하네	東南山勢斜
기괴한 바위는 별난 짐승 웅크린 듯하고	奇巖蹲異獸
위태로운 성가퀴는 긴 뱀이 달리듯 하네	危堞走長蛇
마을 건너 이따금 보이는 초가집엔	隔里或茅屋
사람은 없고 살구꽃만 피어 있네	無人惟杏花
구불구불 골짜기 입구로 들어가니	逶迤入谷口
봄날이 내 뜻과 함께 여유롭네	春日意俱賒

163 진관의……지나며 : 진관(津寬)은 서울특별시 은평구 북쪽 끝에 있는 지명으로 고려 시대에 창건된 진관사(津寬寺)가 있던 데서 유래하였다.

책을 실어 현암의 새집으로 보내며[164]

載書送玄巖新庄

책을 묶고 벼루를 싸서 궤짝에 담으니	束書封硯貯籠中
강가에 돌아가는 배가 좋은 바람 기다리네	江上歸颿待好風
우스워라, 내 몸 도리어 자유로워지니	却笑吾身還自在
아내 잊고 집을 이사함은 고금이 한가지네[165]	忘妻徙宅古今同

평소 자신을 알아야 한다고 말들을 하니	人謂平生可自知
멍하니 나도 곰곰이 생각해보네	悠悠吾亦熟思之
비록 녹거를 끌 날이 끝내 없을지라도	縱然挽鹿終無日
오히려 은어대 태울 기약이 있을 듯하네[166]	猶似焚魚始有期

164 책을……보내며 : 현암은 여주에 있던 소지명으로 현재는 경기도 이천시 백사면 현방리 부근이다.

165 아내……한가지네 : 아내를 두고 혼자 이사함을 가리킨다. 노 애공(魯哀公)이 공자에게, 건망증이 심한 사람은 이사하면서 처를 데려오는 것도 잊는다고 하는데 사실이냐고 묻자, 공자가 그보다 더 심한 사람은 자기 몸도 잊어버린다고 대답했다는 이야기가 전한다. 《說苑 敬愼》

166 비록……듯하네 : 부부가 함께 살 기회는 없을지라도 벼슬을 버리고 은거할 약속은 지킬 수 있다는 말이다. 녹거(鹿車)는 작은 수레를 가리키는데, 후한(後漢) 포선(鮑宣)이 청빈(淸貧)을 숭상하였는데, 혼인을 준비하던 그의 처가 화려한 혼수품을 모두 친정으로 돌려보내고, 남편과 함께 녹거(鹿車)를 끌며 향리로 돌아간 고사를 가리킨다. 《後漢書 卷84 列女傳 鮑宣妻》 은어대(銀魚袋)는 중국 당(唐)나라 때 5품 이상 관리가 궁궐을 출입할 때 패용하던 일종의 신표이다. 은어 모양으로 만들었기에 붙여진 이름이다. 두보의 〈백학사모옥(柏學士茅屋)〉 시의 "푸른 산의 학사가 은어를 태우고, 백마 타고 달려와 바위 밑에 산다네.〔碧山學士焚銀魚, 白馬却走身巖居.〕"에서 나온 말이다.

반가운 비에 도롱이와 나막신 차림으로 밭둑을 거닐며 시를 읊어 제군들에게 보이다

喜雨笠屐行田 吟示諸君

볍씨 싹트려 하고 빗기운 스산한데	秧針欲吐雨凄凄
보리는 이삭이 패고 밀은 가지런하네	大麥抽芒小麥齊
도롱이에 나막신으로 느리게 걸으며 들 빛을 보니	笠屐徐行看野色
몸과 세상이 하늘과 땅처럼 다른 줄 모르겠네	不知身世是雲泥

봄을 느끼며

感春

잠결에 세찬 비바람 소리만 들려	睡中但聞風雨惡
꽃이 피기는커녕 꽃이 지리라 상상했네	不像花開像花落
활짝 뜬 햇살이 창틀을 비추어	曈曈旭日照窓櫺
일어나 하늘을 보니 맑고 푸르네	起視天光一洗碧
누각 앞 두 살구나무에 이슬 젖은 꽃눈이 트고	樓前雙杏破露腮
밭둑가의 여린 버들은 봄 가지를 흔드는데	陌上細柳搖春脚
암담히 쇠약한 심정으로 동쪽 숲 바라보니	黯黯衰情望東林
시상과 풍류가 함께 적막해지네	文藻風流兩寂寞
희미한 지난날 꿈은 그리울 것 없는데	昔夢依微非所戀
서글픈 계절 풍경만 어제와 같네	年華怊悵空似昨

봄 들판에서 영원암의 스님을 만나[167]

春郊遇靈源僧

들물이 햇살 받아 잔물결 반짝이니	野水迎暉細漾金
동풍이 불어와 봄 아지랑이를 흩네	東風搖蕩散春陰
소나무 사이에 앉아 암자의 스님과 대화하니	松間坐對菴僧話
풀빛 푸를 고향 생각을 함께 금치 못하네	草色鄕思共不禁

167 봄……만나 : 영원사(靈源寺)는 경기 이천시 백사면 송말리 원적산 중턱에 있는 사찰로 638년(선덕여왕7) 해호(海浩)가 창건하여 영원암(靈源庵)이라 불렀다. 여러 차례 중창을 거쳐 1774년(영조50) 낭규(朗圭)가 중건하였으나 이후 한때 폐허가 되었다. 1825년(순조25) 치감(致鑑)이 김조순의 시주를 받아 중창하면서 절 이름을 영원사로 바꿨다. 이 시는 영원사를 중창하는 일로 만나면서 지은 시로 추정된다.

응언 스님이 병풍글씨를 요구하기에[168]

應彦師求屛書

봄이 돌아와 스님께서 남녘으로 가시면서	春歸白衲思南歸
나에게 병풍글씨를 간곡하게 부탁하시네	托我屛書三致意
그대의 불법은 예부터 일체가 무인데	爾法從來一切無
남에게 글씨를 애걸하니 되레 유난스럽네	向人乞字還多事
유난스럽더라도 그가 나를 사랑하니	雖然多事他憐余
나는 속인이라 정을 끊지 못하겠네	余自俗人情未斷
봄바람에 붓대를 휘두름도 무방하니	不妨春風揮灑之
먹파도가 남쪽 바닷가에 요동치리	墨波搖蕩南溟岸

168 응언(應彦)……요구하기에 : 응언(應彦)의 성은 김씨, 호는 철경(掣鯨)이다. 소년 시절에 도교를 숭상하다가 전라도 강진의 만덕산(萬德山)에서 유불선(儒佛仙)의 여러 경전을 정독하던 중 불경의 심오한 이치에 감동하여 출가를 결심하였다. 그 뒤 두륜산 대둔사(大芚寺)에서 혜장(慧藏)을 만나《능엄경》·《기신론》 등을 배우고 삼처전심(三處傳心)의 깊은 뜻을 깨달아 그의 제자가 되었다. 그 뒤 경론(經論)을 강의하고 종지(宗旨)를 선양하면서 수많은 승려를 지도하였다.

복숭아를 심으며
栽桃

옮겨 심으면 삼 년 만에 꽃을 피우니	栽揷三年可作花
일천 그루 심고 떡갈나무 울타리 두르리	千株定繞槲籬斜
남은 인생에 이 소원 성취할 수 있다면	殘年此願如成就
소봉가[169] 꽃다운 이름에 비할 바 아니리	不啻芳名素封家

169 소봉가(素封家) : 벼슬살이를 하지 않아도 전원에서 거두는 이익이 왕후에 봉해진 것이나 다름없이 풍족한 집안을 말한다. 《사기》 권129 〈화식열전(貨殖列傳)〉에 "요즈음 관직의 녹봉이나 작읍의 수입이 없으면서도 즐거움이 고관대작과 대등한 자들이 있는데 그들을 소봉이라 한다.〔今有無秩祿之奉爵邑之入, 而樂與之比者, 命曰素封.〕"라고 하였다.

뽕나무를 심으며
種桑

시동을 부려 떡갈나무 베게 하되	驅童斬槲木
어린지 큰지 묻지도 않고	不復問穉長
비를 기다려 어린 뽕나무 심어	待雨種柔桑
십여 묘 넓이를 덮었네	覆玆十畝廣
무성한 떡갈나무가 내 담장이 되어	槲盛當我垣
해마다 한 길씩 높아져서	歲年高尋丈
사계절 산 위의 달빛을 가리니	四時蔽山月
법률에 비추면 두 가지 죄네	擬律其罪兩
뽕나무 자라면 내 밭이 비옥해지고	桑生沃我田
가지를 자르면 많이 올라가지 않아	條伐不多上
산 위의 달빛을 가릴 일 없고	山月旣無碍
봄누에도 기를 수 있으리	春蠶又可養
다만 부끄러울손, 흰머리 노인이	但慙白首身
억지로 의장대 반열을 따르며	黽勉隨班仗
한 해에 시골 생활 헤아리면	一歲計鄕居
두어 번 오가면 다행인데	有幸再來往
비록 울창하게 숲을 이뤄도	縱令蔚成林
늘 대하기는 상상에 불과하네	常對固閑想
모를레라, 내가 죽은 뒤	不知我死後
그 효용을 뉘 누릴건가	功用誰終享

부귀는 정녕 뜬구름이라　　富貴眞浮雲
어질고 사리에 밝은 이는 마음 절로 상쾌한데　　賢達襟自爽
성도의 팔백 그루 뽕나무를[170]　　成都八百株
감개하여 일찍부터 부러워했네　　慨然夙所仰

170 성도의……뽕나무를 : 제갈량(諸葛亮)이 후주(後主) 유선(劉禪)에게 말하기를 "성도에 뽕나무 800그루와 척박하나마 토지가 15경 있으니, 자손들의 의복과 음식이 본래 넉넉합니다.〔成都有桑八百株, 薄田十五頃, 子孫衣食, 自有餘饒.〕"라고 말하여 자신이 자손을 위해 따로 횡령을 저지를 이유가 없음을 토로한 고사가 있다. 《三國志 卷35 蜀書 諸葛亮傳》

식부채[171]

媳婦菜

봄 산의 봄나물 그 이름이 며느리라	春山春菜名媳婦
한양 도성에는 없던 것이네	漢陽城裏未曾有
깨끗하기 접여 같고 부드럽기 삘기 같으며[172]	潔似接余柔似荑
담박함은 비장에 편하고 향기는 입에 맞네	淡可安脾芳可口
먼 길손 젓가락 멈추고 문득 생각에 잠기니	遠客停筯忽有思
고인들 네 이름 지음이 정녕 우연이 아닐세	古人名汝眞不偶
천하의 며느리들이 모두 너와 같다면	天下媳婦皆似汝
세간에 독한 시부모 더는 없으리	世間應無惡姑舅

171 식부채(媳婦菜) : 식부는 며느리라는 뜻인데, 시의 내용으로 미루어보면 미나리아재비라는 식물로 추정된다. 산야의 습기가 있는 곳에 잘 자라는 풀로 어린 순은 식용하고, 뿌리를 제외한 부분을 모랑(毛莨)이라는 약재로 황달 치료에 쓴다.

172 깨끗하기……같으며 : 접여(接余)는 행채(荇菜)와 같은데 어리연꽃이다. 《시경》〈관저(關雎)〉에 "들쭉날쭉한 행채를, 이리저리 취하도다.〔參差荇菜, 左右流之.〕"라고 하였는데, 주석에 행(荇)이 접여라고 하였다. 이(荑)는 삘기를 가리키는데, 《시경》〈석인(碩人)〉에 "손은 부드러운 삘기와 같고, 살은 엉긴 기름과 같다.〔手如柔荑, 膚如凝脂.〕"라는 구절이 있다.

서영부 용보 의 부음을 듣고[173]

聞徐領府 龍輔 訃

저물녘에 구름 끝을 한참 바라보니	雲端凝夕望
홀로 서서 무엇을 생각하는가	獨立復何思
살아생전 즐겁던 날들 또렷하고	歷歷歡娛日
나라가 힘겨울 슬픔에 아득해지네[174]	茫茫殄瘁悲
저녁 새는 깃들 곳 찾지 못하고	暮禽棲不定
흐르는 물은 주저 없이 흘러가는데	流水去無疑
몽수는 참으로 선각자라	蒙叟眞先覺
인생이 끝이 있다 하였네[175]	人生也有涯

173 서영부의 부음을 듣고 : 1824년(순조24)에 서용보(徐龍輔, 1757~1824)의 죽음을 애도하며 지은 시이다. 서용보의 본관은 달성(達城), 자는 여중(汝中), 호는 심재(心齋)이다. 1774년(영조50) 문과에 급제, 내외직을 두루 거쳐 벼슬이 영의정에까지 이르렀다. 1820년(순조20)에 영의정을 사임하고 영중추부사(領中樞府事)를 지냈다. 정조와 정순왕후의 신임이 두터워 항상 측근에서 정사를 보좌하였고 민심수습에 공로가 컸다고 한다. 시호는 익헌(翼獻)이다.

174 나라가……아득해지네 : 서용보의 죽음에 나라 장래가 암울해질까 두렵다는 의미이다. 《시경》 〈첨앙(瞻卬)〉에 "현인이 죽으니, 나라가 병들었네.〔人之云亡, 邦國殄瘁.〕"라는 구절이 있다.

175 몽수는……하였네 : 몽수(蒙叟)는 장자(莊子)를 가리킨다. 《장자》 〈양생주(養生主)〉에 "우리의 생은 유한한 데 반하여, 우리의 생각은 끝이 없다.〔吾生也有涯, 而知也無涯.〕"라고 하였다.

불암천에서 물고기를 잡다[176]

佛巖川獵魚

들판의 물이 산을 끼고 흐르니 野水迤山去
5리만 가면 강물에 닿는데 通江五里纔
푸른 절벽에 불상을 새겼고 蒼崖刓佛像
푸른 나무가 낚시터를 가렸네 綠樹蔭漁臺
여린 상추잎으로 밥을 싸 葉嫩萵包飯
물고기 회로 술잔 권하니 鱗鮮膾勸杯
도롱이 빌릴 수 있지만 蓑衣從可借
가랑비라 와도 그만이네 細雨不妨來

물가에서 물고기 구경 즐거운데 臨水觀魚樂
맑은 바람이 반나절 불어주네 清風半日纔
아련히 호복[177]을 상상하니 渺然濠濮想
자릉대[178]는 어디런가 何處子陵臺

176 불암천에서 물고기를 잡다 : 불암천(佛巖川)은 불암산 동쪽의 냇물로 경기도 남양주시 별내동에서 시작하여 남동방향으로 흘러 갈매천으로 유입되는 한강수계의 지방하천이다.

177 호복(濠濮) : 호복은 호량(濠梁)과 복수(濮水)의 합칭으로 속세를 떠나서 자연을 즐기는 마음을 상징하는 말이다. 호량은 장자(莊子)와 혜자(惠子)가 징검다리 위에서 물고기의 즐거움에 대해서 논한 곳이고, 복수는 장자가 초(楚)나라 왕의 초빙도 거절한 채 낚시하던 곳이다. 《莊子 秋水》

주름이 져 파도에 무늬 생기고　紋蹙波生縠
실이 나부껴 술잔에 비가 들어오는데　絲飛雨入杯
맑았더라면 더욱 좋았을 것을　旣晴應更好
승경 찾아 다시 놀러 오세　選勝約重來

178 자릉대(子陵臺) : 후한(後漢) 광무제(光武帝) 때의 고사(高士)인 엄광(嚴光)이 낚시하던 곳이다. 엄광은 광무제와 어린 시절의 벗인데, 광무제가 즉위하여 간의대부(諫議大夫)에 제수했으나 사양하고 부춘산(富春山)에 은거하여 칠리탄(七里灘)에서 낚시질하면서 세상에 나오지 않았다고 한다. 《古文眞寶 後集 卷6 嚴先生祠堂記》

달구경
望月

주야로 늘 달을 보건만 어두워야 밝으니	常看晝夜暗多明
필경 음양도 고르지 못하네	究竟陰陽未得平
하늘에 호소하면 하늘이 허락할까	愚欲籲天天倘許
서쪽으로 해 진 뒤에 달이 동쪽에 나오기를	日西沈處月東生

시골 사람이 연못물을 퍼서 고기를 잡다

村人斢塘水捕魚

고기 잡으려 연못물 푸니 마름풀만 그득하여 斢水探魚草遍塘
들인 품보다 물고기 적은데 해는 뉘엿뉘엿 勞多魚少到斜陽
산에 사는 스님도 자비심 베풀지 않고 山僧不作慈悲念
명년에 연못을 바닥낼 방법 웃으며 가르쳐주네 笑指明年竭澤方

쌍령 점사에서 밤에 두 나그네가 시끄럽게 코고는 소리를 듣고 장난 삼아 장편을 지어 놀리다

雙嶺店舍 夜聞二客鼾聲如雷 戲賦長篇以嘲之

초가 점사 밤이 깊어 등불도 꺼졌는데 茆店夜深燈已滅
괴이한 소리가 양쪽 벽을 뚫고 들려오니 却聞兩壁怪聲徹
느리기는 소울음 같고 가볍기는 낙타 소리 같고 緩如牛牟輕駝圆
사납기는 개가 짖듯 가늘기는 쥐가 우는 듯 悍如狵唁細鼠唧
떨어진 바위 굴러 깊은 구덩이를 때리는 듯하고 轉如賈石深塹撇
큰 톱을 당겨 단단한 나무를 자르듯 한데 引如大鉅堅木截
홀연히 포사곡[179] 오백 동굴이 울리듯 忽如五百褒斜穴
푸르릉 뿜어대며 천둥수레를 끄네 砰訇噴薄雷車掣
귀가 혼미해져 청각을 이미 상실했고 聽官迷亂職已失
마음 놀라고 담이 쫄아 참으로 을러 죽이려 하여 心驚膽怯眞嚇殺
한참 만에 정신을 차리고 자세히 살펴보니 良久抖擻始審察
하늘도 짐승도 요괴도 아니로세 非天非獸非妖孽
알겠노라, 두 사람이 뙤약볕 길에 지쳐 審是兩生困道熱
어지러운 기운이 잠자는 동안 콧속에서 샌 것이네 睡中乖氣鼻中洩
금방이라도 숨이 끊어질까 처음엔 의심했는데 初疑頃刻息將絶
잠시 후 콧구멍 찢어지듯 소리가 나니 기쁘네 旋喜須臾孔復缺

179 포사곡(褒斜谷) : 중국 섬서성(陝西省) 종남산(終南山)의 골짜기 이름으로, 남쪽 입구가 '포(褒)'이고 북쪽 입구가 '사(斜)'이기 때문에 포사곡이라 한다.

내뿜을 땐 주호가 막히는 일 없을 테고	噴時應免酒戶閼
부딪는 곳은 머리통이 터지지 않겠는가	迫處得無腦袋裂
온갖 수로 꾸짖어도 끝내 멈추지 않으니	千呵萬叱終不輟
속이 끓어 곧장 얼굴에 주먹을 날리고 싶네	煩惱直欲拳頰批
어찌하면 왕원의 일환니를 빌려다	安得借王元一丸泥塞窒
함곡관 요란한 소리를 영원히 막을까[180]	永敎函關無復闒

180 어찌하면……막을까 : 무슨 수를 써서라도 시끄러운 콧구멍을 막고 싶다는 의미이다. 일환니(一丸泥)는 한 덩이의 진흙으로, 왕망(王莽) 말기에 외효(隗囂)의 장수 왕원(王元)이 외효에게 "하나의 흙덩어리를 가지고 가서 대왕을 위해 함곡관을 봉해 버리겠다.〔元請以一丸泥, 爲大王東封函谷關.〕"라고 말한 고사가 있다.《後漢書 卷13 隗囂列傳》

가을밤에 석한·광산과 함께 짓다[181]

秋夜 與石閒·匡山同賦

광산의 두 눈과 석한의 눈썹이　　匡山雙目石閒眉
눈알 굴리고 눈썹 치키며 시 짓기 골몰하느라　　迸注尖撑苦爲詩
달빛 속에 배회하며 도통 잠들지 못하니　　月裏徘徊渾不寐
되레 계수를 찍는 오씨 성의 아이 같네[182]　　還如斫桂姓吳兒
술 갈증과 시 근심에 차를 마시고 싶어　　酒渴詩愁思沃茗
사경에 창문 밖의 잠자는 시동 깨우니　　四更窓外攪眠兒
잠깐 사이에 동쪽 고개에 더디 뜬 달이　　俄來東嶺遲遲月
벌써 서쪽 봉우리 소나무 가지 중간에 걸렸네　　已掛西峰松半枝

181 가을밤에……짓다 : 광산(匡山)은 원유영(元有永)의 호이다. 본관은 원주(原州), 자는 의민(義民)으로 자세한 이력은 알 수 없고, 1798년(정조22) 2월 22일에 삼일제(三日製)에서 삼하(三下)를 맞은 기록과 함창 현감(咸昌縣監)을 역임한 기록이 있을 뿐이다.

182 계수를……같네 : 무언가에 골몰하여 같은 동작을 반복하는 것을 가리킨다. 오강(吳剛)은 한(漢)나라 서하(西河) 출신으로, 선도(仙道)를 배우다가 잘못을 저질러 달 속에 있는 계수나무를 쪼개는 벌을 받았다는 사람으로, 계수나무의 키가 5백 길〔丈〕이나 되어 도끼질을 하면 다시 달라붙곤 하였다고 한다. 《酉陽雜俎 天咫》

다시 관(寬) 자를 쓰다

復用寬字

더위가 지나자 가을바람 불고	暑去金風颯
장마가 걷히자 하늘이 넓어지네	潦收玉宇寬
중추절이라 밝은 달 좋을시고	中秋明月好
좋은 밤이라 온 도성이 기뻐하네	良夜滿城懽
안개 낀 물가에서 기생 실은 이 누구였던가	載妓誰煙渚
화려한 난간에서 노래 청한 게 몇 번이었나	徵歌幾畫欄
자조하며 시냇가를 걷노라니	自嘲溪上步
맑고 서늘한 달빛이 방관에 비치네	瀟灑影方冠

사현에서 입으로 읊다[183]

沙峴口占

역말과 휘장수레로 먼 나들이 떠나니 騶馬襜車作遠遊
바람결에 한번 웃고 서쪽 땅으로 향하네 臨風一笑向西州
지난 세월은 어느 곳에 버려두고 從前日月抛何處
육십 되는 올해를 줄곧 기다리는가 直待今年六十秋

183 사현에서 입으로 읊다 : 풍고 나이 60세 되던 1824년(순조24) 윤7월에 목욕 휴가를 받아 황해도와 평안도 일대를 돌아보려 떠나는 첫 길목에서 읊은 시이다. 사현(沙峴)은 서대문 밖 모화관에서 홍제역으로 넘어가는 고개로 현재는 무악재로 널리 불린다. 이 뒤에 연달은 시 여러 수는 이때 관서를 다니면서 지은 시이다. 풍고는 9월에 조정에 돌아와 순조를 알현하고 관서 지방의 환곡과 대동고(大同庫)의 폐해, 서도(西道)의 인재등용 대책 등을 아뢰었다.

선죽교[184]

善竹橋

공의 탄생은 하늘이 의도하여	公生天所爲
일부러 쇠미한 고려를 만나게 했네	故使値衰麗
도를 간직하니 이름이 높아지고	道在名仍重
몸이 죽으니 나라도 따라 망했네	身亡國亦隨
다리에 조문하다 핏자국에 놀라고	弔橋驚血蹟
초상을 우러르니 수염과 눈썹 근엄하네	瞻像儼鬚眉
죽지 않았다면 오늘이 없었을까[185]	不死無今日
옷깃을 적시며 참으로 의문이 생기네	沾襟實可疑

184 선죽교(善竹橋) : 황해북도 개성시 선죽동에 있는 고려 시대의 돌다리로 본래 이름은 선지교(善地橋)였다. 고려 말 정몽주가 이성계의 다섯째 아들인 이방원이 보낸 조영규(趙英珪) 등에게 피살된 곳으로 유명하다.

185 죽지……없었을까 : 정몽주가 선죽교에서 죽지 않았더라도 그의 학문과 절의로도 충분히 기림을 받을 것이라는 의미로 보인다.

검수 길 위에서 옛일을 회상하다[186]

劍水路上感舊

관역에서 석양녘에 함을 열자	館驛開函屬晩暉
궁중 향내 갑자기 나그네 옷에 엄습했지[187]	天香驀地襲征衣
지금부터 삼십 년 전 일인데	經今三十年前事
한 필 기마가 날아오듯 눈앞에 삼삼하네	眼裏森然一騎飛

186 검수……회상하다 : 검수(劍水)는 황해북도 봉산군(鳳山郡)에 있는 역참이다. 옛일을 회상한다는 것은 풍고가 28세 되던 1792년(정조16) 10월에 동지사의 서장관이 되어 연경으로 떠나던 때를 가리킨다.

187 관역(館驛)에서……엄습했지 : 풍고가 1792년에 연경으로 사신을 가면서 사대(査對)한 것을 가리킨다. 사대란 중국에 가는 표문(表文)과 자문(咨文)의 내용이 틀림이 없는가를 확인하는 일인데 의정부, 모화관, 연광정, 황주, 의주 등에서 3~5차례 행하는 것이 상례이다.

황파의 길 위에서 중화의 여러 산을 바라보다[188]

黃坡道上 望中和諸山

십 리 황야는 구름 끝으로 사라지고	平蕪十里沒雲端
이어진 산줄기들 봉우리만 드러나네	聯絡群山只露巒
말 머리에서 지금 한쪽 면을 남겨두었다가	馬首如今留一面
연광정 위에서 마저 구경하리라	練光亭上好看完

188 황파의……바라보다 : 황파(黃坡)는 황해도 황주군(黃州郡)과 봉산군(鳳山郡) 일대의 작은 지명으로 보인다. 중화(中和)는 평안남도 최남부에 위치한 군이름이다.

서운사를 유람하며[189]

遊棲雲寺

발길 아래 동대가 먼데	躡下東臺逈
서운사는 더욱 으슥하네	棲雲寺更幽
맑은 강은 비스듬히 난간을 품고	澄江斜抱檻
가파른 절벽이 누각을 마주한 듯하네	峭壁恰當樓
나그네 당도하니 종소리는 저녁이고	客到鍾聲晚
기러기 돌아와 나뭇잎은 가을일세	鴻歸木葉秋
사또가 베푼 성대한 잔치 한참 이어져	使君移盛讌
지는 해가 산꼭대기에 걸렸네	落日駐山頭

189 서운사(棲雲寺)를 유람하며 : 서운사는 평안북도 영변군 영변읍에 있는 관서8경의 하나인 약산동대(藥山東臺)의 서쪽 중턱에 있다. 1345년(충목왕1) 창건하고 1654년(효종5)에 중건하였다.

월림에서 향악을 바라보며[190]

月林望香嶽

월림령에서 가마를 내려	下輿月林嶺
멀리 산신령께 인사드리니	遙謝山靈云
천 리 길을 온 사람이	千里而來者
하루아침에 그대를 뵙니다	一朝爲見君
숲마다 비단을 펼치고	林林須展錦
골짜기마다 구름이 일어나는데	谷谷盡生雲
푸르게 우거진 산이 새 얼굴 맞으며	黛翠迎新面
공손히 내 말에 귀 기울이는 듯하네	竦然如謹聞

190 월림(月林)에서 향악(香嶽)을 바라보며 : 월림은 평안북도 향산군 묘향산 서북쪽에 있는 큰 골짜기로 숲이 울창하여 낮에도 햇빛이 들지 않는다고 한다. 향악은 묘향산을 가리킨다.

서산대사의 영정을 보고 서산대사의 시에 차운하다[191]

觀西山大師影 仍次西山大師韻

관음전 우측 청허한 방에	觀音殿右淸虛室
영정 속 서산은 닭 무리 속에 학이 선 듯	遺像西山鶴立鷄
천겁 세월에도 묘향산 무너지지 않으리니	千劫妙香知不壞
대사의 명성도 산과 함께 영원하리	師名應復與山齊

191 서산대사(西山大師)의……차운하다 : 서산대사는 휴정(休靜, 1520~1604)의 별호이다. 어려서 유학과 무예를 익혔고, 청년기에 불법을 연구하여 1549년(명종4) 승과에 급제, 대선(大選)을 거쳐 선교양종판사(禪教兩宗判事)가 되었다. 임진왜란 때에 승군을 모아 평양성 탈환에 큰 역할을 하였다. 수충사(酬忠祠)는 서산대사를 배향한 사당으로, 묘향산 기슭 보현사(普賢寺) 경내에 별채로 자리 잡고 있다.

묘향산을 이별하며

別香山

골짜기 입구 또한 묘향산을 밟는 듯한데	洞門猶是踏香山
서글퍼라, 다섯째 굽이 소나무 다리로세	怊悵松橋第五灣
봉우리들은 점차 말 뒤로 숨고	漸次群峯藏馬後
시냇물은 변함없이 인간세계로 나가네	尋常流水出人間
남은 생애에 다시 유람할 인연 없으니	殘年分斷重遊望
이틀로는 숙원을 이뤘다 하기 어렵네	兩日難言宿願還
시냇가 모래밭에 내려와 고개 돌리고 서니	却下溪沙回首立
이미 쇠한 내 얼굴을 더 야위게 하네	教人更瘦已凋顔

산을 나서며
出山

남은 생애 언제 다시 오르랴	餘生何日得重攀
자욱한 안개 속에 몸은 떠나고 마음만 남았네	身去心留杳靄間
맑은 시내와 작별하니 내 마음 알아줄까	寄謝淸溪能解意
아홉 번 돌아보며 산기슭 지나네	九廻相送過殘山

개천 도중에서[192]

价川途中

밤비가 간 데 없고 새벽빛 밝아오니	夜雨無蹤曙色開
떠나가는 마음 서글픈데 말발굽이 재촉하네	歸心怊悵馬蹄催
한 줄기 향산의 물줄기 몹시 사랑스러워	獨憐一派香山水
선뜻 돌아서지 못하고 이틀을 어울렸네	兩日相隨不肯廻

192 개천(价川) 도중에서 : 개천은 평안남도 북부에 있는 개천시를 가리킨다. 대동강과 청천강 사이에 끼어 있는 고장이라는 뜻에서 고려 시대에 개주(介州)라 불리다가 개천으로 바뀌었다.

앵무주[193]

鸚鵡洲

흰 모래밭 화려한 절벽에 가을 햇살 비추니	晴沙綺壁暎秋暉
조각배 잠깐 물가에 대고 너럭바위 오르네	小泊扁舟上石磯
앵무새 어느 해에 날아갔는가	鸚鵡何年飛過此
강물 빛이 지금도 날개처럼 푸르네	秪今江色綠如衣

193 앵무주(鸚鵡洲) : 평양시 강동군 삼등리 남강다리 아래쪽에 있는 큰 소(沼)이다. 경치가 수려하여 이곳에서 벌이는 꽃배놀이를 앵주범주(鸚洲泛舟)라 하여 삼등팔경(三登八景)의 하나로 꼽는다.

기자전[194]

箕子殿

아름답기 그지없는 창광산[195] 기슭	儘美蒼光麓
우뚝이 몇 묘 크기의 궁이 섰네	巋然數畝宮
기자께서 나라를 세우지 않았다면	父師如不國
우리 풍속 오랑캐 되었으리	吾俗幾爲戎
구주를 설명한 뒤 세월이 아득하고[196]	歲月衍疇邈
여러 시대 거쳤어도 산천은 같네	山川歷世同
힘쓰시오, 기자 땅의 선비들아	勖哉箕土士
덕을 좋아하고 유풍을 숭상하세	好德尙遺風

194 기자전(箕子殿) : 평양시 평양성 밖 기림리 기자묘 옆에 있는 숭인전(崇仁殿)을 가리킨다. 정당문학 정문(鄭文)의 건의로 1107년(예종2)에 처음 건립되었고, 광해군 때 사액되었다.

195 창광산(蒼光山) : 평양시 중구역 창광동 서쪽에 있는 나지막한 산이다.

196 구주(九疇)를……아득하고 : 기자(箕子)가 홍범구주(洪範九疇)의 법을 설명한 뒤에 세월이 많이 흘렀다는 말이다. 홍범구주는 맨 처음 하우씨(夏禹氏)가 낙수(洛水)에서 나온 신귀(神龜)에게서 얻은 것인데, 이것이 대대로 전해져 무왕(武王)의 물음에 기자가 설명한 이후로 세상에 알려졌다고 한다.

원근에게 주다[197]

示元根

너의 전성의 봉양을 받으니 受汝專城養
강산이 내 뜻에 어울리네 江山與意諧
때 없이 진수성찬 올려오고 不時供綺饌
줄지어 시녀들이 시립하네 成列侍金釵
한가한 날 몸이 강건하고 暇日身猶健
깊은 가을에 경치도 빼어나네 深秋景絶佳
동향이라 특별한 땅에서 桐鄕殊別地
새벽 되도록 부모님을 그리워하네[198] 明發二人懷

197 원근에게 주다 : 풍고가 아들 김원근(金元根)에게 지어준 시이다. 김원근은 1823년(순조23) 2월부터 1825년 4월까지 평양 서윤(平壤庶尹)을 지냈다.

198 동향(桐鄕)이라……그리워하네 : 풍고의 부친 김이중(金履中)이 부임했던 고장에 다시 오게 되어 그리움이 간절하다는 의미이다. 김이중은 1792년 4월부터 이듬해 9월까지 황해도 서흥 도호부사(瑞興都護府使)를 역임했는데, 김원근이 부임한 황주와 매우 가까운 곳이다. 동향은 지방관이 정사를 잘하여 백성들의 존경을 받음을 비유한 말이다. 한(漢)나라 주읍(朱邑)이 동향 색부(桐鄕嗇夫)로 있으면서 선정을 베풀었는데, 그가 죽은 뒤에 그곳 백성들이 그의 묘 옆에 사당을 짓고 세시(歲時)에 향사를 올렸던 고사에서 온 말이다. 《漢書 卷89 循吏傳 朱邑》

기자묘[199]

箕子墓

은나라 태사의 묘에 절하고	拜罷殷師墓
걸어서 부벽루에 올랐네	行臨浮碧樓
후세에나 다시 오기를 기약하니	重來期後世
늦가을 이 작별이 한스럽네	此別恨殘秋
누가 아름다운 그림으로 그려	誰與傳佳畫
내 돌아가 와유거리 삼게 할까	吾歸作臥遊
처량히 붓을 던지고 일어나	凄然投筆起
또 중류에서 고개 돌리네	回首又中流

199 기자묘(箕子墓) : 중국 은(殷)나라의 성인 기자(箕子)가 동래(東來)했다는 설에 따라 후대에 추정하여 조성한 무덤으로 평양시 기림리에 있다.

영명사 회고[200]

永明寺懷古

동명왕 유적 바로 이 절이니	東明遺蹟此禪宮
천 년 동안 늦은 밤바람에 깃발 날렸네	千歲幡飄後夜風
거둥길 삼경이라 산달은 밝은데	輦路三更山月白
검푸른 장막에 한 줄기 불등만 붉네	紺帷一炷佛燈紅
신룡이 뿌리는 비는 황량한 성 밖에 그치고	神龍雨斷荒城外
천마의 울음소리는 석굴 속에 잠겼네[201]	天馬聲沈石窟中
옛일은 아득하고 중만이 남았는데	古事微茫僧獨在
강물은 날마다 빈 난간을 감싸고 흐르네	江流日日遶欄空

200 영명사(永明寺) 회고 : 영명사는 평안남도 평양시 금수산(錦繡山)에 있는 절이다. 동명성왕(東明聖王)의 구제궁(九梯宮)터에 392년(광개토왕2)에 창건하고 아도화상(阿道和尙)을 머물게 하였다 한다. 고려 시대에는 여러 왕이 대동강에 용선을 띄우고 노닐다가 이 절에서 휴식을 취하며 헌향하였다고 한다. 1109년(예종4)에 왕명으로 증축하고 이후 여러 차례 보수하였다. 1894년(고종31)에 청일전쟁으로 당우만 몇 칸 남긴 채 모두 불타버려 나중에 중건하였다.

201 천마(天馬)의……잠겼네 : 전설에 따르면 동명왕(東明王)이 기린마(麒麟馬)를 길러 이것을 타고 하늘에 조회하러 갔다고 하는데, 영명사 아래쪽에 기린굴이 있다고 한다.

황주 도중에

黃州途中

외로운 말 히힝 울며 도성 향해 떠날 제	班馬蕭蕭向日邊
고개 돌리니 명승지가 가을 연기에 아득하네	名區回首杳秋煙
내 행차가 강물 조수와 다르랴	吾行不是江潮候
봄 우레처럼 왔다가 조용히 떠나네	來似春雷去寂然

총수점에서 밤에 빗소리를 들으며 정지상의 시에 차운하다[202]

蔥秀店夜聽雨 次鄭知常韻

번화함 보낸 뒤에 적막함이 돌아오니 送了繁華寂寞回
슬픔과 기쁨, 삶과 죽음이 이 속에서 재촉하네 悲歡生死此中催
세존께서도 이것을 떨쳐내기 어려워 世尊也亦難挨得
공과 무 두 글자를 찾아냈으리 覓箇空無二字來

202 총수점(蔥秀店)에서……차운하다 : 총수점은 황해도 서흥(瑞興)에서 평산(平山) 사이에 있는 역참이다.

오랜 이별의 정을 나누며
敍闊

회포를 푸는 중에 가을 흥취 솟아　　敍闊仍秋興
문장 논하며 밤빛을 아까워하네　　論文惜夜光
나직하게 벌레는 벽에서 울고　　沈沈蟲語壁
적막하게 달은 담장으로 옮겼네　　悄悄月移墻
소주를 산군에서 보내오기에　　火酒來山郡
향긋한 배를 초당에서 땄네　　香梨摘草堂
동남의 아름다운 산수에서 다시 만나　　東南山水約
세월을 그대와 함께 보내고 싶네　　歲月與君長

시내 서쪽 시골집을 지나며

過溪西村家

덩굴 잎 모두 지고 남새밭 울타리 서늘한데	蔓葉都除冷菜樊
높다랗게 붉은 나무가 가을 언덕에 섰네	亭亭紅樹立秋原
찬 연기 되비치는 사립문 밖에	寒煙返照柴門外
시내 가로지른 길 따라 작은 마을 지나네	一路穿溪過小村

저무는 가을의 감회

秋暮感懷

조물주가 조화의 기틀 돌리니	造物斡化機
뉘라서 그 실마리 엿보랴	誰能覘其端
인생이 이리도 짧건만	人生苦局促
눈앞에 안일함만 꾀하네	眼前只偸安
예부터 어찌할 수 없음을 아는 것에	古來知無奈
억지로 달관이란 이름을 붙였는데	强名爲達觀
오늘은 진실로 어제가 아니니	今日諒非昨
흘러간 물이 돌아온 적 있는가	流水豈曾還
한가로운 가운데 늦은 가을 맞으니	端居値秋暮
산이 깊어 서리 이슬 추운데	山深霜露寒
초목은 이미 무정하게 시들어버려	卉木已無情
울적한 심정 다스리기 어렵네	幽懷理亦難
해와 달 스스로 하늘을 운행하니	日月自行天
사람과 무슨 상관 있으랴	於人復何干
안기생을 만날 수 없어	安期不可遇
밝은 거울이 붉은 얼굴 저버렸네[203]	明鏡欺朱顏

203 안기생(安期生)을……저버렸네 : 신선을 만나 불로(不老)의 비법을 얻지 못해 어느덧 늙고 말았다는 의미이다. 안기생은 동해의 선산(仙山)에 살았다는 고대의 전설적인 신선으로 당시 사람들이 천세옹(千歲翁)이라 불렀다고 한다.

세상을 벗어날 생각 어찌 없으랴 豈無出塵想
명리의 문을 벗어나고 싶건만 超然名利關
마음이 형체에 부림 받음은 將心爲形役
현자 지자도 탄식하였네라 賢智之所歎

의고체로 지은 신선을 구하는 노래

擬古求僊吟

부유함으로 신선이 될 수 있다면	富可以爲僊
도주[204]는 길이 늙지 않았으리	陶朱長不老
귀함으로 신선이 될 수 있다면	貴可以爲僊
진시황 한무제는 불로초를 얻었으리	秦漢得瑤草
단약을 굽기는 어리석은 사람에게나 걸맞고	煉丹適愚人
헛된 명성은 신선의 도에 누가 되네	虛名累神道
오직 이름 없는 자만이	惟有無名者
한번 깨달아 지극한 보배를 품네	一悟懷至寶

204 도주(陶朱) : 춘추 시대 범려(范蠡)를 가리킨다. 그는 월왕(越王) 구천(句踐)을 섬겨서 오(吳)나라를 멸망시킨 후에, 제(齊)나라에 가서 성명을 치이자피(鴟夷子皮)로 바꾸고 재산을 수천만 금이나 모았다. 제나라에서 그가 어질다는 소문을 듣고 정승으로 삼고자 하자, 그는 다시 재물을 다 흩어버리고 도(陶) 땅에 가서, 도주공(陶朱公)이라 이름을 바꾸고 목축과 무역으로 다시 거대한 부를 이루고 그곳에서 생을 마쳤다고 한다.《史記 卷129 貨殖列傳》

남쪽으로 돌아가는 선종한을 전송하며[205]

送宣生宗漢南歸

북풍이 나그네 소매를 젖히니 北風捲征袂
여윈 말 타고 돌아가는 그대가 걱정이네 羸馬念君歸
천 리 길에 이처럼 눈발 날리지만 千里雪如許
다시 올 때는 아마도 봄날이겠지 再來春庶幾
효성스러운 마음으로 나그네 고생 잊으니 孝心忘客苦
은혜로운 사액에 선조의 공적 빛나네 恩額耀先徽
이번 작별에 한탄이 절로 나니 此別堪歎息
우리 모두 고희를 앞둔 노년이로세 殘年共古稀

205 남쪽으로……전송하며 : 이 시는 본문에서 고희(古稀)를 앞둔 것으로 묘사한 것을 참고하면 풍고의 나이 67세 되던 1831년(순조31)에 지은 시로 추정된다. 선종한(宣宗漢)은 보성 선씨(寶城宣氏)의 후손으로 이때 서울에 머물다 전라남도 보성의 오충사(五忠祠)에 사액(賜額)을 받고 고향으로 내려간 것으로 보인다. 보성읍 보성경찰서 옆에 오충사가 있는데, 보성에서 유일한 사액사우(賜額祠宇)로 퇴휴당(退休堂) 선윤지(宣允祉), 선형(宣炯), 친친재(親親齋) 선거이(宣居怡), 매곡(梅谷) 선세강(宣世綱), 강의재(剛毅齋) 선약해(宣若海) 등 보성 출신의 위인을 모시고 제향을 드리는 공간이다. 본래 1739년(영조15)에 옥산사(玉山祠)를 세워 춘추로 제향을 올리다가 1831년(순조31)에 오충사로 사액되었다. 1871년(고종8)에 훼철되어 1909년에 보성역전 근처에 유허비와 화수헌(花樹軒)을 세워 제사를 지내오다 1960년에 현재 자리로 이건하였다.

정사로 가는 권경호를 보내며[206]

送上价權褧好

천마가 하늘의 구름을 밟는 듯 天馬挐空雲
신어가 긴 물결을 헤치는 듯 神鱗盪脩波
어찌 집이 그립지 않으랴만 豈不懷所居
그 사람 성품이 그런 걸 어쩌랴 其如物性何
그대는 먼 여행을 좋아하여 之子喜遠遊
씩씩하게 요하를 건너리 卓犖渡遼河
계문의 나무는 아득히 멀고 薊樹何迢遰
관문의 구름은 첩첩히 솟았으리 關雲鬱嵯峨
몇 해 전 부사로 떠났던 이가 往歲副行人
정사가 되어 다시 길을 지나며 上价再經過
눈보라 날리는 시월에 風雪十月中

206 정사로……보내며 : 1824년(순조24)에 지은 시이다. 권경호(權褧好)는 권상신(權常愼, 1759~1824)을 가리킨다. 본관은 안동(安東), 자는 경호(絅好)·경호(褧好), 호는 일홍당(日紅堂)·서어(西漁)이다. 1801년(순조1) 문과에 장원하여 내외직을 두루 거쳐 벼슬이 판서에 이르렀다. 정치적으로는 풍고와 노선을 같이했으며, 1820년에 병조 판서·광주 유수를 지내면서 남공철(南公轍)을 수반으로 하는 정부의 중요한 소임을 담당했다. 1822년 조인영(趙寅永)의 세도정치가 시작되자 순원왕후(純元王后)의 혼사를 방해한 김구주(金龜柱)·심환지(沈煥之)·권유(權裕) 등을 격렬히 비판하다 함경도 영변으로 유배되었다가 풀려나 정계에서 은퇴하였다. 1803년에 동지사의 부사로서 정사 남공철과 함께 청나라에 다녀왔고, 1824년 동지사의 정사로서 연경에 가는 도중 병으로 죽었다.

술잔 잡으매 얼굴이 붉어지리	把酒朱顏酡
호숫가엔 한매가 홀로 늙어가고	湖上老寒梅
규방에는 어여쁜 딸이 얼굴 찌푸리는데	閨中嚬青娥
손 저어 한번 이별하면	揮手一爲別
비탈 언덕 긴 여정 뻗어 있으리	長路漫平坡
시를 지어 역말로 전하여	題詩寄驛使
석별의 노래를 대신하네	聊以替勞歌

부사로 가는 이참판 광헌 에게 주다[207]

贈副价李參判 光憲

그대는 의젓한 어른의 풍모 지녔으니	子有休休長者風
외모를 살펴보매 속내를 알 수 있네	觀於形外識其中
중원의 준걸들 충성과 신의에 밝기에	中州俊士昭忠信
이전부터 호저[208] 주고받으며 해동을 중시했네	縞紵從來重海東

207 부사로……주다 : 이광헌(李光憲, 1764~?)은 본관은 우봉(牛峰), 자는 원장(元章)이다. 1814년(순조14)에 문과에 급제, 내외직을 두루 거쳐 벼슬이 참판에 이르렀다. 이광헌은 1824년에 동지사 겸 사은사의 부사(副使)로 연경에 다녀왔는데, 당시 정사는 권상신(權常愼), 서장관은 이인태(李寅泰)였다.

208 호저(縞紵) : 명주띠와 모시옷이라는 말로 친구 사이에 주고받는 선물을 가리킨다. 오(吳)나라 계찰(季札)이 정(鄭)나라 자산(子産)에게 호대(縞帶)를 보내니, 자산이 또한 계찰에게 저의(紵衣)를 보낸 고사에서 유래하였다. 《春秋左氏傳 襄公 29年》

호남백의 〈수선화〉 시에 차운하다[209]

次湖南伯水仙花韻

꽃 피고 지는 것은 차고 따스한 날씨에서 갈리니 榮枯冷煖割天時

여러 꽃들 겪어본 속에 기이한 자태 보았네 閱盡群芳見異姿

비단 버선으로 파도를 밟고 푸른 소매 흔들고 羅襪凌波搖翠袖

은 받침으로 햇빛을 받고 황이를 떠받드네[210] 銀臺暎日捧黃彝

향기는 뜨락 혜초의 서리 내리기 전 향내를 나눠 받고 氣分庭蕙霜前馥

넋은 들매화의 눈 내린 뒤 가지에 돌려받았네[211] 魂返江梅雪後枝

서울에 올해 많이도 심었는데 京國今年多種得

남쪽 감영 홀로 시 짓는 그대가 가련하네 憐君南館獨裁詩

209 호남백(湖南伯)의……차운하다 : 1824년경에 박기수(朴綺壽, 1774~1845)의 시에 차운한 시인데, 박기수는 1823년 1월부터 1824년 12월까지 전라도 관찰사를 지냈다.

210 비단……떠받드네 : 수선화의 자태와 꽃 모양을 묘사한 구절이다. 위(魏)나라 조식(曹植)이 견씨(甄氏)를 사모하였는데, 그녀를 신녀(神女)에 의탁하여 지은 〈낙신부(洛神賦)〉에 "물결 위를 가만가만 걸으니, 비단 버선에 티끌 이누나.〔凌波微步 羅襪生塵.〕"라는 구절이 있다. 원문의 '은대(銀臺)'는 금잔은대(金盞銀臺)에서 온 말로, 수선화가 흰 꽃잎 가운데에 노란 꽃술이 위치한 것이 은색 받침 위에 금 술잔이 놓인 것과 흡사하다고 비유한 데서 유래하였다. '황이(黃彝)'는 황목준(黃目尊)을 가리키는데, 황금으로 눈 모양을 만들어 울창주를 담는 최상급의 술동이이다.

211 향기는……돌려받았네 : 수선화의 향기와 품격이 난초나 매화에 뒤지지 않는다는 의미이다.

묵은 신발을 효전에게 드리다

古屨贈孝田

나에게 신발 한 켤레가 있는데　我有一雙屨
언제 얻었는지도 잊었네　得之歲月忘
창틀 위에 놓인 걸 숨긴 일 다행히도 없었고　幸無牖上廋

맹자가 등(滕)나라 관사에 머물 때, 주인이 삼던 신발을 창틀에서 잃어버렸다.

무기고에 보관한 것과 충분히 견줄 만하네　堪比庫中藏

한(漢)나라 무기고에 공자의 신발을 보관하였다.

따스하고 두터움은 털로 짠 때문이고　溫厚材氈罽
정밀하고 공교롭기는 한당 시대의 솜씨네　工奇製漢唐
지금 사람들은 아낄 줄 모르지만　今人不知愛
그대라면 풍상을 밟을 수 있으리　君可躡風霜

황주로 부임하는 이사소 희현 에게 주다[212]

贈別李士昭 羲玄 赴任黃州

말 앞에 검은 일산 펼치고서	馬前張皁蓋
비바람을 가르며 경쾌하게 달리는데	翩翩刼風雨
요대 사이에 대나무 부절을 찼으니	帶間橫竹符
맡아서 다스릴 백리 땅 있다네	百里有守土
살리거나 죽임으로 그 목숨을 제어하니	生死制其命
백성의 운명이 그의 기쁨과 노여움에 달렸다네	吏民隨喜怒
처자는 녹봉을 의지하여	妻孥資俸廩
집안이 곤궁함을 면하니	家私免艱窶
벼슬이 군현에 이르면	仕宦至郡縣
영화롭고도 부유해지네	亦足榮且膴
게다가 임금의 근심 나눈다 하니	猶然謂分憂
지금뿐만 아니라 예부터 그러했네	非今伊自古
근심이란 즐거움의 반대이니	憂者樂之反
즐거움을 반대로 하면 그 의미 어찌 취하랴	反樂義焉取
하늘 대신해 다스리는 우리 임금이	吾君代天牧
모든 천하 백성을 불쌍히 여기시어	哀矜竆率普

212 황주(黃州)로……주다 : 이희현(李羲玄, 1765~?)의 본관은 한산(韓山), 자는 사소(士昭)로 1801년(순조1) 진사시에 합격, 삼등 현령, 강서 현령, 연안 도호부사 등을 지내고, 1823년 2월부터 1827년 4월까지 황해도 황주 목사(黃州牧使)를 지냈다.

너에게 내 책무 나누어주니　　俾汝分予責
백성 위해 부모가 되어라 하셨네　　與民作父母
부모가 그 자식을 기르며　　父母養厥子
수고하지 않는 자 없으니　　未有不勞苦
주리고 배부르며 마른자리 진자리부터　　饑飽及燥濕
보이지 않는 데까지 염려하네　　心慮在未覩
백성 보기를 자식처럼 하면　　視民如子然
이것이 성주께 보답하는 길이네　　是爲答聖主
하물며 지금 서쪽 백성들이　　矧今西土民
온몸의 상처가 다 낫지 않아[213]　　瘡痍未全瘉
고을마다 백성들 다 죽어나는데　　死亡邑邑盡
세금 징수는 옛날 장부를 따르네　　徵科依舊簿
입에 풀칠할 양식도 없거늘　　將無糊口粒
어찌 몸 가릴 옷가지 있으랴　　寧有掩身縷
그런데도 채찍질 그치지 않으니　　鞭撻猶未已
그 백성들 무엇을 의지하랴　　其生亦曷怙
어진 자는 남에게 모질지 않으니　　仁者不忍人
듣기만 해도 마음이 문드러지네　　聞之足心腐
그대가 친히 실상을 보면　　之子親見狀
무엇으로 따뜻하게 보살필 것인가　　何以計煦撫
지금 사람들 순량리를 말하며　　今人言循良

213 지금……않아 : 1811년부터 5개월간 평안도를 중심으로 일어난 홍경래(洪景來)의 난으로 민생이 피폐된 것을 가리킨다.

곧잘 한나라 소두[214]를 꼽는데　　輒稱漢召杜
내 생각에 두 사람은　　我思兩人者
관직 생활 즐기지는 않았을 듯하네　　無樂居官府

214 소두(召杜) : 소(召)는 소신신(召信臣)이며 두(杜)는 두시(杜詩)로, 모두 한나라 때 전후로 남양 태수(南陽太守)가 되어 선정을 베풀었다. 당시 백성들은 이들을 칭송하여 "전에는 소부(召父)가 있었는데 뒤에는 두모(杜母)가 있었다."라고 하였다. 《漢書 卷89 循吏傳 召信臣》《後漢書 卷31 杜詩列傳》

나는 평소 다섯 가지 소원이 있는데, 천지가 끝나도록 이루어질 수 없다는 것을 스스로 알고 있다. 갑신년 제석에 문암 유본학을 만나 소원을 이야기하고 그에게 권하여 시로 축원케 하였다. 시가 이루어지자 공교롭고 아름다워 볼만하기에 드디어 붓 가는 대로 차운하고 서로 바라보며 한번 웃으니, 또한 신년의 즐거운 일이었다[215]

余平生有五願 自知天荒地老無有諧 時甲申除夕 遇問菴柳本學語之願 勸其爲詩祝之 詩成工麗可觀 遂信筆步韻 相對一笑 亦新年樂事也

유자가 제석에 시를 짓는 일 柳子賦除夕
해마다 관례가 되었네 年年成條例
나에게 다섯 가지 큰 소원 있어 余有五大願
늙도록 이루지 못했는데 終老竟莫濟
두루 열거하여 유자에게 고하노니 歷擧諗柳子
나를 대신해 읊게 하기 위함이네 吟述代余計
첫 번째는 양의의 사이에 初一兩儀間
해가 뜰 때부터 해가 질 때까지 東昇接西翳
삼백육십육 일 동안 三百六旬六
밤낮 장애가 없었으면 하네 晝夜無障蔽

215 나는……일이었다 : 1825년 정초에 유본학(柳本學, 1770~1842?)의 시에 차운한 시이다. 유본학은 조선 영조 때 문인으로 자는 백교(伯敎), 호는 문암(問菴)이다. 영재(泠齋) 유득공(柳得恭)의 맏아들로 아우 본예(本藝)와 함께 당시 예원(藝苑)에 이름이 높았다. 저서로는 《문암문고(問菴文藁)》가 있다.

두 번째는 추위와 더위 때문에 其二寒暑故
인간세상 괴롭기만 하니 苦切人間世
목숨은 솜옷이 부러지는 추위에 위태롭고 命凜折綿威
숨기운은 화로에 부채질하는 더위로 질식할 듯 氣窒煽爐勢
찬 것을 마셔도 배에 탈이 없고 飮冷腹無癖
얼음을 밟아도 발이 곱지 않아 履氷足不滯
추위와 더위에 맞춰 살아갈 수 있다면 涼燠適化化
이것만으로도 곧 큰 은혜이리 斯已卽大惠
세 번째는 사람의 몸이란 第三是人身
어리고 늙음 따라 온전하고 쇠약함이 다르니 穉老殊完弊
한창일 때는 해가 솟는 듯하다가 方壯旭日出
쇠약해지면 천지가 막힌 듯하네 旣衰天地閉
조물주의 은혜를 입어 得蒙造物恩
누구나 세월 따라 변하지 않았으면 都不隨年歲
태어날 때부터 열다섯까지는 初生至成童
기운이 온전하고 지혜가 총명하니 氣全知思慧
이것을 보존하여 강녕함을 이루고 保此遂康寧
늙어서도 관례 올리던 처음처럼 及耄如始髻
정신과 근력이 절로 서로 도와주고 精力自互周
심지와 기개가 서로 해치지 않았으면 志氣不相厲
체질의 강약은 품부 받은 데 따르니 堅脆因所稟
작용을 각기 어기지 말아야 하네 作用各勿替
수명의 장단이야 다르더라도 脩短雖未齊
천수를 다한 뒤에 떠나갔으면 天年盡乃逝

네 번째는 준치에서 뼈를 제거하여[216] 次四鰣去骨
입에 넣고 마음껏 씹고 싶네 入口恣呑噬
마지막 다섯 번째는 배추나물 먹을 때에 終五喫菘菜
줄기 실이 치아 사이에 끼지 않는 일이네 絲無罥齒細
사람의 소원을 하늘이 따라주고 싶더라도 人願天欲從
어렵고 쉬운 것에 따라 그 등급이 다른 것인데 難易異品第
다만 이 소원은 하늘의 처지에서 顧玆願在天
힘들이지 않고서도 이뤄줄 수 있으리 不費而可繼
유자가 듣고서 좋다고 하며 柳子聞稱善
지은 시가 아름답기도 하네 揚藻信工麗

216 준치에서 뼈를 제거하여 : 모든 일에 결핍한 점이 없기를 바라는 것이다. 송(宋)나라의 팽연재(彭淵材)가 다섯 가지 한스러운 것을 꼽기를 "첫째는 준치에 가시가 많은 것이고, 둘째는 귤이 신맛을 띠는 것이고, 셋째는 순채의 성질이 냉한 것이고, 넷째는 해당화에 향기가 없는 것이고, 다섯째는 증자고가 시에 능하지 못한 것이다.〔一鰣魚多骨, 二金橘帶酸, 三蓴菜性冷, 四海棠無香, 五曾子固不能詩.〕"라고 하였다.

고시 1수를 지어 동갑내기 국은의 회갑을 축하하다[217]

古詩一首 賀菊隱庚稧周甲

인생은 한 몸뿐이니	人生只一身
생일이 어찌 둘이랴	生日寧有二
그런데 해마다 끊임없이 생일을 거론하니	年年稱未休
허황되고 거짓됨 너무 심하네	已甚虛而僞
하물며 저 회갑이란 것은	矧彼回甲云
식자들이 비웃기 십상이라	識者復堪咥
그 풍속 어느 대에 시작했는지	流俗起何代
사람마다 중요한 일로 여기네	人人看大事
집안마다 서로 경하하여	室家動相慶
시끌벅적 술과 음식 마련하면	紛然具酒食
손님과 벗이 다투어 축하하고	賓朋競賀祝
무궁한 장수 빌며 술잔 권하네	罔斗以揚觶
그대와 내가 태어난 것	君與余降生
해는 같고 계절은 다르네	歲同春秋異
돌아오는 정월의 인일 초이렛날은	孟陬日惟人
바로 그대가 처음 태어난 날인데	卽君揆度至

217 고시……축하하다 : 1825년(순조25)에 지은 시이다. 국은(菊隱)은 이문철(李文哲, 1765~?)의 호이다. 본관은 전주(全州), 자는 군선(君善)이다. 1803년(순조3)에 진사시에 합격하였다. 1811년(순조11)에 김이교(金履喬)를 정사로 한 통신사행에 반인(伴人)으로 다녀왔다. 영원 군수(寧遠郡守)를 지냈다.

나에게 읍을 하며 돌아간다 말하니	揖余便言歸
시속의 고루함을 진정 면치 못했네	眞不免俗累
나 또한 시속을 면치 못하여	余亦不免俗
서로 희롱하려 생각하여	却思與相戲
시를 짓고 대나무도 그려서	爲詩竝寫竹
종을 보내 일부러 전해주고	走僕煩寄致
또 드리는 선물이 있으니	更有苞苴餉
그 물건 열네 가지네	種種十有四
멀리 생각하니, 소나무 처마 아래	遙想松櫓下
그대가 막 반쯤 취하고	君方倚半醉
주렴 사이에서 처자의 축하를 받고	簾間應妻孥
뜨락 곁에서 이웃들 대접하겠지	庭畔酬隣比
내 편지가 이즈음 도착하면	吾書達是際
놀라고 기뻐 바삐 펼쳐 읽고서	驚喜忙披視
바람결에 껄껄 웃으며	臨風笑呵呵
그대의 은근한 뜻에 감사하다 하리	感公殷勤意

옥호루의 개인 밤에 김자건, 석한, 용성과 함께 짓다
王壺晴夜 與金子健・石閒・蓉城賦

술자리에서 각기 뜻을 말하니	飮中各言志
개인 달이 정자 휘장을 비추네	晴月垂亭幔
이 자리는 광태가 어울리니	此席合狂態
나는 반쯤 취한 기운 의지했네	余方倚醉半
누가 냇물에 다리가 없다고 하는가	誰謂川無梁
또한 습지에는 물가가 있음을 아네[218]	亦知隰有畔
시의 도는 본래 쉽지 않으나	詩道固不易
청컨대 제군을 위해 말해보겠네	請爲諸君斷
자건은 몹시 털이 많으니	子健殊有毛
어린 봉황이 날개를 갖추지 못한 셈이네	稺鳳未具翰
표일함은 용성을 꼽아야 하니	飄逸推蓉城
하늘 꽃이 밝게 빛남과 같네	天葩耀璀燦
석노는 늙을수록 시에 공교로워	石老老彌工
원류는 양한까지 거슬러 오르네	源流溯兩漢
여러 사람은 장점이 다 드러나는데	衆美畢呈露

218 누가……아네 : 의기투합한 벗끼리는 아무리 어려운 상황이라도 마음만 먹으면 함께 모일 수 있다는 의미인 듯하다. 두보(杜甫)의 〈우상후원산각(又上後園山脚)〉에 "높은 곳에 오르매 가고 싶은 마음 생겨도, 전란 통에 훼손되어 다리가 없어라.〔登高欲有往, 蕩析川無梁.〕" 하였고, 《시경》〈맹(氓)〉에 "기수에는 벼랑이 있고, 습지에는 물가가 있도다.〔淇則有岸, 隰則有泮.〕"라고 하였다.

내 거친 재주 쓸모 없어 부끄럽네　　　　鹵材愧樗散
가까스로 사모하는 바를 말했으니　　　　勉强言所慕
원컨대 관저의 마지막 장[219]을 읊으려네　　　　願誦關雎亂
서로 돌아보며 떠들썩하게 웃으며　　　　相顧笑鬨堂
곧장 계명성 밝은 새벽이 되었네　　　　直到明星爛

219 관저의 마지막 장 : 《시경》 주남(周南) 〈관저(關雎)〉의 마지막 장에 "들쭉날쭉한 마름 나물을 좌우로 삶아 올리도다. 요조한 숙녀를 종과 북으로 즐겁게 하도다.〔參差荇菜, 左右芼之. 窈窕淑女, 鍾鼓樂之.〕"라고 한 구절을 가리킨다.

한가한 생각

閑思

사람 마음과 하늘의 뜻 서로 어긋나	人心天意兩相違
산창에 병으로 신음하니 일마다 잘못되네	吟病山窓事事非
새로 전별하는 말로 남쪽 고을에 객을 보내고	送客南鄕新贈策
전에 옷 벗어 남겨줬던 서쪽 절의 중을 생각하네	憶僧西寺舊留衣
궂은비에 바위계곡 등라덩굴도 어둑한데	巖谿雨宿藤蘿暗
춘궁기라 시냇가 인가 연기도 희미하네	澗戶春窮煙火微
울적하게 시를 지으니 시를 이루기도 전에	怊悵裁詩詩未就
초가집 처마에 벌써 새가 깃 찾아 돌아오네	茅檐已見暮禽歸

진관에서 석한의 시에 차운하다

津寬 次石閒韻

산승이 점심을 권하니	午飯山僧勸
무오년 가을이 생각나네[220]	猶思戊午秋
물가 절벽은 옛날 그 길이 아니고	砯崖非昔逕
잔잔한 계곡물은 지금 흐름과 같았네	潺澗似今流
삼생석[221]을 황홀히 느끼면서	恍感三生石
다시 칠보루를 올랐네	重攀七寶樓
골짜기는 정녕 그윽하니	洞天洵窈窕
그대와 언덕을 나눠 살고 싶네	與爾欲分邱

220 무오년 가을이 생각나네 : 풍고가 무오년(1798)에 이곳을 찾아온 일이 있었던 듯한데, 자세한 내력은 미상이다.

221 삼생석(三生石) : 삼생은 불교의 용어로, 전생(前生)·금생(今生)·내생(來生)을 가리킨다. 당나라 간의대부(諫議大夫) 이원(李源)이 낙양 혜림사(惠林寺)의 승려 원관(圓觀)과 깊은 우정을 나누다가, 원관이 죽은 뒤에 목동으로 환생한 그를 만나 서로를 알아보았다는 전설이 당나라 원교(袁郊)의 《감택요(甘澤謠)》에 전한다.

진관사에서 자다

宿津寬寺

봄기운이 들로 나가려는 마음 재촉하여	春氣催人適野心
고즈넉한 진관사를 다시 찾았네	津寬寺僻愛重臨
불어난 새 냇물에 울리는 모래 어지럽고	鳴沙泯泯新流活
깊이 쌓인 묵은 눈에 으슥한 골짜기가 하얗네	幽壑皚皚舊覆深
종소리 그치자 화노[222]가 와서 밥을 먹고	鍾罷花奴來喫飯
시가 이뤄짐에 목객[223]과 함께 읊네	詩成木客與和吟
십 년 사이 생사에 인생무상 느끼는데	存亡十載浮生感
산의 달은 고금이 다른 적 없었네라	山月曾無異古今

222 화노(花奴) : 고양이를 말한다.

223 목객(木客) : 깊은 산에 오래 살아 세상과 격리된 사람을 가리킨다.

꽃 아래서 용성을 기다려도 오지 않기에

花下待蓉城不至

꾀꼴꾀꼴 꾀꼬리는 숲가를 지나고　　嚦嚦啼鶯林畔經
팔랑팔랑 나비는 담장 머리에 앉았네　　翩翩戲蝶墻頭停
푸른 술동이에 바람 불어와 술파도 찰랑이니　　綠樽風吹酒浪濺
인간세상 해 기울어 꽃이 어둑해지는데　　人間日斜花冥冥
서글프게 그댈 기다려도 그대는 보이지 않고　　怊悵望君君不見
봄날 밤의 별빛이 적삼에 어른대네　　直到衣衫映春星

나는 늘 이렇게 생각하였다. 더위가 괴로우나 서늘한 저녁에 홑옷을 입고 바람 부는 다락에서 잠을 청하면, 그 흥취가 따스한 장막에서 술을 따르는 것과 비교할 바가 아니다. 용성은 가난한 선비로 운치가 있는 자인데 혹시 이런 경지를 알까. 얼른 읊어 질정을 구한다. 을유년(1825) 여름 5월 27일 밤

僕常謂暑熱雖苦 夕涼單衣 引眠風軒 其趣非煖帳斟酒 可能相方 蓉城貧士而韻者 倘知之乎 率吟奉質 乙酉夏 五之廿有七夜

따스한 방에서 술잔 따라 온기를 빌릴 적에 低斟燠室借薰然
겨울 추위가 여름날보다 낫다고 모두들 말하지만 盡道冬寒勝夏天
황혼녘 더위가 막 물러갈 때 何似黃昏初褪暑
바람 부는 평상에 배를 드러내놓고 스르르 잠을 청하는 것과 과연 어떨꼬 風牀坦腹細探眠

가뭄 걱정

憫旱

또 스산한 바람이 엷은 구름 흩으니	又是凄風散薄陰
뜨거운 여름날 정오에 뙤약볕 내리쬐네	火雲亭午赫曦臨
가련타, 들판에 호미를 쥔 사람들	可憐野外携鋤子
고개 빼고 하늘 바라보며 무슨 마음 지닐까	延領瞻天作底心

계집종을 타이르며

警婢

삼시세끼 고기반찬 배불리 먹으며　三飡飽魚肉
오히려 주방이 가난하다 투정대네　尙嫌廚具貧
숯불이 세지 않으면 대뜸 성을 내고　爇炭不猛遽生嗔
나물을 손질하다 빳빳하면 곧 찌푸리네　治蔬乍硬便坐嚬
만약 네가 불평 않고 웃는 낯 보려면　若要見爾笑不呻
옥돌로 밥을 짓고 계수나무 장작을 때야 하리[224]　當須炊玉桂作薪
욕심이란 바다와 같아 끝날 날 없어　嗜慾如海水無濱
계수나무와 옥돌도 오래되면 새롭게 보이지 않네　桂玉久將不見新
네가 비록 계집종 되었으나　天幸爾雖婢子身
그나마 재상을 봉양하니 얼마나 다행이냐　猶得供奉宰相人
지난가을 풍년 들어 곳간이 넘치고　去秋禾稔溢倉囷
올해는 보리 익어 팔도가 풍년 들어　今年麥熟八方均
쌀 한 말에 삼전이라 춘궁기 없어지니　斗米三錢送窮春
누가 구차하게 붉게 썩은 쌀을 먹으랴만　誰復區區食紅陳
어제 청려장 짚고 앞마을 지나다보니　昨日携藜過前隣
박주가리로 죽 쑤어 겨우 목구멍을 적시더라[225]　屑靑爲粥僅沾咽

224 옥돌로……하리 : 세상에 없는 것, 또는 극히 비싼 것을 가리키는 말이다. 전국시대 소진(蘇秦)이 도시 생활의 비싼 물가를 비유하여 "초나라의 곡식은 옥보다도 귀하고, 장작은 계수나무보다 비싸다.〔楚國之食貴于玉, 薪貴于桂.〕"라고 한 말이 있다.《戰國策 楚策3》

225 박주가리로……적시더라 : 원문의 '설청(屑靑)'은 여청(女靑)의 가루를 가리키는 듯하다. 여청은 교등(交藤), 나마(蘿藦), 새박덩굴 등으로 불린다. 봄에 새싹·잎·줄기를 삶아서 쓴맛을 제거하여 간을 맞춰 먹거나, 밥에 섞어서 식량에 보탠다고 한다.

뜻을 말하다
述旨

대체로 사람을 보는 술법은	大抵視人術
이치가 다만 현부를 구별하는 것인데	理止別賢否
하물며 자제 사이에 처하면	矧處子弟間
박하고 후한 정이 다를 수 있겠는가	情可異薄厚
괴이한 것은 해동의 풍속이 고루하여	獨怪左海陋
사람이 태어나면 어미 신분을 먼저 보니	人生先視母
아비도 똑같이 천륜의 친족이건만	均是天倫親
다르기가 높은 벽이 선 듯하네	相懸如壁阧
명분을 중시하기 때문이라 말하지만	謂重名分故
실은 벼슬 얻길 탐해서라네	實貪仕宦取
벼슬은 집안 대대로 전하지만	仕宦傳家遠
어찌 시례가 영원함에 비하랴	豈比詩禮壽
시례는 몸을 꾸미니	詩禮飾其躬
허리에 인끈 차는 것보다 아름답네	美踰腰拖綬
인끈을 드리워야 선비가 되니	拖綬方作士
칠조개는 참으로 어리숙하네[226]	漆雕誠魯莽

226 인끈을……어리숙하네 : 벼슬을 해야 사람대접을 받는 세태를 보면 옛날에 벼슬을 얻는 데 신중했던 칠조개(漆雕開)가 도리어 어리석게 보인다는 의미이다. 공자가 제자 칠조개에게 벼슬을 권하자, 칠조개는 "저는 아직 벼슬에 대해 확신이 서지 않습니다.〔吾斯之未能信.〕"라고 대답하자 공자가 기뻐하였다고 한다. 《論語 公冶長》

나는 늘 깊은 생각에 잠기곤 하니　我常思昧昧
나쁜 풍속을 답습해온 지 오래되어　惡俗沿襲久
사사로운 견해가 양심을 어둡게 막아　私見浸晦盲
드디어 지닌 본성을 잊어버렸네　遂忘性所有
슬프다, 윤리를 무너뜨리는 일을　哀哉壞倫事
헤아려보건대 이루 다 셀 수가 없네　量之不勝斗
슬하에 늘어서서 모시는 자식 중에　羅列侍膝下
여러 사람이 이미 머리에 관을 올렸는데　多少已冠首
태연히 대중을 마주하여　恬然對萬目
스스로 후손이 없다 말하며　自稱爲無後
차마 낳고 기른 은혜를 잘라버리고　忍割劬勞顯
양자를 들이길[227] 달게 여기네　甘心蜾蠃負
굳이 한 근원을 거슬러 논하자면　强溯一源論
혈맥은 팔다리와 같으니　血脉同脛肘
어찌 내 몸에서 갈라진 몸이　曷如身分身
서로 전하고 받음만 하랴　相傳以相受
한 푼도 감히 훔치지 못하여　一文不敢盜
다른 집 돈꿰미가 썩는[228] 대로 놓아두고　他家任貫朽

227 양자를 들이길 : 원문의 '과라부(蜾蠃負)'는 나나니벌이 배추벌레를 등에 지고 와서 자기 자식으로 삼았다는 고사에서 유래하여 양자를 들이는 것을 가리킨다. 《시경》 〈소완(小宛)〉에 "명령의 새끼를, 과라가 업어가니, 그대도 아들을 잘 가르쳐, 너를 닮도록 만들라.〔中原有菽, 庶民采之. 螟蛉有子, 蜾蠃負之. 教誨爾子, 式穀似之.〕"라는 구절이 있다.

228 돈꿰미가 썩는 : 원문의 '관후(貫朽)'는 돈꿰미가 썩었다는 뜻으로 재물이 매우

굶주림과 추위가 뼈에 사무쳐도　饑寒縱到骨
곤궁을 사수하려 다짐하며　固窮期死守
여기저기 농토가 널려 있어도　阡陌田連亘
반 이랑도 남에게 양보받지 못하여　未見讓半畝
뜨거운 여름날에 혹 자갈밭을 갈면서　燒雲或耕石
굳은살이 배겨야 겨우 입에 풀칠을 하네　胼胝僅糊口
참으로 자기 물건 아니고 그 주인이 아니라면　良非物非主
취하거나 주는 것을 구차히 해선 안 되니　取與不可苟
물건은 천하고 사람이 귀하단 걸　賤物貴斯人
앞 성인들이 분명히 밝히셨건만　前聖晣分剖
어찌하여 대를 잇는 마당에서는　云何繼序地
전혀 다르게 행동해도 추하지 않게 여기는고　馬牛風不醜
아, 누가 밝은 지혜를 따를 건가　嗚呼孰從明
사람들은 저마다 그 부인을 두려워하네　人各畏其婦
부인을 두려워하고 또 벼슬 탐하여　畏婦復貪仕
골육을 낡은 빗자루처럼 여기네　骨肉如弊箒
천년 후에 이 말을 알아줄 사람은　千載識斯言
여러 말 그만두고 공자님이 나오시리　除是起魯叟

많음을 말한다. 한무제(漢武帝) 원수(元狩) 연간에 곡식과 돈이 워낙 풍부해져서, 태창(太倉)의 곡식은 붉게 변질되어 먹을 수가 없게 되고, 도성 안의 돈은 꿰미가 썩어버려서 돈을 세지 못하게 되었다는 데서 온 말이다. 《漢書 卷64 賈捐之傳》

여름날에 홍계림 혁 과 함께 손님 하나를 데리고 영야 척제 서치수 준보 의 강가 집을 방문하였다. 군소도 그 곁에 집터를 잡았다[229]

夏日同洪季臨 赫 携一客訪寧野戚弟徐穉秀 俊輔 江居 君素亦卜其隣

호위 한 사람 노새 두 마리가 함께 성곽을 나가　　隻衛雙騾出郭俱
어시장 찾아서 창고 거리를 돌아갔네　　行尋魚市轉倉衢
문을 들어가니 맑은 바람이 곧 불고　　入門便已淸風有
물을 바라보니 더위가 전혀 느껴지지 않네　　臨水全然暑氣無
모래섬 따라가니 구름도 금세 걷히고　　島渚沿洄雲乍霽
술자리 어지러운데 해는 오후일세　　杯盤狼藉日方晡
그대들이 함께 강가에 터를 잡음이 부러우니　　多君共決江居卜
내 정자만이 녹음 속에 파묻힌 것 부끄럽네　　愧獨吾亭鎖綠蕪

229 여름날에……잡았다 : 홍혁(洪赫, 1776～?)의 본관은 남양(南陽), 자는 계림(季臨)으로 1816년(순조16) 문과에 급제, 1823년(순조23) 진하사의 서장관으로 중국에 다녀왔다. 서준보(徐俊輔, 1770～1856)의 본관은 대구(大丘), 자는 치수(穉秀), 호는 영야(寧野)・죽파(竹坡)이다. 아버지는 이조 판서 유방(有防)이며, 유린(有隣)에게 입양되었다. 1794년(정조18) 문과에 급제, 내외직을 두루 역임하여 벼슬이 판서에 올랐다. 1823년(순조23) 진하사의 부사로 연경에 다녀왔다. 군소(君素)는 조학은(趙學殷, 1759～?)의 자(字)이다.

가을 새벽에 빗소리를 들으며

秋曉聽雨

비의 신은 참으로 헤아리기 어려우니	雨師誠叵測
마음이 남들처럼 화평하지 않네	心不與人平
은택을 기다릴 땐 종적이 없다가	徯澤常無迹
개기를 바라자 도리어 빗소리 나네	要乾却有聲
농사의 보람은 거두어야 볼 수 있고	田功收可見
하늘의 도는 덜어내야 이뤄진다네	天道損斯成
베개에 누워 우국의 심정 품고서	伏枕懷憂國
외로이 읊노라 절로 밤을 보냈네	孤吟自徹明

가을 장마

秋霖

가을이 다 지나도 되레 찌는 더위라	秋盡猶蒸熱
장맛비가 필경 새로 시작하는 듯하네	霪霖竟若新
나라 걱정은 초가집에 깊고	虞憂深蔀屋
방비와 계책에 번신이 급하네	措畫急藩臣
물건이 흔하면 어찌 귀한 게 없으랴	物賤那無貴
재해가 생김은 필시 원인이 있네	災生必有因
늙으니 겪은 인사 익숙하여	老經人事慣
작황 따위는 별자리에 물을 필요 없네	不待驗星辰

왕세자께서 환갑날 지어주신 시편에 공경히 차운하다

恭和睿製晬日頒詩之什

광채를 입고 덕을 먹으며 높은 궁궐 우러른 몸	衣光食德仰高宸
다시 봄볕 같은 세자의 은혜를 입었네	更沐恩波少海春
집안사람이 잔치를 벌일까 매양 두려운데	每懼家人推燕禮
생일에 큰 은혜 받는 경사 기쁘게 만났네	欣逢弧節荷鴻仁
용이 대궐로 돌아가니 당당한 기세인데	龍廻天闕騰成勢
봉황이 운소[230]에 화답하니 연주에 질서가 있네	鳳和雲韶奏有倫
훌륭한 시에 손뼉 치매 무엇으로 보답하랴	抃罷瓊函何所報
순 임금의 명성처럼 경사가 모이길 축원하네	重華令聞祝休臻

230 운소(雲韶) : 황제(黃帝) 때의 음악인 〈운문(雲門)〉과 순(舜) 임금 때의 음악인 〈대소(大韶)〉를 합해서 이르는 말이다.

이박옹이 마침 왔기에 석한, 광산, 용성과 함께 검남의 시운을 써서 함께 짓다[231]

李泊翁適至 與石閒匡山蓉城 用劍南詩韻 共賦

박옹의 아름다운 시구 악기 소리와 흡사한데	泊翁綺語似雲和
가을 뒤에 읊은 시는 높고 처량한 소리가 많네	秋後唫詩激楚多
창곡[232]은 당시에 뉘와 나란히 우뚝했나	昌谷當年誰竝峙
옥계[233]는 오늘날 그 여파가 있네	玉溪今日有餘波
수정 눈동자 푸른빛 굴리자 별빛도 새벽이 되려는데	晶瞳轉碧星將曙
양쪽 빰에 홍조가 감도니 술이 반쯤 취했네	雙頰流丹酒半酡
세모에 인간세상 지기가 드무니	歲暮人間知己少
영계기와 목독자가 노래한 것 당연하네[234]	榮期牧犢合成歌

231 이박옹이……짓다 : 인용한 검남(劍南)의 운은 송나라 육유(陸游)의 〈아미촌 여관에서 짓다〔蛾眉村旅舍作〕〉라는 시이다. 이박옹(李泊翁)은 이명오(李明五, 1750~1836)로 본관은 전주(全州), 자는 사위(士緯), 호는 박옹이다.

232 창곡(昌谷) : 당나라 시인 이하(李賀)의 별호이다.

233 옥계(玉溪) : 당나라 시인 이상은(李商隱)의 별호이다.

234 영계기(榮啓期)와……당연하네 : 세상에 오래 사는 것이나, 홀로 외로이 사는 것이 모두 노래로 읊을 만한 것이라는 의미로 보인다. 옛날에 영계기(榮啓期)란 노인이 가난하여 갈옷을 입고 새끼로 띠를 두르고서 즐거워하며 노래하고 춤추었다. 공자가 이유를 물은즉 그는 "사람으로 태어났으니 즐겁고, 남자 되었으니 즐겁고, 일찍 죽지 않았으니 즐겁다."라고 대답하였다. 《列子 天瑞》 목독자(牧犢子)는 전국 시대 제(齊)나라 사람으로 나이 50에 아내가 없었는데, 나무하러 들에 나갔다가 장끼와 까투리가 함께 나는 것을 보고 느낀 바가 있어 치조비조(稚朝飛操)를 지었다고 한다. 《古今注 音樂》

금주
禁酒

회갑에 앞서 금주령 내려[235] 先甲頒條令
맑은 가을에 교지를 받들었네 清秋奉簡書
두렵기는 산속에 맹수가 있는 것 같고 畏同山有獸
걱정은 밥상에 고기 없는 것보다 심하네 憂甚食無魚
예전에 너 단술을 준비한 것 부질없었으니 醴設昔徒爾
지금 나의 마른 창자 축이기를 무슨 수로 하랴 礌澆今奈余
가련타, 시냇가의 이 늙은이 可憐溪上老
태상시 관원으로 재계하는 듯하네[236] 齋坐太常如

235 회갑에……내려 : 1825년(순조25) 10월에 내린 금주령을 가리킨다.

236 태상시(太常寺)……듯하네 : 금주령으로 금욕 생활을 할 수밖에 없다는 의미이다. 태상시는 종묘의 제례를 관장하는 관아로 조선시대 봉상시를 가리킨다.

근체시를 지어 황강 사군의 61세 잔치에 올리다[237]

近體 奉寄黃岡使君六十一歲庚席

지난번 서찰에서 뭐라고 말했던가	向來書札却何云
이날의 심정은 나와 그대가 같네	此日情懷我似君
갑자가 똑같이 돌아오고 달도 같아 사랑스러운데	甲子同回憐比月
삼상처럼 보지 못해 정운이 한스럽네[238]	參商不見恨停雲
서문에서 타던 죽마[239] 전생의 일인 듯 아련한데	白門葱竹前塵宿
황주관아 피리소리 지금 한창 어지러우리	黃館笙簫卽事紛
사모의 정 펴고 겸하여 장수를 비니	欲敍相思兼祝嘏
창가와 수국[240]에 누런 술파도 넘치리	蒼葭秀菊湧金濆

237 근체시를……올리다 : 1825년(순조25)에 황해도 황주 목사(黃州牧使) 이희현(李羲玄, 1765~?)의 회갑을 축하해 지은 시이다. 이희현의 본관은 한산(韓山), 자는 사소(士昭)로 1801년(순조1) 진사시에 합격, 삼등 현령·강서 현령·연안 도호부사 등을 지내고, 1823년 2월부터 1827년 4월까지 황해도 황주 목사를 지냈다.

238 갑자가……한스럽네 : 풍고와 이희현이 같은 해 같은 달에 회갑을 맞았는데도 친구끼리 멀리 떨어져 만나지 못함을 가리킨다. 삼성(參星)은 동쪽 하늘에 있고 상성(商星)은 서쪽 하늘에 있어서, 서로 만날 수가 없는 것을 가리키고, 정운(停雲)은 친구를 그리워한다는 고사로, 진(晉)나라 도연명(陶淵明)이 친우를 생각하며 지은 〈정운(停雲)〉 시에 "뭉게뭉게 제자리에 서 있는 구름이요, 부슬부슬 제때에 내리는 비로세.〔靄靄停雲 濛濛時雨.〕"라는 말에서 유래하였다.

239 죽마 : 원문의 '총죽(葱竹)'은 총죽계(蔥竹契), 총죽지교(蔥竹之交)의 준말로서 파피리를 불고 죽마 타며 어렸을 때에 함께 놀던 벗과의 교분을 말한다.

240 창가(蒼葭)와 수국(秀菊) : 모두 사람을 그리워하며 만나지 못하는 심정을 읊은 시이다. 창가는 《시경》 〈겸가(蒹葭)〉 편을 가리키는데, 그리워하는 남녀가 서로 만날

수 없음을 안타까워하는 내용의 시이고, 수국은 한무제(漢武帝)의 추풍사(秋風辭)에 “난초 꽃 피고 국화 향기로우니, 가인을 생각하매 잊을 수가 없도다.〔蘭有秀兮菊有芳, 懷佳人兮不能忘.〕”라고 한 데서 온 말이다.

현암에서 용성이 보내온 시에 차운하다
玄巖 次蓉城寄示韻

뜬 아지랑이가 집을 푸르게 감싸고	浮嵐環翠宅之中
수건과 신발 조촐하여 고풍스러운 분위기네	巾屨蕭然有古風
청산이 사조의 집과 가까워 기쁘고[241]	但喜青山隣謝朓
녹야에 누운 배공에게 부끄럽네[242]	多慚綠野臥裴公
울타리 국화 꺾어다 술을 거르라 재촉하고	採來籬菊催蒭酒
밭벼를 다 베고 나서 단풍나무 심으라 명하네	刈了田禾課種楓
내일 만약 서울로 그대 찾아 떠나면	明日如尋京洛去
수레 돌린 완보병은 또 길이 궁하리[243]	廻車阮步又途窮

241 청산이……기쁘고 : 멋진 산장(山莊)으로 유명한 제(齊)나라 선성 태수(宣城太守) 사조(謝朓)의 집이 연상된다는 말이다. 이백(李白)의 시에 "집은 푸른 산에 가까우니 옛날 사조와 같고, 문은 푸른 버들 드리웠으니 도잠과 비슷하네.〔宅近青山同謝朓, 門垂碧柳似陶潛.〕"라는 구절이 있다. 《李太白集 卷24 題東溪公幽居》

242 녹야(綠野)에……부끄럽네 : 자연에 아직 온전히 은거하지 못했다는 의미이다. 녹야는 당헌종(唐憲宗) 때의 명재상인 배도(裴度)가 은퇴하고 나서 낙양(洛陽) 근교에다 마련한 별장 녹야당(綠野堂)의 준말이다. 이곳에서 그는 백거이(白居易), 유우석(劉禹錫) 등과 함께 밤낮으로 시와 술을 즐기면서 인간 세상의 일을 잊고 만년을 보냈다고 한다. 《新唐書 卷173 裴度列傳》

243 내일……궁하리 : 상대를 만나지 못해 슬퍼하리라는 의미이다. 완보병(阮步兵)은 진(晉)나라 때 죽림칠현의 한 사람으로 보병 교위(步兵校尉)를 지낸 완적(阮籍)이다. 완적은 때때로 마음껏 혼자 수레를 타고 달리다가 길이 끊어진 곳에 이르면 문득 통곡하고 돌아왔다고 한다. 《晉書 卷49 阮籍列傳》

밤에 앉아 당나라 사람의 운을 뽑다[244]

夜坐拈唐人韻

높은 나무 모인 곳에 시내는 굽이치고	挺林之會洑溪灣
누추한 골목 내 집은 수십 칸이네	荒陋吾廬數十間
봄빛 품은 뽕나무와 느릅나무 아래선 밭갈고	春色桑楡畊者畝
가을향 나는 구기와 국화를 산에서 따네	秋香杞菊採于山
선영과 땅 가까워 세 끼니면 다녀오고	地隣先壟三飡返
서울로 보낸 편지 내일이면 답장 오네	書走京城一宿還
이렇게 좋은 곳을 돌아와 차지하지 못하고	如此便宜歸未占
흰머리로 읊조리며 바라보니 저녁 구름만 한가롭네	白頭吟望暮雲閑

244 밤에……뽑다 : 당나라 사람의 운은 설봉(薛逢)의 〈항주 현령으로 가는 유낭중을 보내며〔送劉郎中牧杭州〕〉라는 시이다.

유근이 여러 객과 달을 읊은 시에 차운하다

次逌根共諸客詠月韻

그저 바라는 건 저 달이 사람을 아니 저버려	但願不違人
보름이나 열흘 정도 길어졌으면	長如望與旬
평생을 보아 와도 싫지 않은데	平生看未厭
오늘 밤에는 더욱 새로워 사랑스럽네	此夜愛逾新
흐르는 빛 어느 곳이든 다 비추지만	流照非專及
신령한 마음은 유독 나와 친한 듯하네	靈心似獨親
어이하면 신선을 곁에 끼고	若爲携羽客
날아서 광릉 나루로 날아가 볼꼬	飛上廣陵津

김생과 운을 뽑아 함께 짓다

金生拈韻共賦

몸이 연이어 한가로운 때가 없더니 身分無時永有閑
잠시 돌아온 곳 명산이 가까워 다행일세 暫歸猶幸近名山
집 앞 늙은 측백은 구름 낀 일천 그루요 堂前老柏雲千樹
숲 밖의 찬 시내는 눈 내린 한 굽이네 林表寒溪雪一灣
오로지 자손에게 내 본성 알게 할 뿐 聊遣兒孫知素性
어찌 산수가 이 노쇠함을 그치게 하랴 寧能丘壑駐衰顔
인연은 점차 방편[245] 길에 익숙하여 機緣漸熟方便路
다만 암자의 중과 사귀어 날마다 오가네 只許庵僧日往還

245 방편(方便) : 불가의 용어로 보인다. 여러 설이 있으나 여기서는 진리를 깨닫기 위해 수행하는 길이라는 뜻으로 보았다.

밤추위

夜寒

밤이 추워 세모인 줄 알겠으니	夜寒知歲暮
눈보라에 누추한 집에 누웠네	風雪臥荒廬
막막하게 일천 산 첩첩이고	漠漠千山積
적막하게 일만 구멍 비었네	寥寥萬竅虛
기나긴 근심은 죽어야 끝이 나고	憂長須死已
짧아진 머리털은 태어나던 때가 생각나니	髮短念生初
누가 장주가 방달하다 말했던가	誰謂莊周放
고개 숙이고 그 또한 책을 썼다네	低頭亦著書

영원사의 치감 상인께 드리고 겸하여 여러 스님께 보이다[246]

贈靈源菴致鑑上人 兼示諸禪

산 중턱에 외딴 암자 새로 엮었는데	山半孤菴結搆新
한가로이 멀리 유람하는 사람 올라왔노라	登臨閑殺遠遊人
장엄하게 제천의 형상 멀리 드러나고	莊嚴逈露諸天相
소쇄하게 속세의 먼지를 훌쩍 벗어났네	蕭灑超離下界塵
잣나무 뜰에 늘어섰으니 되레 견성하고[247]	栢樹參庭還見性
부들방석에 바로 앉으니 신과 통할 만하네	蒲團一坐可通神
어찌하면 윤회의 업을 벗어나	云何脫却多生業
이곳에서 이름을 피하고 또 본성을 길러볼꼬	此地逃名又養眞

246 영원사(靈源寺)의……보이다 : 영원사는 경기 이천시 백사면 송말리 원적산 중턱에 있는 사찰이다. 치감 상인(致鑑上人)은 한동안 폐허가 되었던 영원사를 1825년(순조25) 김조순의 시주를 받아 중창한 스님이다.

247 잣나무……견성하고 : 선문답을 통해 진리를 깨닫는다는 의미이다. 당나라 때 한 승려가 조주 선사(趙州禪師)에게 "달마대사가 중국에 온 뜻이 무엇입니까?"라고 물으니, 조주가 말하기를 "뜰 앞의 잣나무니라.〔庭前柏樹.〕"고 했는데, 이는 잣나무까지도 제도하고자 한 뜻이라는 의미이다.《五燈會元 趙州章》

현서에서 돌아가려 할 즈음 부채에 대나무를 그리고 이어서 절구를 지어 정생 제봉에게 주다[248]

玄墅臨歸 寫竹扇面 仍題絶句 與鄭生濟鳳

너의 재치가 출중함을 사랑하노니	愛爾才思稍出群
사부에 전념하여 기세가 하늘을 찌를 듯하네	潛居詞賦要凌雲
추운 날씨 시골집에 줄 만한 물건 없어	天寒野屋無堪贈
떠나면서 부지중에 대나무 그림을 그렸네	不覺臨行寫此君

248 현서(玄墅)에서……주다 : 현서는 풍고가 만년에 여주의 현암(玄巖)에 마련한 시골집을 가리킨다. 정제봉(鄭濟鳳)의 행적은 미상이나, 철종과 고종 대에 걸쳐 해미 현감, 청주 영장, 안흥 첨사 등을 역임하였다.

눈 내리는 밤에 대나무를 그리며

雪夜寫竹

한 마디 높아지면 한 마디가 자라난 듯	一節高如一節抽
구름까지 닿기 전엔 그치지 않을 듯하건만	雲霄不上未應休
천하에 많고 많은 초목 가운데	寰間卉木知多少
유독 대나무 그리며 흰머리가 되었네	獨寫琅玕到白頭

이천민의 〈매화〉 시에 차운하다

次李天民梅花詩

생동하는 기운이 무쇠 줄기 감쌌는데　　生意央央鐵榦籠
푸른 깁 창문 밖에 시린 바람만 부네　　碧紗窗外漫酸風
시인이 몽롱한 취기에서 저절로 깨니　　騷人自醒瞢騰醉
기이한 향내 어디에서 콧속으로 들어왔나　　奇馥何緣在鼻中

이야기 나눔에 뜨거운 술잔을 굳이 쓰랴　　話言安用費炎巵
고즈넉이 눈 내린 가지를 바라보면 그만인데　　寂寂相看雪後枝
필경 흉중에 들어 있는 식견 없더라도　　究竟胸中無點墨
기이한 향기 성긴 그림자가 참된 시일세　　妙香疏影是眞詩

순결한 꽃과 고고한 내 심정 어울리기 바라는데　　皎皎期親落落情
향기 사라지고 촛불 다하니 새벽이 되었네　　香消燭跋到參橫
뉘 알랴, 고야의 정신이 절묘하게 엉기어　　誰知姑射凝神妙
온통 무위로써 저절로 이루어진 줄[249]　　一是無爲化自成

허자가 당시에 흰 갓을 쓰고　　許子當年冠素冠

249 고야(姑射)의……줄 : 매화가 핀 것이 신선의 정신이 엉겨 자연히 피어난 것이라고 비유한 말이다. 고야는 막고야(藐姑射)로 신선이 살고 있는 곳이다. 《장자》 〈소요유(逍遙遊)〉에 "막고야의 산에 선녀가 있는데 피부가 하얗고 윤택하고 부드럽기가 처녀와 같다.〔藐姑射之山, 有神人居焉, 肌膚若氷雪, 綽約若處子.〕"라고 하였다.

담박한 생애로 한 구역에 안주했던 일이[250] 生涯枯淡一廛安
감실 속의 옥같은 모습과 매우 흡사한데 龕中玉貌殊相似
봄볕도 그리워 않고 추위도 두려워 않네 不戀春光不怕寒

난초처럼 향기롭고 옥처럼 온화하여 似蘭斯臭玉如溫
향기와 빛깔이 불이문[251]으로 귀결되네 香色同歸不二門
빙설이 언제 비와 이슬보다 못하여 氷雪何嘗輸雨露
하늘과 땅 은혜가 치우친 적 있었던가 皇天后土有偏恩

250 허자(許子)가……일이 : 《맹자》 〈등문공 상(滕文公上)〉에 나오는 허행(許行)의 이야기를 가리킨다.

251 불이문(不二門) : 불이법문(不二法門)을 가리킨다. 평등하여 차등이 없는 지극한 도리를 가리킨다.

석한을 곡하다[252]

哭石閒

공의 관 알록달록 어이하면 좋을꼬	貍首斑然奈若何
통곡이 노래만 못한 줄 마음으로 아네[253]	心知慟哭不如歌
한번 눈물 뿌리고 사립문 나서니	一回灑淚柴門出
서글프게도 찬 시내에 물결만 흘러가네	怊悵寒溪有逝波

252 석한(石閒)을 곡하다 : 1825년(순조25)에 선배이며 지기였던 석한 김조(金照, 1754~1825)를 애도하며 지은 시이다.

253 알록달록……아네 : 슬픔이 지나침을 역설적으로 비유한 말이다. 원문의 '이수반연(貍首斑然)'은 관의 나뭇결이 알록달록한 것을 가리킨다. 공자의 친구 원양(原壤)이 모친상을 당하자 공자가 목곽(沐槨)을 보내 부조하였다. 그러자 원양은 그 관 위에 올라가 노래를 부르지 않은 지 오래되었다고 하며 "알록달록한 관의 결이여, 도끼 잡은 공자의 손 여인의 손처럼 연약하네.〔貍首之斑然, 執女手之卷然.〕"라고 노래하니, 공자가 못 들은 척하고 지나갔다고 한다. 《禮記 檀弓下》

동녕 도위의 서헌에 쓰다[254]

題東寧都尉西軒

지난 자취를 이제 찾으려니	往迹今來覓
서헌이 꿈속만 같네	西軒似夢中
늙은 매화나무 움이 돋으려 하고	老梅槎欲糵
어린 대는 잎이 되레 무성하네	穉竹葉猶叢
높은 땅에 정자 새로 지으니	墰地新亭起
담장 문은 옛 연못과 통하네	垣門舊沼通
기쁜 마음 한편에 실망도 있어	欣然還有失
인사는 정녕 궁구하기 어렵네	人事固難窮

254 동녕 도위(東寧都尉)의 서헌에 쓰다 : 동녕 도위는 김현근(金賢根, 1810~1868)을 가리킨다. 본관은 안동(安東), 자는 성희(聖希)이다. 김한순(金漢淳)의 아들로 1823년(순조23)에 순조의 딸인 명온공주(明溫公主)와 혼인하여 부마가 되었고, 동녕위(東寧尉)에 임명되었다.

유백교의 〈제석〉 시에 차운하다[255]

次柳伯教除夕韻

문자는 무형에서 나와	文字起無形
신묘한 운용에 의경이 지극해지네	神運境乃至
그대의 제석 시를 읽으니	讀君除夕詩
완연히 내 뜻을 말했구려	宛然獲人意
어려선 더딘 청춘을 한탄했는데	幼恨青春遲
만년엔 이리 쉽게 황혼으로 달려가네	晩向黃昏易
뉘라서 감개함 품지 않으랴	誰不懷感慨
마음을 묘사하기 참으로 어려운 일	摸寫諒難事
지난 조정 네 검서에	先朝四檢書
그대 부친이 속하셨지	令尊居其一
깨끗하고 맑아 유자의 풍모 독실하고	淸恬篤儒風
문채가 화려하여 명실이 부합하셨네	文華稱名實
그대는 낭야의 집안으로	君如瑯琊家
글씨 익혀 훌륭한 가풍을 이었는데[256]	臨池敬追逸

255 유백교(柳伯教)의……차운하다 : 유백교는 유본학(柳本學, 1770~1842?)을 가리킨다. 자는 백교(伯教), 호는 문암(問菴)이다. 영재(泠齋) 유득공(柳得恭)의 맏아들로 아우 본예(本藝)와 함께 당시 예원(藝苑)에 이름이 높았다. 저서로는 《문암문고(問菴文藁)》가 있다.

256 그대는……이었는데 : 유본학이 부친 유득공의 뒤를 이어 명필이 되었다는 의미이다. 낭야(瑯琊)는 진(晉)나라 명필 왕희지(王羲之)의 고향으로 그의 아들 왕헌지(王

문장을 구사함에 절묘한 생각이 있고　紬書有妙思
정을 토로함에 서투른 필치가 없네　寫情無劣筆
나는 그대 부친과 사이가 좋아　余與令尊好
어릴 적부터 중년까지 어울렸는데　中身自少日
문단 맹주 그 일을 마치지 못했으니　詞盟未卒業
그대가 계승하길 기다린 게 아니랴　毋亦待君述
흰머리에 옛 교유를 고하노니　白首諗舊遊
처량히 가슴속이 북받치네　悽愴中情溢

獻之) 또한 부친을 이어 명필로 이름이 높았다. 원문의 '임지(臨池)'는 글씨를 익힌다는 의미인데, 후한 때 초성(草聖)으로 일컬어졌던 장지(張芝)가 글씨를 익힐 적에 못가에서 글씨를 연습하여 못물이 다 검어졌다는 임지학서 지수진묵(臨池學書, 池水盡黑.)의 고사에서 유래한 말이다.《晉書 卷36 衛瓘列傳》

중국인의 운을 써서 손님과 더불어 봄풀을 노래하다

用華人韻 與客賦春草

무정함에 유정한 혼이 끊어지니 無情解斷有情魂
눈길 닿는 봄 들판은 초록 일색이네 目極春原綠一痕
비 내리고 바람 불어 한 해가 다시 오고 雨雨風風年復歲
면면히 덩굴 이어져 자식이 손자를 낳네 綿綿蔓蔓子生孫
본디 동군은 꽃분홍색 편애하는데 自是東君偏借色
어찌 들불이 뿌리까지 태웠겠는가 何曾野火竝燒根
양공의 도리화[257] 시끄러운 말 많았으니 梁公桃李還多鬧
어찌 중울 문전의 쑥대[258]만 같겠는가 爭似當時仲蔚門

257 양공(梁公)의 도리화 : 양공은 당(唐)나라 양국공(梁國公) 적인걸(狄仁傑)을 가리킨다. 적인걸이 자신의 문하생을 조정에 추천하여 장상(將相)이 된 자가 많으므로 "천하의 도리가 모두 공의 문하에서 나온다.〔桃李滿天下.〕"는 말을 들었다고 한다.《資治通鑑 唐紀》

258 중울(仲蔚) 문전의 쑥대 : 중울은 한(漢)나라 장중울(張仲蔚)을 가리킨다. 그는 벼슬하지 않고 은거하였는데, 그가 거처하는 곳에 쑥대가 우거져 사람이 파묻힐 정도였다 한다.《高士傳》

맑은 날 과녁을 쏘다

晴日射的

활을 어루만지니 문득 처량하여	撫弝忽凄涼
지난 시절 활터가 생각나네	前塵憶射堂
비단 도포는 햇살 받아 화려했고	錦袍迎日彩
의장대는 구름에 싸여 빛났네	仙仗繚雲光
꾸러미 받드니 은상이 무거웠고	擎帕恩頒重
술잔이 넘치니 벌주가 향기로웠네	沾觥罰醞香
지금이야 비록 솜씨 없지만	如今雖拙手
전에는 반열에 끼어 선왕을 모셨다네	忝耦侍先王

서화지실에 쓰다

題書花之室

방 바깥에 반 칸 남짓 방을 덧대어	房外添房僅半間
서화지실이라 편액을 걸었네	書花之室寫楣顔
주렴 내리면 시렁의 서책에서 향기 감돌고	閉簾籤帙香生架
장막 열면 산의 꽃 숲이 환히 비쳐드네	開幔叢英爛暎山
책을 벗 삼으매 천년이 먼 줄 모르겠고	尙友不知千古遠
꽃을 찾으니 사계절이 한가함을 얻었네	尋芳贏得四時閑
만약 두 가지가 유난스럽다 말한다면	若云二者猶多事
등나무 침상에 높이 누워 왕래를 사절하리	高臥藤牀謝往還

나귀가 죽다
驢死

사람과 가축이 살아서 어울렸으니	人畜生相與
죽음에 슬픈 마음 없을쏜가	哀傷死可無
그 당시 준골로 올 적에는	當年來駿骨
만 리 길 연경을 이별했었지	萬里別燕都
급한 병은 오랜 수고로 인함이고	急病緣勞久
길게 우는 것은 고향 생각 간절해서네	長鳴有絶殊
동쪽으로 돌아갈 때면 무덤을 보리니	東歸應見塚
너를 위해 푸른 꼴 올리리라	爲汝奠青芻

옥천암[259]

玉泉庵

봄 산은 그림처럼 짙어 春山濃似畫
초목이 사람의 옷에 비치는데 草木暎人衣
검은 바위가 신록을 감싸고 黛石籠新綠
금물결이 고운 햇살 부수네 金流碎麗暉
위태로운 암자는 불력에 의지하고 菴危支佛力
으슥한 땅은 설법하기에 제격이니 地僻合禪機
지날 때마다 마음이 편안해져 每過心仍慣
기쁨에 겨워 돌아가길 잊네 欣然自忘歸

259 옥천암(玉泉庵) : 서울시 서대문구 홍은동 홍지문(弘智門) 아래에 있는 절로 조선 시대에 불암(佛巖)으로 일컬어지다 18세기 후반에 옥천암이란 이름이 붙여진 듯하다. 5미터에 이르는 고려시대의 마애보살좌상이 보물로 지정되어 있다.

용성이 보내준 시에 차운하다

次蓉城寄示韻

집안에 양식 없는데 더구나 흉년이라	家無甔石況年飢
오두막에 밥 짓는 연기 매양 더디 오르네	煙火窮廬出每遲
밥과 고기를 만약 배부르게 먹는다면	粱肉若教供滿腹
그대가 되레 시를 적게 지을까 두렵네	恐君還少苦吟時

집안 식구를 이끌고 현암 새집으로 돌아가면서 수로와 육로로 나눠 갔다

挈家眷 歸玄巖新舍 水陸分路而行

권속을 반씩 나눠 여주로 향하니	平分眷屬向驪州
절반은 가마 타고 절반은 배로 가네	一半轎行一半舟
들길은 뽀송하고 돛의 바람도 순조로우니	陌上晴乾風勢利
누가 먼저 집에 도착할지 모르겠네	不知誰先抵家休

도중의 풍경

途中卽事

물 밖에 나온 갓 심은 벼 바늘보다 가늘고	新秧出水細於鍼
구름 물결 이룬 익은 보리 황금처럼 곱구나	宿麥連雲嫩似金
먼 길의 시름을 훌훌 다 녹이니	驀遣行愁銷得盡
선성의 버들은 푸르게 우거졌네	宣城楊柳碧深深

부촌의 연못 딸린 집에서 자다[260]

宿斧村池舍

한공이 붓을 빌려 스스로 소리를 낸다 했으니	韓公假筆自爲聲
봄새와 가을벌레가 온통 불평스럽네[261]	春鳥秋蟲摠不平
내가 시골집에서 자며 이을 말 생각하니	我宿田家思續語
하늘이 여름 석 달을 개구리를 시켜 울었네	天教三夏以蛙鳴

260 부촌(斧村)의……자다 : 현재 정확한 지점은 미상이나 동대문구 이문동에 있었던 자연부락 독기촌(獨基村 도끼말)의 한자어로 추정된다. 풍고의 다른 기록에 따르면 중령포(中泠浦)와 배봉산(拜峯山)이 만나는 곳에 있던 작은 마을이라고 한다.《楓皐集 卷3 途中雜咏》

261 한공(韓公)이……불평스럽네 : 한유(韓愈)가 지은 송맹동야서(送孟東野序)에서 "대체로 만물이 평정을 얻지 못하면 울게 마련이다.〔大凡物不得其平則鳴.〕"라고 한 말이 있다.

배를 타고서

入舟

맑은 산에 눈길 주니 곽희[262]의 그림이고　　晴山眼注郭熙畫
시인이 책장 넘기니 왕건[263]의 시일세　　騷客手繙王建詩
술 바가지 들어 좋은 경치와 수작하는데　　却擧匏樽酬好景
배가 얼마나 빠른지 되레 느림만 못하네　　舟行何迅不如遲

낚시하며 한가함 취하던 현진자[264]나 되어 볼까　　釣魚取適玄眞子
조롱의 거위가 말을 한다고 속인 보리생[265]도 좋고 말고
籠鴨能言甫里生

262 곽희(郭熙) : 1020~1090. 북송 하양(河陽) 온현(溫縣) 사람으로 자는 순부(淳夫)이다. 한림산수(寒林山水)에 능했고, 삼원법(三遠法)을 정립시켜 후대에 지대한 영향을 미쳤다.

263 왕건(王建) : 767~831. 당나라 영천(潁川) 사람으로 자는 중초(仲初)이다. 악부시(樂府詩)에 능해 장적(張籍)과 이름을 나란히 하여 장왕악부(張王樂府)라 불렸다.

264 낚시하며……현진자(玄眞子) : 현진자는 당나라 때의 은사 장지화(張志和)의 호이다. 장지화는 일찍 벼슬을 그만두고 강호(江湖)에 살면서 연파조도(煙波釣徒)라 자칭했다.

265 조롱의……보리생(甫里生) : 보리생은 당나라 육구몽(陸龜蒙)을 가리킨다. 육구몽이 입택(笠澤)에 은거하면서 오리 한 쌍을 길렀는데, 이곳을 지나가던 고관이 탄환으로 한 마리를 죽였다. 육구몽은 그 오리는 말을 잘하여 천자께 진상하려던 것인데, 죽어버렸으니 어쩔 것이냐고 따졌다. 이에 고관이 가진 재물을 다 털어주고 입을 막으려 하자, 육구몽은 장난이었다고 사실대로 말하여 함께 웃었다고 한다.

한 시대 이름난 시인들 모두 하찮으니 一世詩名俱碌碌
궁궐 비단 옷차림으로 고래 타고 떠난 이와 어떠한고[266] 爭如宮錦去騎鯨

266 한……어떠한고 : 녹녹한 시인들까지 온통 당나라 이백(李白)처럼 훌륭한 시인이 되고자 원하지만 실상 불가능하다는 말이다. 이백이 일찍이 채석강(采石江)에서 취중에 뱃놀이를 하다가 달을 잡으려고 물에 뛰어든 것을 고래를 타고 하늘로 올라갔다고 비유한 말이다. 송나라 때 문인 마존(馬存)의 〈연사정(燕思亭)〉 시에 "이백이 고래를 타고 하늘에 오르고 나니, 강남의 풍월이 한가해진 지 오래일세.〔李白騎鯨飛上天, 江南風月閑多年.〕"라고 하였다.

두물머리에서 새벽에 일어나 빗소리를 듣다

二水頭曉起聞雨

수참[267]에 새벽닭이 꼬끼오 우니	水站晨鷄喔喔鳴
외로운 등불 홀로 사람 등 뒤에 밝네	孤燈猶自背人明
창문 앞에서 뒤척이며 시어를 생각하자니	牕間輾轉思詩料
그저 성긴 뜸배에서 빗소리 들음이 좋네	却好疏篷聽雨聲

267 수참(水站) : 수로(水路)의 중간에 잠시 쉬거나 방향을 돌릴 수 있는 장소를 말한다.

배를 타고 가며

行船

강모래 얕고 희어 못을 이루지 못하고　江沙淺白不成潭
계곡물 짙푸르러 쪽보다 나은 듯하네　峽水深靑欲謝藍
비 개인 양근 땅 바람도 힘차니　雨歇楊根風力緊
황혼녘이면 군문 남쪽에 도착할 수 있으리　黃昏應泊郡門南

고랑진 사공이 알아보고 친근함을 표하여　高浪津夫認作情
버들가지에 물고기 꿰어 멀리서 맞아주네　錦鱗穿柳遠相迎
뜸을 걷고 한번 웃으며 풍미를 자랑하며　搴篷一笑誇風味
그 고기 때려잡아 보글보글 국 끓이네　巨擊其鮮細咤羹

배에서 내려 향곡으로 들어가다[268]

下舟入香谷

서울 집은 세월이 평범하게 돌아가	京邸尋常日月還
붉고 푸른 복사꽃 아직도 봄빛인데	桃花紅碧尙韶顔
강 북쪽에 와서 풍경을 보노라니	却來江北看風物
보리이삭 금빛 머금고 새끼 꿩은 알록달록하네	麥穗含金雉子斑
하늘 울린 지극한 효성은 이 선영에 남아	通天至孝此佳城
조고의 무덤을 백부께서 조성했네[269]	祖考之墳伯父營
나무 한 그루들 자손들이 감히 태만히 대하랴	一木兒孫心敢慢
빈한할 때 기어 다니며 손수 심어 길렀네	貧時匍匐手栽成
새벽에 일어나서 누각 올라 선영을 바라보니	晨起登樓望塋域
신령이 있으면 이 몸을 굽어보시리	有靈應復此身臨
이 몸 이미 늙어 다른 소원 없으니	此身已老無他戀

268 배에서……들어가다 : 향곡(香谷)은 여주 추읍산(趨揖山) 아래에 있는 지명으로 풍고의 조부 김달행(金達行, 1706~1738)과 백부 김이기(金履基, 1724~1790)의 묘소가 있다.

269 하늘……조성했네 : 풍고의 백부 김이기(金履基)는 일찍 부모를 여의어, 늘 봉양을 제대로 하지 못한 것을 통한으로 여겼다. 관직 생활을 하면서 제사를 풍족하게 올렸고, 기일을 만날 때면 밤새도록 잠들지 못하고 통곡하였으며, 늙어 병이 든 때에도 소식을 하면서 몸소 예를 거행하여 남에게 맡긴 적이 없었다고 한다. 《楓皐集 卷12 伯父牧使府君行狀》

조상 기리는 내 마음 후토와 황천이 증명하리　后土皇天可証心

집은 처첩을 들일 만큼 이미 넉넉하고　屋容妻妾已恢恢
전답과 연못도 다 마련해놓았으니　田圃林池亦具裁
하루아침에 돌아간들 누가 금하랴　一日歸休誰復禁
흰머리에 관복 차림으로 오래도록 배회하네　白紛袍笏久徘徊

둘레는 백 보에 깊이는 한 길이니　百步其周一丈深
물고기들 떼를 이루어 헤엄치고 또 잠기네　魚兒作隊泳還沈
추읍산 그림자가 유유히 날아드니　悠然飛入趨山影
저문 해와 텅 빈 숲이 더욱 마음에 맞네　日落林空更可心

작은 연못〔小池〕

비복들 기뻐하고 사방 이웃도 반겨 맞으니　僕婢欣欣及四隣
내 행차가 보리가 처음 익는 계절에 이르렀네　吾行聿至麥秋新
비록 정원의 화사한 꽃 보이지 않아도　縱然不見園中灼
우거진 숲 짙푸른 빛이 봄보다 낫네　森翠濃濃却賽春

현암(玄巖)

장호원 경계는 경기와 호서가 만나는 곳　長湖院界畿湖交
땅은 기름지고 사람 많아 풍속이 어지러운데　土沃人稠習俗淆
정월보름날 밤 즐겁게 노닌 흔적 찾아보니　試覓燈宵遊讌迹
굽은 난간이 푸른 버들 위에 높이 솟았네　勾欄高出綠楊梢

장호원(長湖院). 아래도 같다.

문 앞에 긴 다리 있어 난간이 호수에 비치는데	門壓長橋檻暎湖
주인이 해학에 능해 손님을 기쁘게 하네	主人優嬲助賓娛
스스로 말하길, 관직에서 물러나 너무 무료하여	自言吏退閑無事
물가에 약초 파는 점포를 열었다 하네	臨水聊開賣藥舖

시냇가 마을을 지나며 뽕잎 따는 사람을 보고
過溪村見桑者

고즈넉한 시냇가의 집	窈窕溪邊屋
보리이삭이 푸른 하늘에 흔들리네	麥穗搖靑空
밭두둑 사이에 심은 뽕나무 있어	塍間有樹桑
뽕나무 위로 늙은이가 오르네	桑上登老翁
느긋하게 윤기 어린 잎을 따서	閑閑摘沃葉
한 줌이 되면 광주리에 던져 넣는데	盈掬投筐中
때때로 행인을 쳐다보며	時時望行人
여유롭게 할 일을 하네	自若理所工
나도 지나면서 그를 바라보고	我亦望之過
흔연히 그 풍모를 즐거워하네	欣然悅其風
어찌 알랴, 그 사람이	安知非其人
방덕공만 못하지 않을 줄을[270]	不如龐德公

270 그……줄을 : 후한의 방덕공(龐德公)은 방공(龐公) 또는 방거사(龐居士)라고 부르기도 한다. 원래는 남군(南郡)의 양양(襄陽)에 살았는데, 형주 자사(荊州刺史) 유표(劉表)가 초빙하자 나아가지 않고 가솔을 모두 거느리고 녹문산(鹿門山)에 들어가 손수 누에 치고 뽕나무 가꾸며 다시는 세상에 나오지 않았다. 《後漢書 卷83 逸民列傳 龐公》

산골 농부가 복숭아를 보내주기에 치수와 함께 먹으며 짓다
山丁送桃實 與穉秀同嚼賦之

몹시 반가워라, 산에서 바구니가 오니　驚喜山籃至
주렁주렁 원객이 수확한 과일이네[271]　有蕡園客收
어제 복사꽃 구경한 것 같더니　賞花如昨日
벌써 초가을 되어 열매를 먹게 되었네　食實奄新秋
붉은빛은 참으로 늙음을 막아주고　丹渥眞難老
향긋한 냄새는 뜻밖에도 견줄 것 드무네　芳香詫少儔
그대에게 맘껏 드시기 권하니　勸君恣情喫
이 과일이 신선들과 가깝다오　此果近仙流

271 주렁주렁……과일이네 : 원객(園客)은 본래 전설상의 신선 이름인데, 여기서는 복숭아 과수원을 지키는 사람 또는 은자를 가리키는 중의적 표현이다. 원문의 '유분(有蕡)'은 과일이 주렁주렁한 모습을 가리킨다. 《시경》 〈도요(桃夭)〉에 "야들야들 복사꽃, 열매가 주렁주렁. 이분이 시집감이여, 집안을 화순케 하리로다.〔桃之夭夭, 有蕡其實. 之子于歸, 宜其家室.〕"라는 구절이 있다.

반딧불

螢火

몇 번이나 썩은 풀[272] 따라 그 생을 마쳤기에	幾隨腐草此生休
어떻게 밝은 빛이 하나하나 남았을까	那得光輝個個留
날개를 빌리니 다행히 천지의 힘을 얻었고	借翼幸蒙天地力
연기가 아니니 비바람에 근심하지 않네	非煙不作雨風愁
주머니에 넣은 가난한 선비는 서재로 돌아가고	提囊冷士歸書屋
부채로 때려잡는 미인은 화루 문을 가린다네	撲扇佳人掩畫樓
술 갈증 나는 오경에 도로 눈을 감으니	酒渴五更回睡睫
희미한 별빛 몇 점이 주렴 고리에 걸렸네	殘星數點掛簾鉤

272 썩은 풀 : 원문의 '부초(腐草)'는 《예기》〈월령(月令)〉에 "유월에는 썩은 풀이 반딧불이 된다.〔季夏之月, 腐草爲螢.〕"라고 한 것을 가리킨다.

심효전이 빗소리를 들으며 회포를 토로한 시에 차운하다
次沈孝田聽雨見懷韻

가을장마가 백성들의 의지할 것을 빼앗으니　秋霖判失小民依
목숨 위태로운 외로운 백성들 어찌하랴　孑遺其如命式微
물고기 자라가 평지에서 난단 말 듣겠고　魚鼈將聞平地產
메뚜기떼가 하늘을 날아가는 모습을 다시 보네　螽蝗更見刺天飛
목화밭에 꽃 떨어지니 베짜기 틀렸고　綿田花落工機廢
채마밭에 뿌리 삭으니 채소 비축도 부족하리　菜圃根消旨蓄稀
뉘 태평한 조정에서 나라 다스리는 계책을 펼치나　誰與聖朝張國計
괴로이 읊기로는 근심의 성을 부수기에 무력하네　苦吟無力解愁圍

긴 장마 찌는 더위는 근년에 없던 일이니　淫霖溽暑近年無
병든 몸 붙일 청량한 곳 어디일런가　何處淸涼着病軀
뛰는 벼룩이 잠을 깨우매 어찌 잡을까　跳蚤攪眠捫不奈
나는 모기가 피를 빠니 유난히 괴롭네　飛蚊嘬血苦猶殊
왕유가 조용히 생활하며 무궁화 본 것을 탐하고[273]　王生習靜耽觀槿
혜자가 말을 잊고 오동에 기대앉은 것 사랑하네[274]　惠子忘言愛據梧

273 왕유(王維)가…탐하고 : 당나라 왕유의 〈적우망천장작(積雨輞川莊作)〉에 "산중에서 고요한 생활에 익숙해 아침 무궁화를 보고, 소나무 아래서 맑게 재계하고서 이슬 젖은 접시꽃을 꺾는다.〔山中習靜觀朝槿, 松下淸齋折露葵.〕"라고 하였다.

274 혜자(惠子)가……사랑하네 : 혜자처럼 오동나무로 된 궤석(几席)에 기대어 유유자적하고 싶다는 말인데, 일설에는 오동나무로 된 금(琴)을 타는 것이라고도 한다.

근심과 즐거움은 지나고 나면 눈 깜짝할 사이인데 憂樂經來都一瞥
아득할사 인간사는 우묵한 그릇과 다름없네[275] 悠悠人事視甌臾

《장자(莊子)》〈제물론(齊物論)〉에 "소문은 금을 탔고, 사광은 지팡이를 짚고 음악을 들었으며, 혜자는 오동나무 안석에 기대어 담론하였다.〔昭文之鼓琴也, 師曠之枝策也, 惠子之據梧也.〕"라고 하였다.

275 아득할사……다름없네 : 원문의 '구유(甌臾)'는 바닥이 우묵한 질그릇을 가리키는데, 인간 세상의 모든 근심이 죽어야 멈춘다는 의미로 한 말로 보인다. 《순자(荀子)》〈대략(大略)〉에 "유환은 구유에 멈추고, 유언비어는 지혜로운 사람에게서 멈춘다.〔流丸止於甌臾, 流言止於智者.〕"라고 하였다.

가을 회포 21수[276] 서문도 함께 실었다

秋懷 二十一首 幷序

가을이란 한 해에 한 번 있는 기운으로, 이 기운은 흔히 사람을 슬픈 감상에 젖게 만든다. 내가 태어난 을유년(1765) 가을부터 지금 병술년(1826)까지 가을을 모두 62차례 보냈다. 그런데 가을이 되면 가을이란 것이 사람을 감응시킨다는 것을 알아서 가을을 슬퍼할 줄 알게 된 것은 17, 8세 때부터이고, 가을을 슬퍼하여 그런 심정을 시에 표현한 것도 햇수로 대략 그쯤이다. 대체로 근 오십 년 동안 가을이 되어도 슬퍼하지 않거나 슬퍼도 시를 짓지 않은 해는 거의 없었고 간혹 있었을 뿐이다. 이번 가을엔 비가 많아 사람을 감상에 젖게 함이 심한데다, 나 또한 병에 잘 걸리므로 가만히 생각해보면 내가 이미 늙어 가을이 나를 느끼게 하는 것도 몇 년 남지 않았을 것이므로 슬픈 감정을 시에 표현하는 것도 그에 따라 응당 몇 편이 되지 않을 것이다. 슬픔이 여기에 이르니, 또한 심하지 않겠는가. 우연히 석남루(石南樓) 가운데서 소릉(少陵)의 오언근체시를 보다가 추(秋) 자로 압운한 21수를 보고서 장차 화답하여 내 슬픔을 풀고자 하였으나, 마치기 전에 시골집으로 돌아오게 된 바람에, 나중에 완성하고서 〈이십일추시(二十一秋詩)〉라 이름하였다.

황혼녘에 소나기 내려 　　　　傍昏還急雨

276 가을 회포 21수 : 풍고의 나이 62세 되던 1826년(순조26) 가을에 지은 시이다.

외로이 난간머리에 앉았네 悄坐藥欄頭
오랜 장마가 손님을 쫓으려는 듯 潦久如揮客
골똘히 생각하매 매양 수심 자아내네 思深每引愁
벌레 소리 마르고 젖은 곳에 이어지고 蟲音連燥濕
물고기 노닐며 잠겼다 떠오르곤 하는데 魚戲或沈浮
별난 새 꽃송이 사랑스러우니 出色憐新蕊
전추라[277]의 붉은 비단이 아름답네 紅羅巧剪秋

공명의 생각 이미 식었으니 已息功名念
한가한 유람을 어찌 잊으랴 寧忘汗漫遊
몸이 있으면 본디 근심이 있어[278] 有身元是患
시름이 일어나지 않는 곳 없네[279] 無處不關愁
여름 석 달을 그대로 집에서 지냈으니 守屋仍三夏
한 가을에 또 산을 그리워하네 思山又一秋
한가로운 구름이 푸른 소를 지나니 閑雲經碧沼

277 전추라(翦秋羅) : 동자꽃을 가리키는데, 한궁추(漢宮秋)라고도 한다. 봄과 여름에는 황홍색(黃紅色)의 꽃을 피우고, 가을과 겨울에는 심홍색(深紅色)의 꽃을 피운다.

278 몸이……있어 : 명나라 승려 도경(道耕)의 〈조추(早秋)〉 시에 "몸이 있으면 본디 근심이 있으니, 뜻 가는 대로 유마힐을 배우네.〔有身元是患, 隨意學維摩.〕"라는 구절이 있다. 《古今禪藻集 卷23》

279 시름이……없네 : 명나라 범경문(范景文)의 〈유미앙중창소음 간동작와연(留未央仲昌小飮看銅雀瓦硏)〉 시에 "병을 없애려면 먼저 근심 녹이는 것이 처방이고, 흥취가 많으면 수심 겹지 않은 곳 없어라.〔病遣有方先破悶, 趣多無處不關愁.〕"라는 구절이 있다. 《文忠集 卷11》

외로운 그림자가 어찌 오래 머무르랴 孤影詎長留

이 세상 어지러운 일일랑 此世紛紛事
무성했다 시드는 가을 풀과 같네 榮枯草一秋
뜻하지 않은 영예는 어찌 나와 관계되랴 不虞寧己與
단호하게 행하는 건 남이 구하는 것과 다르네 索性異人求
지난 세월에 맘에 든 사람 드물고 閱歷稀靑眼
빠른 영달에 젊은 시절 망쳤네 飛騰謬黑頭
탄식하노니, 책 속에는 所嗟書卷裏
옛 성인이 남긴 염려가 있네 前聖有遺憂

미목 수려한 노인을 통곡했는데 慟哭疏眉老
친교를 맺은 지 사십 년이었네 論交四十秋
나는 그대를 정요와 같다 하였고 謂君似貞曜
그대는 나에게 소주보다 낫기를 기대했네[280] 期我過蘇州
골목은 다르나 집이 나란하길 바랐고 異巷思聯室
마음이 같아 해진 옷 함께 입기 원했는데 同心願弊裘
저승과 이승이 한순간에 달라지니 幽明翻一隔
고루한 식견으로 긴 근심 품었네 孤陋抱長憂

280 그대는……기대했네 : 정요(貞曜)는 당나라 시인 맹교(孟郊, 751~814)의 사시(私諡)이다. 소주(蘇州)는 당나라 시인 위응물(韋應物, 737~804)이 소주 자사(蘇州刺史)를 지냈기 때문에 위소주라 불린다.

날마다 세상에서 어울리며 日逐紅塵內
허둥대다 이른 가을 되었네 棲棲忽早秋
산을 나섰을 때엔 소초라 일컬어졌다가[281] 出山稱小草
늙어가는 나이에 토구를 생각하네[282] 將老憶菟裘
사업이 어그러졌으니 사는 것이 무슨 즐거움이랴 業窳生何樂
명성이 사라졌으니 죽는 것 또한 근심이리 名湮死亦憂
하지만 신령한 마음을 스스로 깨우쳐 靈心猶自警
팔방의 끝까지 언제나 넋이 노닐고 싶네 八極每神遊

얼마 전에 나의 회갑 지났으니 昨我經周甲
인간세상에 소원 빌기도 이미 그만두었네 人間願已休
여생은 그럭저럭 편안히 지낼 뿐 餘生聊自在

281 산을……일컬어졌다가 : 은거하던 사람이 세상에 나가 벼슬하는 것을 뜻한다. 동진(東晉)의 사안(謝安)이 오랫동안 동산(東山)에 은거하다가 조정의 부름을 받고 세상에 나가 당시 권력자인 환온(桓溫)의 관속이 되었는데, 마침 어떤 사람이 환온에게 바친 약초 가운데 원지(遠志)가 있었다. 환온이 사안에게 묻기를 "이 약은 소초라고 부르기도 하는데 왜 하나의 약에 두 이름이 있는 것입니까?" 하니, 사안이 미처 대답하지 못하였다. 그러자 곁에 있던 참군(參軍) 학륭(郝隆)이 서슴없이 "산속에 있으면 원지라 하고 산 밖에 나오면 소초라고 부릅니다." 하자, 사안이 매우 부끄러워하는 빛이 있었다 한다. 본디 같은 약초로 원지는 뿌리이고 소초는 싹을 말하는데, 학륭이 절개를 굽힌 사안을 일부러 조롱하기 위해 원지는 뜻을 원대하게 갖는다는 의미로, 소초는 하찮은 잡초라는 의미로 말한 것이다. 《世說新語 排調》

282 늙어가는……생각하네 : 노년에 은거를 생각한다는 의미이다. 토구(菟裘)는 본래 노(魯)나라의 지명인데 은거지를 뜻하는 말로 쓰인다. 《춘추좌씨전》 은공(隱公) 11년에 은공이 "내가 장차 토구 땅에 집을 짓고 그곳에서 늙으리라."라고 말했다는 구절이 있다.

죽지 않기를 바라는 것도 아니네 不死亦非求
늙어가매 처자를 마주함이 소중하고 老重妻兒對
한가하면 한묵으로 소일하길 즐기네 閑耽翰墨遊
아름다운 꽃을 돌 곁에 심었으니 佳花栽石畔
몇 번의 춘추를 보게 될까 定看幾春秋

서풍이 불어온 비가 그치니 西風吹雨斷
천지에 가을 기운 자욱하네 天地杳然秋
벌써 갈포 홑옷 물렸으니 已分辭單葛
응당 두꺼운 갖옷 준비해야지 應須備熟裘
맑은 강은 병석에 누워 저버렸고 澄江違伏枕
밝은 달은 누각에 오르기 그만두었네 明月廢登樓
유독 다생의 벽이 있어 獨有多生癖
벌레가 노래하면 함께 쉬지 못하네[283] 蟲吟共未休

한 조각 마음에 맞는 일은 一片賞心事
붉은 정자와 푸른 누각 마주한 것이라 紅亭對翠樓
무부는 계수나무 노를 젓고 武夫揚桂櫂
관기는 금팔찌를 다투네[284] 官妓鬥金鉤

283 다생(多生)의……못하네 : 시 읊기 좋아하는 버릇을 죽어도 떨쳐버리지 못함을 의미한다. 본래 다생은 불가의 말로 삶과 죽음을 여러 번 되풀이하는 윤회를 가리킨다.

284 무부는……다투네 : 풍고가 60세 되던 1824년(순조24) 7월에서 9월 사이에 목욕 휴가를 받아 관서 지방을 다녀온 것을 가리킨다.

좌석 위에 장경의 죽간이요[285] 席上長卿簡
감영 안에 숙자의 갖옷일세[286] 營中叔子裘
노쇠한 늙은이가 다시 볼 수 있으랴 衰翁能再得
대동강가에 다시 감도는 가을을 浿上正生秋

생각이 끊이지 않음을 또한 알겠노니 亦知思不了
어찌 여주에 누울 생각 잊었으랴 寧忘臥驪州
흰머리 삼천 길이고 素髮三千丈
누런 먼지 사십 년일세 黃塵四十秋
서늘한 기운은 창밖의 대나무에 생기고 涼生窓外竹
산빛은 빗속의 누각으로 들어오네 山入雨中樓
웃으며 지금 사람들 사절하노니 笑爲今人謝
구하는 바가 있다고 의심치 말라 休疑尙有求

285 좌석……죽간이요 : 장경(長卿)은 사마상여(司馬相如)의 자(字)로 곧 좌중(座中)에 있는 어떤 이의 훌륭한 문장을 사마상여에게 빗대서 한 말이다. 서한(西漢)의 양효왕(梁孝王) 유무(劉武)가 세모에 자신의 정원인 토원(兎園)에서 사마상여(司馬相如), 매승(枚乘), 추양(鄒陽) 등과 함께 주연을 베풀고 놀다가, 눈발이 휘날리자 흥에 겨워 먼저 노래를 부르고는 사마상여에게 죽간을 주며〔授簡〕 "그대의 신비로운 생각과 아름다운 문장 실력을 유감없이 발휘하여 이 경치에 걸맞게 과인을 위해 글을 지으라.〔抽子秘思, 騁子姸辭, 侔色揣稱, 爲寡人賦之.〕"라고 부탁하였다고 한다. 《史記 卷58 梁孝王世家》《文選 卷30》

286 감영……갖옷일세 : 숙자(叔子)는 진(晉)나라 양호(羊祜)를 가리키는데, 어떤 지방관이 백성을 잘 다스리고 방비를 튼튼히 함을 빗대서 한 말이다. 양숙자가 도독형주제군사(都督荊州諸軍事)로 재임하는 동안 평일에는 갑옷을 입지 않고 가벼운 갖옷에다 허리띠를 느슨히 맨 차림으로 오나라 장수 육항(陸抗)과 사신을 교환하면서 원근을 안심시켜 강한(江漢)과 오나라 사람의 마음을 수습하였다. 《晉書 卷34 羊祜列傳》

무슨 일이든 할 수 있다 스스로 말했건만 自道堪何事
흰머리 쓸쓸한 가을 되었네 蕭蕭鬢髮秋
시서는 졸업하지 못했고 詩書違卒業
강에는 돌아갈 배 막혔네 江漢滯歸舟
마음은 정수가 고갈되어 꺾이고 心折菁華竭
몸은 흐르는 세월 따라 늙었네 身隨歲月流
돌아보면 거침없이 달리는 준마가 가련하니 回憐歷塊馬
물결 가지고 노는 갈매기에 어찌 미칠쏘냐 爭及弄波鷗

골짜기 솔밭에 아름다운 버섯 돋아 峽松生菌美
동쪽 고을에서 새로 보내왔는데 新餉自東州
살결은 우교의 비에 윤택하고 肌潤牛郊雨
향기는 맥국의 가을을 머금었네[287] 香含貊國秋
늦 배추와 어찌 비교할 수 있으랴 晩菘那比品
봄 죽순과 같은 종류라 하리 春筍定同流
한번 배부르고 흔연히 일어나 一飽忻然起
시를 지어 병중의 시름 달래네 題詩散病愁

딱딱 바둑알 소리 울리니 丁丁生子響

287 살결은……머금었네 : 우교(牛郊)는 춘천을 가리키는 말로 추정되는데, 신라 시대부터 춘천 일대의 북한강으로 유입하는 지류가 소뿔의 형국을 이루었기 때문에 우두주(牛頭州)라고 불렸던 데서 유래한 듯하다. 맥국(貊國)은 지금의 춘천 지방에 있었던 부족 국가이다.

주렴과 대자리로 맑은 가을 들어오네 簾簟入淸秋
허황되게 주살을 당기려다가 汗漫思彎繳
예사롭게 배를 엎어버리네[288] 尋常致覆舟
현묘한 이치 처마 아래서 듣고[289] 機玄簷下聽
환상에 들어 귤 속에서 노니네[290] 迹幻橘中遊
승패가 인간사에 무슨 상관이랴 勝敗何干事
누각에는 이미 햇살이 뉘엿뉘엿하네 斜暉已在樓

어찌 돈을 지닌 나그네가 那看帶錢客
학을 타고 양주로 오름을 보랴[291] 跨鶴上揚州

288 허황되게……엎어버리네 : 바둑에 집중하지 못하여 바둑의 형세를 그르친 것을 가리킨다. 맹자가 이르기를 "혁추(奕秋)가 두 사람에게 바둑을 가르칠 경우, 한 사람은 전심치지(專心致志)하여 혁추의 말만을 듣고, 또 한 사람은 혁추의 말을 듣기는 하되 한편으로는 '기러기나 고니가 날아오거든 화살을 쏘아서 잡아야겠다.〔鴻鵠將至, 思援弓繳而射之.〕'는 생각을 한다면, 아무리 함께 똑같이 배우더라도 결과는 서로 같을 수가 없다."라고 한 구절이 있다. 《孟子 告子上》

289 현묘한……듣고 : 바둑에 관한 말인 듯한데, 처마 아래서 듣는다는 것은 무엇을 말하는지 미상이다.

290 환상에……노니네 : 옛날 파공(巴工) 사람이 자기 귤원(橘園)에 대단히 큰 귤이 있으므로, 이를 이상하게 여겨 쪼개어 보니, 그 귤 속에 수염이 하얀 두 노인(老人)이 서로 마주 앉아 바둑을 두면서 즐겁게 담소를 나누고 있었다는 고사가 있다.

291 어찌……보랴 : 양주학(揚州鶴) 고사로 세상에 모든 것을 가진 것을 가리킨다. 옛날에 네 사람이 모여서 각기 자기의 소원을 말하였는데, 한 사람은 "나는 재물을 많이 가지고 싶다."라고 하였고, 한 사람은 "나는 신선이 되어 학을 타고 하늘에 오르고 싶다."라고 하였으며, 또 한 사람은 "양주 자사(揚州刺史)가 되고 싶다."라고 하였다. 이때 남은 한 사람이 "나는 돈 십만 관을 허리에 두르고 학을 타고 양주로 가고 싶다."라

어느 날에나 만족함을 알게 될까 待足知何日
또 가을을 만나니 슬픔이 깊어지네 多悲又此秋
큰 도는 석 잔 술에 통하고[292] 大道三杯酒
맑은 풍모로 오월에 갖옷을 입네[293] 淸風五月裘
끝내 영화와 이익을 벗어나야만 終然榮利外
그런대로 성명을 남길 수 있으리 尙得姓名留

해와 달은 멈출 때 없으니 烏兎無停趾
내 생애가 오래 머무르랴 吾生可久留
솥의 단사로 수명 늘이기 헛일이고 鼎砂虛引歲
뜨락의 버들에 가을이 절로 다가오네 庭柳自生秋
재주는 장소의 문장[294]에 못 미치고 才謝張蘇筆

고 하며 여러 사람의 소망을 합쳐 말하였다.《古今事文類聚後集 卷42 騎鶴上揚州》

292 큰……통하고 : 이백(李白)의 〈월하독작(月下獨酌)〉에 "석 잔을 마시면 위대한 도에 통하고, 한 말을 마시면 자연과 합치되네.〔三杯通大道, 一斗合自然.〕"라는 구절이 있다.《李太白集 卷22》

293 맑은……입네 : 고사(高士)의 청렴함을 상징하는 말이다. 오(吳)나라 연릉계자(延陵季子)가 제(齊)나라에 노닐 적에 땅에 금이 떨어져 있는 것을 보고 목자(牧者)를 불러서 그것을 주어 가지라고 하였다. 그러자 목자가 "어찌하여 그대는 높은 데 있으면서 낮은 데를 보고, 모습은 군자인데 말은 야비한가. 나는 임금이 있어도 그의 신하가 되지 않고 벗이 있어도 벗으로 삼지 않으며, 더운 때를 당해서도 갖옷을 입고 있다. 그러니 내가 어찌 금을 주워 가질 자이겠는가."라고 대답하였다고 한다.《韓詩外傳 卷10》

294 장소(張蘇)의 문장 : 당(唐)나라 문장가 장열(張說)과 소정(蘇頲)을 말하는데, 각각 연국공(燕國公)과 허국공(許國公)에 봉해졌던 까닭으로 연허(燕許)의 대수필(大手筆)로 병칭되었다.

명성은 곽이의 배[295]에 부끄럽네　名慚郭李舟
하릴없이 흰머리 되었으니　公然成白首
서글피 높은 누각을 의지하네　怊悵倚高樓

맑고 오묘한 용성 선비　淸妙蓉城士
참으로 속객의 부류가 아니네　良非俗客流
남과 교제함에 간격을 두지 않고　與人無設畛
녹을 구함도 빈 배처럼 보았네　干祿亦虛舟
흰머리 듬성한 안인의 머리털이고[296]　色雜安仁鬢
털이 빠진 계자의 갖옷일세[297]　毛希季子裘
유쾌한 마음으로 현달하고 미천함 잊고서　怡情忘顯晦
사화[298]에 함께 어울린 여섯 번의 가을일세　社火六回秋

들 집에 비가 쓸쓸히 내려　野屋蕭蕭雨
잣나무에 가을 되기만 재촉하네　空催栢樹秋

295 곽이(郭李)의 배 : 동한(東漢)의 곽태(郭泰)가 낙양에서 고향 시골로 떠나게 되자 이응(李膺)이 전송하면서 함께 배를 타고 강을 건너는데, 이 광경을 보고서 사람들이 신선과 같다고 찬탄하였다는 이곽선주(李郭仙舟)의 고사가 전한다. 《後漢書 卷68 郭泰列傳》

296 흰머리……머리털이고 : 안인(安仁)은 진(晉)나라 반악(潘岳)의 자(字)이다. 미남자로 유명하지만 32세 때 백발이 되자 〈추흥부(秋興賦)〉를 지어 슬퍼하였다.

297 털이……갖옷일세 : 남루한 차림으로 냉기를 막지 못한다는 의미다. 계자(季子)는 전국 시대 소진(蘇秦)의 자(字)로 그가 진왕(秦王)에게 유세하다 실패하여 돌아올 때 담비 갖옷이 해지고 노자가 떨어져 곤궁을 겪었다고 한다. 《戰國策 秦策1》

298 사화(社火) : 중국에서 유래한 민속놀이로 정월대보름에 모여서 잡희(雜戲)를 즐기는 양식인데, 우리나라에서 어떤 형식으로 즐겼는지는 미상이다.

고향에 돌아가도 나그네 될까 의심되고　還鄉疑作客
멀리 바라보면 누각 없음이 한스럽네　望遠恨無樓
구덩이의 사슴을 누가 분별하랴[299]　誰辨隍中鹿
골짜기 아래의 배를 온통 잊었네[300]　都忘壑底舟
이제 세상일에 흥미가 없어　世情今濩落
고개 돌려 호구를 생각하네[301]　回首憶狐丘

돌아가는 기러기 어디로 가는가　歸鴈當何去
아득한 만리에 가을이 왔네　冥冥萬里秋
커다란 날개 바람 앞에 힘차게 저어　雲翼風前厲
찬 소리가 하늘 밖으로 흘러가네　霜音空外流
새들은 제 뜻을 얻었으나　任渠方得意
나는 도리어 수심만 더하네　令我却添愁

299 구덩이의……분별하랴 : 인생의 득실(得失)이 꿈과 같아 구분키 어렵다는 말이다. 정(鄭)나라 사람이 땔나무를 하다가 사슴을 잡게 되었는데, 남이 볼까 두려워 구덩이 속에 넣고 나뭇잎으로 덮어두었다. 나중에 그곳을 다시 찾지 못하자, 그것이 꿈이려니 생각하고 혼잣말을 했는데, 곁에서 그 말을 들은 자가 사슴을 찾아서 가져갔다고 한다.《列子 卷3 周穆王》

300 골짜기……잊었네 : 알지 못하는 사이에 사물이 변했음을 비유한 말이다.《장자》〈대종사(大宗師)〉에 "골짜기에 배를 감추고, 못 속에 산을 감추면 안전하다고 한다. 그러나 밤중에 힘센 자가 와서 짊어지고 가버리면 바보는 알지 못할 것이다.〔藏舟於壑, 藏山於澤, 謂之固矣. 然而夜半有力者, 負之而走, 癡者不知也.〕"라고 하였다.

301 고개……생각하네 : 고향으로 돌아가려 한다는 의미이다. 여우가 죽을 때는 제 살던 굴이 있는 언덕 쪽으로 머리를 돌리고 죽는다고 하는 호사수구(狐死首丘) 고사를 가리킨다.

맑은 강굽이를 서글피 바라보니 悵望澄江曲
푸른 산이 객선을 둘렀네 靑山繞客舟

단양을 찾아가는 자 欲尋丹峽者
반드시 충주 가는 길 묻네 問路必忠州
온종일 나귀를 천천히 몰다가 盡日驢徐踏
순풍에 배를 잠시 띄웠네 便風舟暫浮
벼슬하여 헌신하기 본래 쉬운 일인데 致身元自易
머리 긁으며 생각하매 수심을 어이하랴 搔首奈如愁
어진 종형제와 헛되이 약속해놓고 賢從空懷約
더디게 다시 가을을 보내네 遲遲再送秋

옛날 구름까지 솟으려던 기개가 伊昔凌雲氣
슬피 읊조리며 대머리를 원망하네 哀吟怨禿頭
하늘땅 어디에서 머무를 건고 乾坤安所泊
인간세상 이렇게 함께 떠가네 人世此同浮
그림자 무서워하며 해를 향해 달리고[302] 畏影猶趨日
묵정밭 개간해도 아직 결실이 없네 勤菑未見秋
문장 솜씨야 비록 짧으나 雖然文采短
또한 조유[303]는 사모하지 않으려네 亦不慕曹劉

302 그림자……달리고 : 그늘 아래서 쉴 줄은 모른 채, 자기 그림자를 무서워하여 이를 피하려고 전력 질주하다가 쓰러져 죽은 우자(愚者)의 이야기가 《장자》 〈어부(漁父)〉에 나온다.

서왕모의 복숭아를 훔친 객이 偸桃王母客
한나라 조정에 내려와 노닐었지[304] 曾下漢廷遊
미모는 세상을 놀라게 할 정도였고 玉貌聊驚世
대궐문은 역참을 지나듯이 하였네 金門似閱郵
선실에서 간사함을 꺾은 날이었고[305] 折姦宣室日
상림의 사냥을 간하던 가을이었네[306] 諫獵上林秋
천년 뒤에 그저 바라보니 千載空相望
하늘에 목성이 남아 있다네[307] 蒼蒼木宿留

303 조유(曹劉) : 후한 시대 뛰어난 시인인 조식(曺植)과 유정(劉楨)을 합칭한 말이다. 후한 말기 헌제(獻帝)의 건안(建安) 연간에 시로는 삼조(三曹)와 건안칠자(建安七子)가 가장 명성이 높았는데, 그중에서도 조식과 유정이 가장 뛰어났으므로 이 둘을 합칭하여 말한 것이다.

304 서왕모의……노닐었지 : 한(漢)나라 동방삭(東方朔)은 자가 만천(曼倩)으로 한무제가 즉위하여 사방의 인재를 구할 때에 등용되어 상시랑(常侍郎), 태중대부(太中大夫) 등을 지냈다. 해학을 즐기면서 지혜가 많았는데, 선계(仙界)에 가서 서왕모(西王母)가 심은 반도(蟠桃)를 훔쳐 먹고 삼천갑자를 살게 되었다는 고사가 있다.

305 선실에서……날이었고 : 한무제가 고모 관도공주(館陶公主)가 사사로이 총애하는 동언(董偃)을 위해 선실(宣室)에 술자리를 벌이게 되었다. 이에 동방삭이 선실은 선대 황제께서 거처하던 궁궐이므로 법도에 맞는 자가 아니면 들어가지 못한다고 간하여, 무제가 술자리를 북궁(北宮)으로 옮겼다고 한다. 《漢書 卷65 東方朔傳》

306 상림의……가을이었네 : 한무제가 상림원(上林苑)을 만들려고 하자 동방삭이 옳지 못함을 간하였는데, 무제가 그 말을 쓰지 않으면서도 상으로 금 100근을 내렸다. 《漢書 卷65 東方朔傳》

307 하늘에……있다네 : 목성(木星)은 세성(歲星)이다. 동방삭이 한무제를 18년 동안 모시다가 죽은 뒤에 그동안 보이지 않던 세성이 비로소 하늘에 다시 보이자, 무제가 "내 옆에 있던 동방삭의 전신이 바로 세성인 줄을 지금까지 몰랐구나."라고 탄식했다는 설화가 있다. 《史記 卷126 滑稽列傳》

별이 떨어지니 제갈량이 슬프도다	星隕悲諸葛
몸이 죽으니 오장원의 가을일세[308]	身殲五丈秋
한 번 구멍을 뚫으매 화정에 불이 세찼고	一竅炎井熾
여덟 진을 치매 귀신의 솜씨라 근심하였네[309]	八陣鬼工愁
지윤은 마음이 서로 통하고	摯尹心相照
이오는 그릇이 넉넉지 않네[310]	夷吾器未優
임금께 보답한 〈출사표〉가 있고	報君師表在
하물며 대를 이어 나라 위해 죽었음에랴[311]	殉國況箕裘

308 별이……가을일세 : 촉한(蜀漢)의 제갈량(諸葛亮)이 오장원(五丈原)에 진을 치고 위(魏)나라 사마의(司馬懿)와 대치할 적에, 어느 날 밤 큰 별이 날아와 그의 진영으로 떨어졌는데, 잠시 후에 제갈량이 죽었다는 고사를 가리킨다.

309 한 번……근심하였네 : 제갈량이 지모를 떨친 것을 비유한 말이다. 염정(炎井)은 중국 촉(蜀) 땅 임공현(臨邛縣) 서남쪽에 있는 화정(火井)으로 제갈량이 처음 발견했는데, 제갈량이 이곳에서 올라오는 화력을 세차게 하여 소금을 더 많이 생산하였다고 한다. 팔진도(八陣圖)는 제갈량이 창안한 매우 신묘한 진법으로 어복포(魚腹浦)에 구축한 팔진에 오(吳)나라 장수 육손(陸孫)이 빠져 고생한 이야기가 전한다.《三國志演義》

310 지윤(摯尹)은……않네 : 제갈량이 은(殷)나라 이윤(伊尹)과 지향이 같았고, 제(齊)나라 관중(齊)과 같기를 구하지 않았다는 말이다. 이윤의 이름이 지(摯)이다. 이윤은 탕왕(湯王)을 도와 하(夏)나라 걸왕(桀王)을 멸망시키고 난세를 평정한 뒤에 선정을 베푼 은나라의 이름난 재상이다. 이오(夷吾)는 춘추 시대 제 환공(齊桓公)의 재상인 관중(管仲)의 자(字)이다.《논어》〈팔일(八佾)〉에 "관중은 그릇이 작다.〔管仲之器小哉.〕"라고 평한 공자의 말이 나온다.

311 임금께……죽었음에랴 : 제갈량이 두 차례 출정하면서 출사표를 올린 것과 아들과 손자마저 전쟁터에서 죽은 것을 가리킨다. 제갈첨(諸葛瞻, 227~263)은 제갈량의 장자로 자는 사원(思遠)이다. 제갈상(諸葛尙, ?~263)은 제갈첨의 아들이다. 위나라 등애(鄧艾)가 정서장군(征西將軍)이 되어 촉한을 공격할 때 음평(陰平)에서 진군하여 성도(成都)를 불시에 침공하면서 면죽(緜竹)에 주둔해 있던 호위장군(護衛將軍) 제갈

첨에게 '항복하면 낭야왕(琅琊王)으로 봉해주겠다'는 편지를 보냈다. 이에 제갈첨은 그 사자를 죽이고 위나라 군대를 맞아 분전하다가 제갈상과 함께 죽었다. 《三國志 卷35 蜀書 諸葛亮傳》

병술년 늦가을에 흔연관에 유숙하며 짓다[312]

丙戌季秋 宿欣涓館作

산관에 가을도 저물어	山館秋正晏
국화는 피고 난초는 벌써 시들었네	菊秀蘭已委
울리던 시내는 소리 없이 적막하고	鳴澗寂無音
낙엽은 얕은 물에 쌓여 있네	落葉堆殘水
낙엽을 쓸어 맑은 물 모아	掃葉淘其淸
얼굴을 씻고 이도 닦네	頮面復漱齒
돌에 걸터앉아 고승을 기다리다가	跂石待高僧
구름이 차가워 소매 떨치고 일어나네	寒雲拂袖起
내가 이곳에 와서 잔 것이	我來此地眠
몇 번인지 알 수 없는데	不知曾幾度
늘 술과 밥에 곤경을 겪었으니	常多酒食困
대체로 속인을 끌고 왔기 때문이네	蓋挈凡人故
푸른 등불에 깡마른 중을 마주하니	靑燈對枯禪
성긴 창에 서리 이슬 모였네	疏牕集霜露
취향이 비록 길이 다르나	趨向雖異途

312 병술년……짓다 : 1826년(순조26) 가을에 이재관(李在寬, 1783~1837)의 화실 흔연관(欣涓館)에서 지은 시이다. 이재관의 본관은 용인(龍仁), 자는 원강(元綱), 호는 소당(小塘)이다. 화원(畵員)으로 벼슬은 감목관(監牧官)을 지냈다. 1837년 태조의 어진(御眞)을 모사한 공으로 등산 첨사(登山僉使)가 되었다. 화조, 초충, 물고기 그림에 뛰어났으며, 특히 초상화를 가장 잘 그렸다고 한다.

사모하는 바가 같음이 기쁘네	所悅同所慕
새벽에 일어나 높은 언덕 올라	晨興陟高阜
높은 산줄기를 빙 둘러보니	延覽衆山鬼
첩첩이 모였다가 다시 옆으로 뻗고	合遝復橫袤
불쑥 자욱한 안개 위로 솟네	竦然出渺靄
만약 평지를 만들고 싶으면	若欲作平地
반드시 큰 바다를 뒤집어야 하리	應須翻大海
중의 말이 사람의 수명으론	僧言人壽短
이 일을 기대할 수 없다네	此事不可待

병술년 10월 6일에 계모임을 하고 짓다

丙戌初冬初六脩稧作

산빛은 쓸쓸하고 물기운 찬데	山色凄凄水氣寒
늦가을 지나 초겨울 적막하구나	初冬牢落九秋闌
숲의 단풍은 나의 쇠약한 모습과 어울리고	林楓和我皺衰相
울타리 국화는 그대가 작은 관직 생각함을 비웃네	籬菊笑君懷冷官
눈앞의 술지게미로는 누대 쌓아올릴 만한데	眼底糟臺須但築
흉중의 먹물은 이미 모두 말랐네[313]	胸中墨瀋已全乾
바리때 음식으로 올해의 모임을 억지로 여니	鉢盂强作今年會
죽음과 이별 서글퍼 갈피를 잡지 못하네	哀死傷離爲緖難

313 눈앞의……말랐네 : 술을 마시며 어울릴 수는 있으나 가슴속에 학문과 풍류가 이미 쇠퇴했다는 의미이다. 원문의 '조대(糟臺)'는 술지게미로 만든 누대인데, 술을 많이 마신 것을 의미한다. 당나라 이백(李白)의 〈양양가(襄陽歌)〉에 "만일 이 강물이 봄 술로 변한다면, 쌓인 누룩으로 술지게미 누대를 만들리라.〔此江若變作春酒, 壘麴便築糟丘臺.〕"라고 하였다. 《李太白集 卷6》

상사로 가는 홍중심 희준 을 보내며[314]

贈別上使洪仲深 羲俊

영주에서 글을 짓다 사신의 수레에 기름치니	綴筆瀛洲使轄膏
대대로 전대의 명 받아 노고를 사양치 않네[315]	世承專對不辭勞
우리나라 사람들은 이미 가업을 이은 것 축하하고	東人已賀裘傳冶
중국 선비들은 응당 봉황에 털이 있음을 알리라[316]	華士當知鳳有毛

314 상사로……보내며 : 1826년(순조26) 동지 겸 사은사로 연경으로 떠나는 홍희준(洪羲俊, 1761~1841)에게 지어준 시이다. 홍희준의 본관은 풍산(豊山), 자는 중심(仲深)이다. 1804년(순조4) 정언을 지내고 1807년 시독관(侍讀官)에 임명되었다. 이듬해 공충좌도 암행어사로 나갔다가 돌아와 통정대부로 자급이 올랐으며, 1816년 대사성에 올랐다. 1819년 대사간을 거쳐 홍문관 제학·이조 참판·대사헌을 역임하고 1826년 한성부 판윤을 지냈으며, 같은 해 동지사의 정사(正使)로 청나라를 다녀왔다.

315 영주(瀛洲)에서……않네 : 홍희준의 생부(生父) 이계(耳溪) 홍양호(洪良浩, 1724~1802)는 두 차례에 걸쳐 연경을 다녀오면서 중국의 석학들과 교유해 문명을 날렸으며, 고증학을 수용·보급하는 데 기여하였다. 영주는 신선이 사는 삼신산의 하나로, 궁궐에서 붓을 잡고 벼슬하는 것을 비유한 말이다. 전대(專對)는 외국에 사신으로 나가서 독자적으로 응대하며 일을 처리하는 것을 말한다.

316 우리나라……알리라 : 부조(父祖)의 가업을 계승한 뛰어난 자질을 소유한 자손을 가리키는 말이다. 원문의 '구전야(裘傳冶)'는 가업을 계승하는 것을 가리키는 말로, 《예기》〈학기(學記)〉에 "활을 잘 다루는 자의 아들은 키를 잘 만들게 되고, 쇠를 잘 불리는 자의 아들은 갖옷을 잘 만들게 된다.〔良弓之子, 善爲箕, 良冶之子, 善爲裘.〕"라고 한 데서 온 말이다. '봉유모(鳳有毛)'는 자질이 빼어남을 비유한 말로, 진(晉)나라 명신 왕도(王導)의 아들 왕소(王劭)가 부친처럼 비범하였는데, 환온(桓溫)이 왕소를 보고는 "대노가 봉의 터럭을 가지고 있는 것이 원래 당연하다.〔大奴固自有鳳毛.〕"고 찬탄하였다. 대노(大奴)는 왕소의 자(字)이다. 《世說新語 容止》

계문의 나무에 찬 안개[317]는 하늘 밖의 빛깔이고	薊樹寒煙天外色
금대의 새벽달[318]은 눈 속에 높이 떴으리	金臺曉月雪中高
타국에서 마음에 드는 일은 교유가 제일이니	殊方得意交遊在
일학과 운룡을 몇 명이나 만날까[319]	日鶴雲龍政幾遭

317 계문(薊門)의……안개 : 연경(燕京) 외곽에 있는 계문이란 곳의 연기와 안개 속에 한 줄기 장림(長林)이 수백 리에 은은히 비쳐 보이는 계문연수(薊門煙樹)를 가리키는데, 이는 연경 팔경(燕京八景)의 하나이다.

318 금대(金臺)의 새벽달 : 금대는 연경에 있는 누대로 일명 황금대(黃金臺)라고도 한다. 본래 금대석조(金臺夕照)라 하여 이곳의 저녁 풍경이 연경 팔경(燕京八景) 중 하나이다.

319 일학(日鶴)과……만날까 : 천하의 빼어난 인재들을 많이 만난다는 의미이다. 원문의 '일학운룡(日鶴雲龍)'은 진(晉)나라 재사(才士) 순은(荀隱)과 육운(陸雲)에 얽힌 고사를 가리키는 말이다. 순은의 자(字)는 명학(鳴鶴)이고, 육운의 자는 사룡(士龍)이다. 장화(張華)의 처소에서 서로 처음 만날 때 장화는 두 사람이 모두 출중한 분들이니 자기소개를 하되 평범한 말로 하지 말라고 주의를 주었다. 이에 육운이 "나는 구름 사이의 육사룡이오.〔雲間陸士龍.〕"라고 하니, 순은이 "나는 태양 아래 순명학이오.〔日下荀鳴鶴.〕"라고 대답했다고 한다.

부사로 가는 신취미와 작별하며[320]

別副使申翠微

육십 년 전에 홍담헌은	六十年前洪湛軒
반·엄·육와 함께 생사를 걸고 교제했지[321]	潘嚴陸暨死生論
여행 중에 강남 선비 만나거든	君行若晤南中士
세 분 후손이 있는지 물어주시오	爲問三家有後昆

삼절의 장생은 옛날에도 드물어[322]	三絶張生古未多
천애에 눈물 다하니 그대를 어이하랴	天涯淚盡奈伊何
당년에 동국의 인사를 몹시 사랑했는데	當年酷愛東人士

320 부사로……작별하며 : 1826년 동지사 부사로 연경에 가는 신재식(申在植, 1770~1843)에게 준 시이다. 신재식의 본관은 평산(平山), 자는 중립(仲立), 호는 취미(翠微)이다. 1805년(순조5) 문과에 급제, 내외직을 두루 거쳐 벼슬이 판서에 이르렀다. 1826년 동지사 부사로 청나라에 다녀왔고, 1836년(헌종2) 익종(翼宗)의 태실가봉(胎室加封) 때 제조(提調) 겸 서표관(書標官)이 되었으며, 동지사 정사로 청나라에 다녀왔다.

321 육십 년……교제했지 : 담헌(湛軒) 홍대용(洪大容, 1731~1783)이 1765년(영조41) 35세의 나이로 북경에 가서 엄성(嚴誠)·반정균(潘庭筠)·육비(陸飛) 등과 깊이 사귀었는데, 모두 절강성 전당(錢塘) 출신이었다. 이에 대해서는 연암 박지원이 지은 묘지명이 참고가 된다. 《燕巖集 卷2 洪德保墓誌銘》

322 삼절(三絶)의……드물어 : 장생(張生)은 풍고가 1792년(정조16)에 동지사 서장관으로 북경에 갔을 때에 만나 사귀었던 청나라 장도악(張道渥, 1757~1829)을 가리킨다. 장도악은 산서성 부산(浮山) 출신으로 자는 수옥(水屋)·봉자(封紫), 호는 죽휴(竹畦)이고, 장풍자(張風子)·기려공자(騎驢公子)란 별호가 있다. 울주 지주(蔚州知州)를 역임하였다. 그림, 글씨, 시에 능해 삼절이라 일컬어졌다.

지금은 한 줄기 흘러간 물결을 누가 이었을꼬　一派今誰接逝波

꿈을 이을 길 없이 바다 모퉁이에서 늙으며　續夢無緣老海隈
지난 세월 속에서 금대를 회상하네　前塵影裏憶金臺
서생의 신분이 홍려시 관원에 미치지 못하나　書生不及鴻臚屬
오히려 해마다 한 번씩 달려가네[323]　猶得年年走一回

323 꿈을……달려가네 : 풍고가 장도악을 만나고 돌아온 이후로 늘 그리워하였고, 사신 편에 편지를 자주 주고받은 것을 가리킨다. 금대(金臺)는 연경에 있는 누대로 황금대(黃金臺)라고도 한다. 풍고가 북경에 체류 중에 이곳에서 장도악을 만났는데, 장도악이 좋은 붓이라며 특정한 제품을 소개하자 그 붓을 사서 써본 일이 있다. 또한 풍고가 그에게 보낸 편지를 보면 연행 이후로도 매우 그리워하며 소식과 시문을 주고받았음을 알 수 있다. 홍려시(鴻臚寺)는 빈객의 접대·조회·제사 등을 행할 때 예법을 관장하는 관청 이름이다.《楓皐集 卷16 大水判》《楓皐集 卷10 與張水屋道渥》

첨추 양택구가 편지로 소식을 묻기에 드디어 절구와 남과 10매를 보내서 지난가을 축수시를 보내준 호의에 답하다[324]

楊僉樞澤九有書相問 遂贈以絶句及南菓十枚 庸答前秋壽詩之惠

문장이 샘솟으니 골짜기에 쏟아지는 물이런가	混混詞源倒峽飛
천작이 여유롭고 붉은 관복을 입었네[325]	優優天爵服緋衣
아름다운 열매를 나누는 뜻을 그대는 아는가	分將嘉實君知否
그대 사는 평양에 이런 과실 드물리라	西土君如此果稀

324 첨추……답하다 : 양택구(楊澤九)는 중화 양씨(中和楊氏)로 평양의 외천방(外川坊) 출신이다. 호는 조파(棗坡)이고 벼슬은 첨추(僉樞)에 올랐다.

325 천작(天爵)이……입었네 : 천작은 하늘에서 내려준 작위로 덕이 충만하여 저절로 존귀하게 되는 것을 말한다.《孟子 告子上》'비의(緋衣)'는 붉은색 관복으로, 높은 벼슬을 뜻하는 말이다.

시사 사람들과 함께 짓다

與社中人共賦

은촛대 높이 밝혀 서가를 비추는데	高燒銀燭照書墻
가로 비낀 매화 그림자에 밤 향기 은은하네	梅影橫斜惜夜芳
질병은 한가할 때엔 오래 끈들 대수랴	病是閑時那怕久
명성은 술 마신 자라야 오래 남길 수 있네	名惟飮者可圖長
인재를 구함에 약상자 속에 창출을 모으고 싶고[326]	需材欲貯籠中朮
기운을 토함에 좌석 위에 향기로움 모두 이루었네	吐氣皆成座上香
이웃집 닭 울음 들리도록 기쁨이 끝이 없으니	聽徹隣鷄歡未了
옥산의 곁에 바둑판과 술동이가 낭자하네[327]	碁樽狼藉玉山傍

326 약상자……싶고 : 창출(蒼朮)은 인삼(人蔘)과 함께 의원이 애용하는 중요한 약재이다. 당나라 원행충(元行沖)이 적인걸(狄仁傑)을 보고 "삼출지계(蔘朮芝桂)로 질병(疾病)을 막아야 한다."라고 하니, 적인걸이 "그대는 내 약상자의 물건이니, 하루도 없어선 안 된다."라고 하였다. 《新唐書 卷200 元行沖傳》

327 옥산(玉山)의……낭자하네 : 옥산은 시사(詩社)에 참여한 사람을 고상하게 표현한 말이다. 삼국 시대 위(魏)나라 혜강(嵇康)이 풍채가 뛰어났는데, 그의 친구 산도(山濤)가 평하기를 "평소에는 꼿꼿한 모습이 마치 소나무가 홀로 서 있는 것과 같은데, 술에 취하기만 하면 몸이 기울어 마치 옥산이 무너지려는 것과 같다.〔巖巖若孤松之獨立, 其醉也, 傀俄若玉山之將崩.〕"라고 하였다. 《世說新語 容止》

수선화
水仙花

방장산 신선의 꽃이 무리 중에 빼어나	方丈仙葩秀出群
겨울에 푸른 잎이 잇달아 돋아나네	玄冬抽葉綠紛紛
다른 꽃들 따라서 봄비를 다툴까 부끄러워	羞從衆艷爭春雨
고상한 정을 물가 구름에 의탁해두었다오	任是高情托水雲
파도를 밟는 비단 버선은 자건을 놀라게 하고[328]	羅襪凌波驚子建
눈 같은 흰머리는 문군을 원망케 하리[329]	白頭如雪怨文君
밤이 되어 매화형을 벗하여 자니	夜來却伴梅兄宿
향기며 빛깔을 도무지 구분할 수 없네	香色都無兩可分

328 파도를……하고 : 자건(子建)은 위(魏)나라 조식(曹植)의 자(字)이다. 그가 사모하던 견씨(甄氏)를 신녀(神女)에 의탁하여 지은 〈낙신부(洛神賦)〉에 "물결 위를 가만가만 걸으니, 비단 버선에 티끌 이누나.〔凌波微步, 羅襪生塵.〕"라는 구절이 있다.

329 눈……하리 : 흰머리는 버림받은 여인이 이별을 슬퍼하며 부른 〈백두음(白頭吟)〉을 가리킨다. 한(漢)나라 문장가 사마상여(司馬相如)가 무릉(茂陵) 땅의 여자를 첩으로 맞이하려 하자, 그의 아내인 탁문군(卓文君)이 〈백두음〉을 지어서 결별의 뜻을 드러내니, 상여가 첩 들이기를 취소했다는 고사가 있다. 《西京雜記 卷3》

꿈에서 연구 하나를 얻었다가 아침에 일어나 완성하였다. 병술년 납월 소한이다[330]

夢得一聯 朝起足成 丙戌臘月小寒也

꿈속에서 어딜 갔었는지	夢裏適何處
깨고 나서 시구를 자랑하네	醒來詩句誇
봄 나무 그림자 아래 말이 지나고	馬行春樹影
석양 비치는 집에 중이 서 있네	僧立夕陽家
진경을 또렷하게 기억할 수 있으니	眞境森猶記
시간이 흘러도 어긋나지 않으리	他時恰不差
고요히 그윽한 향기 풍기니	寂然聞暗馥
책상에 수선화가 있네	床有水仙花

330 꿈에서……소한이다 : 1826년(순조26) 12월 소한에 지은 시이다.

의민을 기다려도 오지 않다[331]

待義民不至

매일 아침에 오고 또 저녁에도 오더니	每日朝來復暮來
아침이 되어도 오지 않으니 무슨 연유인가	朝來不至爲何哉
아마 해진 갈옷으로 아침 냉기를 쏘였거나	應緣破褐衝朝冷
아니면 산바람 맞아서 되돌아갔으리	却被山風吹遣回

331 의민(義民)을……않다 : 의민은 원유영(元有永)의 자(字)이다. 본관은 원주(原州), 호는 광산(匡山)이다. 자세한 이력은 알 수 없고, 1798년(정조22) 2월 22일에 삼일제(三日製)에서 삼하(三下)를 맞은 기록이 있고, 함창 현감(咸昌縣監)을 지낸 기록이 있을 뿐이다.

밤에 먹으로 장난삼아 글씨를 쓰자 보는 사람들이 가지려 다투기에 장율 한 수를 나오는 대로 읊다

夜爲墨戲傍人爭取之 漫吟長律

붓에 먹물 찍고 흰 종이 펼치고서	柔毫飽蘸雪牋明
어지러이 당시를 쓰니 사경이 되었네	亂寫唐詩到四更
손이 부드러우니 어찌 옛 법을 따를 수 있나	手軟何能追古法
몸이 한가로워 그저 내 기쁜 마음을 붙일 뿐이네	身閑聊自寄歡情
등불 앞에 다투는 모습을 빙그레 바라보고	燈前笑見紛挐影
창밖에 귀뚜라미 소리를 시끄럽게 듣네	窓外喧聞蟋蟀聲
나에게 벽이 많아 글씨 우열 잊었으나	多癖於吾忘巧拙
우선 종이를 남겨 그대가 완성하기를 기다리네	且留餘軸待君成

제석날
除夕

어느새 이날 저녁 세모가 되어	此夕忽忽及歲除
등불 앞에 멍하니 앉으니 내 심정 어떠한고	燈前嗒坐意何如
한 살을 더 먹어도 무방한 줄 알지만	亦知添齒無妨事
나이 먹을수록 독서하지 않음이 부끄럽네	堪愧逾多未讀書

풍고집

제6권

詩시

시詩

옥호정사에서 시사의 벗들과 함께 짓다[1]

壺舍 與社伴共賦

해가 바뀌고 어느덧 이십 일이 지나　　新年鼎鼎二旬經
봄의 감흥 일어 작은 정자에 앉았네　　管領春思坐小亭
전날 밤 매화에 내린 눈이 땅에 하얗게 깔렸으니　　梅雪前宵鋪地白
어느 날 버들에 낀 안개가 연못을 푸르게 덮을까　　柳煙何日鎖塘青
새들은 처음 말 배우는 아이들처럼 조잘대고　　禽如稺子言初學
산은 반쯤 잠에서 깬 미인처럼 나른하네　　山似佳人睡半醒
부끄러워라, 늙어가며 필력이 약해져　　慚愧老來虧筆力
형형색색 그대로를 그려내지 못하네　　不成摹寫肖形形

1　옥호정사에서……짓다 : 저자의 나이 63세 되던 1827년(순조27)경에 지은 시이다. 《풍고집》 권6에 실린 시는 1827년(순조27)부터 1831년(순조31) 사이에 지은 작품인데, 대체로 연대순으로 배열되어 있지만 순서가 뒤바뀐 시도 간혹 있다.

도성을 나가

出城

일찍 마차를 준비시켜 동북방 언덕으로 향하니　夙戒巾車向艮岡
눈부신 복사꽃이 아침 햇살에 아름답기도 해라[2]　桃花艷彩最朝陽
그대와 함께 해그림자 살피니 흐르는 세월이 짧고　同君視蔭流年短
마음껏 봄나들이 하느라 하루가 바쁘네　任我行春鎮日忙
집 안의 다된 밥도 버려둔 채 먹지 않고　家裏飯成抛不喫
성 모퉁이 멀건 막걸리를 부러 사서 마시니　城隅酒薄買還嘗
비장을 깨우는 잠깐의 별미에 불과해도　醒脾只是須臾味
목숨 걸고 먹는 복어맛과 대등하다 하리　猶謂河豚一死當

2 일찍……해라 : 서울의 성북동 일대에서 봄나들이를 한 것을 가리킨다. 원문의 '간강(艮岡)'은 북동쪽 언덕이란 의미인데, 혜화문 밖 성북동의 북저동(北渚洞) 일대를 가리키는 듯하다. 기록에 따르면 북저동은 혜화문 밖 북쪽에 있으며, 동(洞) 가운데 복숭아나무를 벌여 심어서 봄철에 복사꽃이 한창 피면, 도성 사람들이 다투어 나가서 놀며 구경하므로 민간에서는 도화동(桃花洞)이라 불렀다고 한다. 어영청의 성북둔(城北屯)이 있었으며 북사동(北寺洞)이라고도 하는데 옛날에 묵사(墨寺)가 있었기 때문에 묵사동(墨寺洞)이라고도 한다. 맑은 시내의 언덕을 따라 주민들이 복숭아나무를 심어서 생활한다고 한다.《新增東國輿地勝覽 卷3 東國輿地備考 第2篇 漢城府》

정해년 봄날에 석한을 생각하다 눈물을 뿌리며 이 시를 짓는다[3]

丁亥春日 思石閒灑淚賦此

봄은 다시 돌아왔건만 사람은 돌아오지 않고	春自再歸人不歸
북망산의 봄풀만 하릴없이 우거졌네	北山芳草空菲菲
무덤은 숙취로 인해 길이 누운 것인가	埋因酲宿倘長臥
슬픔은 눈물이 마른 후에도 내달리려 하네	悲到淚乾思奮飛
슬프다, 지금 나만 쓸쓸히 홀로 남았는데	哀我踽凉今獨在
그대처럼 빼어난 사람 옛날에도 드물었네	似君奇絶古眞稀
남겨진 딸이 주리고 병들어도 누가 보살펴줄까	遺嬌饑病誰相問
동풍이 불어와도 쓸쓸히 사립문 닫혀 있으리	寂寂東風掩舊扉

3 정해년……짓는다 : 정해년(1827, 순조27)에 선배이며 지기였던 석한(石閒) 김조(金照, 1754~1825)를 회상하며 지은 시이다.

시골 주막[4]

野店

아침에 흥인문을 나서서 朝出興仁門
현암의 집 멀리 바라보네 却望玄巖莊
예순셋 먹은 노인이 六十三歲人
어찌 근력이 세다 자랑하랴 寧誇筋骨强
백오십 리 길이 一百五十程
험하고 멀지 아니한가 不亦阻且長
지난날 올 때는 어찌 그리 바빴고 昨來何疾疾
지금 가는 길 어찌 이리 황급한지 今去何遑遑
아마도 길옆에 구경하는 이들이 將無道傍觀
나를 손가락질하며 미쳤다 여기리 指點疑余狂
미치는 것도 참으로 용이하지 않으니 狂信未容易
미치지 않았기에 이렇게 바쁜 것이네 非狂故此忙
뜬구름 인생은 본래 부산스럽고 浮世本擾擾
사람의 일이란 대체로 번잡스러우니 人事多穰穰
조물주가 장난을 몹시 좋아하여 造物偏愛劇
그저 헤아릴 뿐 자세히 알 수 없네 可臆不可詳

4 시골 주막 : 저자의 나이 63세 되던 1827년(순조27)경에 지은 시이다. 동대문을 나서서 경기도 이천(利川)에 마련한 시골집을 향해 가다가 도중의 주막에 들러 경물과 소회를 읊은 시이다. 본문에 나오는 현암(玄巖)이 바로 풍고가 만년에 시골집을 마련한 경기도 이천시 백사면(栢沙面) 현방리(玄方里)를 가리킨다.

보지 못했는가, 바람에 날리는 쑥대가 不見逐風蓬
동서남북으로 구르는 것을 東西南北方
수레 멈추고 시골 주막에 드니 停車入野店
대문이 작은 언덕을 마주했는데 門對小土岡
소나무며 참나무가 저절로 울타리 이뤄 松槲自成籬
가랑비 속에 연무가 자욱하네 細雨着煙光
베개에 기대 잠시 누웠더니 支枕暫頹然
주인이 기장밥을 내오는데 主人供炊粱
봄꿈이 오래전에 깨었기에 春夢久已醒
한번 웃고 배불리 먹었네[5] 一笑爲飽嘗

5 베개에……먹었네 : 풍고가 잠시 낮잠을 잔 것을 한단지몽(邯鄲之夢)에 비유하여 표현한 말이다. 당나라 때에 노생(盧生)이란 사람이 한단(邯鄲)의 여관에서 도인(道人) 여옹(呂翁)을 만나 자신의 곤궁한 신세를 한탄하자 여옹은 노생에게 목침을 주고 잠을 자게 하였다. 노생은 꿈속에서 온갖 부귀영화를 다 누리다가 깨었는데, 여관 주인이 짓던 누런 기장밥이 아직 익지도 않은 짧은 시간이었다고 한다. 《枕中記》

부용벽[6]

芙蓉壁

여울 돌아 모래밭 열리고 골짜기가 굽어 도니	灘轉沙開峽勢回
관기가 사리에 밝아 그득한 술잔 권하네	官娥曉事勸深杯
풍광이 부용벽에서 끝나지 않아	風光未了芙蓉壁
다시 도화동 입구를 지나왔네	又過桃花洞口來

충청북도 청풍면의 부용벽과 도화동. 해동지도

6 부용벽(芙蓉壁) : 충청북도 청풍면에 있는 절벽으로 그 맞은편이 도화동(桃花洞)이다.

동행한 벗들에게 지어 보이다

示同行諸伴

완적은 흉중에 속물이 없었고[7]	阮籍胸中無俗物
장군에게 읍한 손님은 이름난 선비였네[8]	將軍揖客有名儒
생황 불며 술통 싣고 표연히 떠나니	吹笙載酒飄然去
참신선 만나면 그와 함께하리	若遇眞仙定與俱

7 완적(阮籍)은……없었고 : 동행한 벗들이 모두 완적처럼 세속의 욕망을 초월했다는 의미이다. 삼국 시대 위(魏)나라 때 혜강(嵇康), 완적(阮籍), 산도(山濤), 유령(劉伶) 등이 죽림(竹林)에서 술을 마실 적에 왕융(王戎)이 뒤늦게 도착하자, 완적이 "속물이 또 와서 사람의 흥치를 깨뜨린다.〔俗物已復來敗人意.〕"라고 핀잔을 준 고사가 있는데, 왕융은 상아로 만든 주판을 손에 쥐고 밤낮으로 돈을 계산할 정도로 재물 모으기를 좋아하는 등 세속의 욕심을 아직 초월하지 못했다는 평을 받기도 하였다. 《世說新語 排調 儉嗇》

8 장군에게……선비였네 : 동행한 벗들이 모두 급암(汲黯)처럼 이름난 선비라는 의미이다. 한(漢)나라 대장군 위청(衛青)이 막부를 열었을 적에, 급암이 찾아와 읍(揖)만 하고 절〔拜〕을 하지 않자, 그 이유를 물으니 "대장군에게 읍객(揖客)이 있다면 그것이 오히려 대장군을 중하게 해주는 것이 되지 않겠는가."라고 하였는데, 위청이 그 말을 듣고는 더욱 그를 어질게 여겼다는 고사가 있다. 《史記 卷120 汲黯列傳》

도담[9]

島潭

귀신이 깎아 흔적 없는데 형체는 남아　鬼鑿無痕尙有形
건너편 산 뚫린 곳으로 푸른 하늘 비쳐 드네　隔山呀處透天靑
배가 오면 열렸다 배가 떠나면 도로 닫히니　舟來舟去開還掩
바위 대문이 천년토록 빗장을 쓰지 않았네　石闕千年不用扃

9 도담(島潭) : 충청북도 단양군의 남한강 속에 위치한 도담삼봉 주위의 물을 가리키는 말이다. 물 가운데 솟은 도담삼봉이 유명한데, 가운데 큰 바위가 장군봉, 왼쪽이 첩봉, 오른쪽이 처봉이라 한다. 또한 도담삼봉에서 가까운 건너편 산에는 석문(石門)이 있는데, 바위산에 아치형으로 구멍이 뚫려 있다. 이 시는 도담삼봉 쪽에서 석문을 바라보며 읊은 시로 보인다.

청풍의 족숙께 써서 올리다[10]

書呈淸風族叔

웃으며 맑은 강 가리키며 그대와 이별하니	笑指澄江別與君
그대는 이 물이 일만 갈래로 나뉨을 보소	君看此水萬波分
본래 처음 태백산에서 졸졸 흐르던 물방울인데	原初太白涓涓滴
한 갈래가 멀리 적석의 구름에서 내려왔네[11]	一派遙從積石雲

10 청풍(淸風)의……올리다 : 충청도 청풍에 사는 어떤 사람에게 준 시로 보이는데, 누구인지는 미상이다.

11 본래……내려왔네 : 남한강이 두 곳에서 발원하여 하나로 합쳐진 것을 가리키는데, 아울러 청풍의 족숙과 비록 시조가 같으나, 중도에 파가 갈라진 집안의 정황을 비유한 말로 추정된다. 《연려실기술》 〈지리전고(地理典故) 총지리(摠地理)〉에 보면 남한강의 발원지를 둘로 보는데, 하나는 강릉의 오대산 우통수(于筒水) 금강연(金剛淵)에서 나왔고, 다른 하나는 속리산에서 발원한 물이 청천(靑川), 괴산(槐山), 연풍(延豐) 등의 작은 지류들과 합쳐져 충주 서남쪽에 이르러 달천(達川)이 되어 청풍을 지나온 남한강 본류와 합수해 흐른다고 하였다. 원문에 나오는 '적석(積石)'은 미상인데, 청풍 족숙의 선대와 관련이 있는 말로 추정된다.

구담의 푸른 절벽[12]

龜潭蒼壁

옥순봉[13]에 시를 쓰고	題詩玉筍峯
단양 강물에 붓을 빠네	濯筆丹江水
석양 무렵 닻줄을 당기니	纜索引夕陽
맑은 바람 쉼 없이 불어오네	淸風吹未已
층층절벽 깎은 듯 서 있고	層壁立如削
꼭대기 소나무도 백 척이 되는데	巓松亦百尺
만약 생황 부는 신선 있다면	若有吹笙仙
달 밝은 밤에 응당 내려오리	應來月明夕
절벽 아래 깊은 못 있어	壁下有泓潭
깊고 푸르러 헤아릴 수 없네	淵碧不可測
그대는 돌을 던지지 마소	請君莫投石
엎드린 신물 깨울까 두렵소	恐驚神物伏

12 구담(龜潭)의 푸른 절벽 : 구담은 단양 서쪽 8킬로미터 지점인 단성면(丹城面) 장회리(長淮里)에 있는 절경으로 남한강을 따라 깎아지른 듯한 장엄한 기암괴석이 마치 거북과 닮았다 하여 구봉(龜峰)이라고도 하였다.

13 옥순봉(玉筍峰) : 단양팔경의 하나로 단양 서쪽 9킬로미터 지점 단성면 장회리에 있으며, 우후죽순 솟아오른 천연의 모습 때문에 옥순봉이란 이름을 얻었다고 한다. 1549년(명종4) 단양 현감으로 부임한 퇴계(退溪) 이황(李滉)이 석벽에 '단구동문(丹丘洞門)'이란 글씨를 새겼다고 한다.

수일암[14]

守一菴

나무를 갈라 산골 샘물 끌어오니	刳木引山泉
산골 주방에 빗소리처럼 울리네	山廚鳴似雨
뉘 알랴, 마시고 남은 물이	誰知飮餘水
흘러서 농민의 고충을 구제할지	去救農人苦

14 수일암(守一菴) : 단양팔경의 하나인 상선암(上仙巖)의 경천벽(擎天壁) 옆에 있던 작은 암자이다.

흥원을 지나며[15]

過興元

중원의 산빛이 보기에 넉넉한데	中原山色望中賒
봄 지나니 강 남쪽에 꽃조차 보이지 않네	春盡江南不見花
물밖에 하늘하늘 자라난 볏모가 사랑스럽고	出水秧鍼憐細細
바람 타고 비스듬히 나는 제비가 보기 좋네	翻風燕子喜斜斜
푸른 버들 제방 밖에는 나귀 탄 나그네요	綠楊堤外騎驢客
방초 우거진 다리께에는 술 파는 주막 있네	芳草橋頭賣酒家
가다가 친구 집에 닿아도 저물지는 않으리니	行抵故人應未暮
말안장 수고롭다 탄식할 것 없네	勞勞鞍馬不須嗟

15 흥원(興元)을 지나며 : 흥원은 흥원창(興原倉)을 가리킨 것으로 당시 여러 기록에 한자가 자주 혼칭되었다. 흥원창은 오늘날 원주시 부론면 홍호리 부근에 있었는데, 충주(忠州)의 가흥창(可興倉), 춘천(春川)의 소양강창(昭陽江倉)과 함께 수참선(水站船)으로 세곡을 운반하는 참운(站運)의 좌수참(左水站)에 속한다. 가흥창과 흥원창은 충주를 지나 흘러온 남한강을 사이에 두고 멀지 않은 거리에 남북으로 있었다.

배 안에서 당나라 사람의 운을 뽑아 함께 짓다[16]

舟中 拈唐人韻共賦

높은 제방의 방초는 맑은 하늘과 가깝고	堤高芳草近晴天
나무 조밀한 어촌에 저녁 연기 오르네	樹密漁村上晩煙
여러 해 동안 험지를 건넘은 그대 덕분이고	藉汝長年工涉險
일천 수 지으며 시상이 샘솟는 그대가 부럽네	饒君千首思騰泉
봉황의 울음인가 생황소리 금엽을 울리고[17]	笙疑鳳喉調金葉
거위처럼 누런 술 생각하며 옥 술잔에 따르네[18]	酒憶鵝兒瀉玉船
고맙게도 서풍이 돛배를 멀리 보내니	多謝西風遙送帆
분명코 내일이면 삼선암[19]에 닿으리	分明來日泊三仙

16 배……짓다 : 인용된 당나라 사람의 시는 두 수인데, 위의 시는 담용지(譚用之)의 〈좌선배에게 드리다〔寄左先輩〕〉라는 시의 운자를 따랐고, 아래의 시는 이상은(李商隱)의 〈무제(無題)〉라는 시의 운자를 따랐다. 담용지의 시는 세상의 모든 일을 잊고 은거하여 이백(李白)처럼 술을 마시며 신선처럼 살고 싶다는 내용이고, 이상은의 시는 봄이 찾아온 규중의 모습을 묘사하여 꽃을 보며 임을 그리워해도 반드시 만날 수 없는 여인의 애절한 심정을 읊었다.

17 봉황의……울리고 : 금엽(金葉)은 생황에 꽂는 쇠붙이로 얇게 만든 청인데, 이것이 진동하여 소리를 낸다.

18 거위처럼……따르네 : 두보(杜甫)의 시에 "거위 새끼 노란 것이 술 빛깔과 흡사해서, 술잔을 앞에 하니 더더욱 사랑스러워라.〔鵝兒黃似酒, 對酒愛新鵝.〕"라는 표현이 있다.《杜少陵詩集 卷12 舟前小鵝兒》 원문의 '옥선(玉船)'은 옥으로 만든 배 모양의 술잔으로 옥주(玉舟), 옥주선(玉酒船)이라고도 한다. 소식(蘇軾)의 시에 "내일은 두 사람을 벌주려고, 두 개의 옥 술잔 벌써 씻어두었네.〔明當罰二子, 已洗兩玉舟.〕"라는 표현이 있다.《蘇東坡詩集 卷34 次韻趙景貺督兩歐陽詩破陳酒戒》

고생스레 몇 골짜기를 뚫고 지나왔나　　辛苦曾穿幾峽來
느릅꽃 핀 여울가에 또 우레소리 울리네　　楡花灘上又驚雷
힘써 상앗대 저으며 평생의 힘을 다 썼지만　　進篙力用平生盡
노를 돌리면 반나절이면 돌아올 줄 마음으로 아네　　返棹心知半日廻
낚시 드리움은 물고기 탐하는 마음 간절해서지만[20]　　垂釣應多羨魚意
배를 비우는 것 또한 냇물 건너는 재주라오[21]　　虛舟亦是濟川才
가고 가서 점차 신선 세계 가까워지니　　行行漸近仙岑界
티끌 세상 돌아보매 생각조차 다 식었네　　回首紅塵一念灰

19 삼선암(三仙巖) : 충청북도 단양군 단성면의 단양천 상류에 있는 상선암・중선암・하선암을 통칭하는 말로 세 바위가 각각 단양팔경에 속한다.

20 낚시……간절해서지만 : 낚시를 드리운 것이 도리어 출세를 탐하는 수단이라는 의미이다. 당나라 맹호연(孟浩然)의 〈동정호에 이르러 장승상께 올리다〔臨洞庭上張丞相〕〉라는 시에 "내를 건너려 해도 배가 없으니, 한가로운 생활이 임금님께 부끄럽소. 앉아서 낚시 드리운 자를 바라보니, 헛되이 물고기만 부러워하고 있도다.〔欲濟無舟楫, 端居恥聖明. 坐看垂釣者, 徒有羨魚情.〕"라고 하였다.

21 배를……재주라오 : 배를 비우듯이 욕망과 기교를 비우는 것이 도리어 좋은 계책이 된다는 말이다. 《주역》〈중부괘(中孚卦) 단(彖)〉에 "큰 냇물을 건넘이 이로움은 나무를 탔고 배가 비었기 때문이다.〔利涉大川, 乘木, 舟虛也.〕"라고 하였다.

자라를 놓아주며

放鼈

용이 혹시 물고기 옷을 입고 왔는가 하여[22]	龍子將無魚服來
배 안에서 점을 치니 우레 뒤에 비가 이었네[23]	舟中筮易雨承雷
차마 잠시 굽고 끓일 준비를 하게 했다가	忍令炰臛須臾具
도리어 쾌활하게 너른 파도로 돌려보내라 하였네	却許滄波快活廻
그물을 푼 일에 나는 성인의 가르침 생각하노니[24]	解網吾猶思聖訓
다리를 이룬 일을 사람들은 신묘한 재주 일컫네[25]	成橋人謂有神才

22 용이……하여 : 고귀한 용이 물고기로 변한 고사가 있듯이 자라도 고귀한 태생이라는 말이다. 유향(劉向)의 《설원(說苑)》에 흰 용이 평범한 물고기로 변하여 청령연(淸泠淵)에서 노닐다가 예저(豫且)라는 어부의 작살에 눈을 맞았다는 백룡어복(白龍魚服) 고사가 전한다. 《說苑 卷9 正諫》

23 배……이었네 : 점을 쳐서 《주역》의 〈해괘(解卦)〉를 얻었으므로 자라를 놓아줄 수밖에 없다는 말이다. 우레 뒤에 비가 이어졌다는 것은 뇌수(雷水) 해괘(解卦)를 의미한다.

24 그물을……생각하노니 : 원문의 '해망(解網)'은 어진 덕성을 상징하는 말이다. 본래는 전렵(田獵)할 때 그물의 한쪽을 약간 터놓아 짐승을 다 잡지 않는다는 뜻으로, 탕왕(湯王)의 인덕(仁德)을 나타낸 말이다. 탕왕이 들에서 어떤 사람이 사방을 막은 그물을 쳐놓고 "모두 이 그물 속으로 들어오라."라고 비는 것을 보고, 자신은 그물의 3면을 터놓은 채 "왼쪽으로 갈 것은 왼쪽으로 오른쪽으로 갈 것은 오른쪽으로, 그렇지 않을 것만이 그물 속으로 들어오라."라고 기원한 고사가 있다. 《史記 卷3 殷本紀》

25 다리를……일컫네 : 주목왕(周穆王)이 군대를 일으켜 동진(東進)하다가 구강(九江)에 이르러서 길이 막혔는데, 강 속의 자라를 떠오르게 하여 다리를 만든 다음에 건너가서 월(越)나라를 쳤다는 전설이 있다. 《竹書紀年 卷下》 아울러 고구려 주몽(朱蒙)이 동부여(東扶餘)의 핍박을 피해 달아나다 개사수(蓋斯水)에 이르러 하늘에 기원

인간 세상 근심과 기쁨이 흔히 네 신세와 같으니　世間憂喜多如汝
몇 번이나 곤명지의 겁회를 보았던가[26]　幾度昆明見刼灰

하자, 자라떼가 떠올라 다리를 놓아 주몽 일행이 탈출할 수 있게 도와주었다는 전설이 전한다.《世宗實錄 地理志 平安道 平壤府》

26 인간……보았던가 : 세상의 길흉화복이 순식간에 변한 일이 유구한 역사에서 무수히 반복되었다는 의미이다. 불교의 설에 따르면, 하나의 세계가 끝날 즈음에 겁화(刼火)가 일어나서 온 세상을 다 불태운다고 한다. 한나라 무제(武帝) 초기에 곤명지(昆明池)의 밑을 파니 땅속에서 검은 재가 나왔다. 이것이 무엇인지 아무도 몰랐으나 동방삭(東方朔)이 보고 "서역(西域) 사람이 알 것이다."라고 하였는데, 후에 인도 승려 축법란(竺法蘭)이 "바로 그것이 겁화를 당한 재〔刼灰〕"라고 대답했다는 고사가 전한다.《高僧傳 卷1 竺法蘭》

한벽루[27]
寒碧樓

파(巴) 자 모양으로 흐르는 맑은 강을 건너와 越絶澄江巴字流
청심루[28]를 벗어나 처음으로 누각에 올랐네 淸心樓外始登樓
하늘은 한강 상류 천겹 골짜기에 열렸고 天開漢上千重峽
땅은 호서의 오십 고을에서 빼어나네 地勝湖西五十州
이른 여름 보리밭에 단비가 왔단 말 들어 기쁘고[29] 雨麥喜堪聞早夏
깊은 가을 단풍 어우러진 풍경 보지 못해 한스럽네 霜楓恨未見深秋
우리 집안은 이곳에 선대의 남은 자취 많으니[30] 吾家於此多先躅
해 저무는 화려한 난간 머리서 배회하네 落日徘徊畫檻頭

27 한벽루(寒碧樓) : 충청북도 제천시 청풍면에 있는 유명한 누각이다. 본래 청풍현이 군으로 승격한 것을 기념하여 1317년(충숙왕4)에 객사 동쪽에 지었는데, 도중에 여러 차례의 중수를 거쳤고, 1985년 충주댐 건설로 이 지역이 수몰됨에 따라 청풍문화재단지로 옮겨 세웠다.

28 청심루(淸心樓) : 여주의 관아에 딸린 건물로 강가에 임하여 객사(客舍)로 사용되었다.

29 이른……기쁘고 : 비가 때맞춰 내려 보리가 풍년이 든다는 의미이다. 원문의 '조하(早夏)'는 음력 4월을 가리키는데 이때가 바로 보리가 익는 맥추(麥秋)이다.

30 우리……많으니 : 풍고의 선대가 청풍과 맺은 인연이 적지 않은데, 예컨대 김수증(金壽增, 1624~1701)이 한벽루에 편액을 남긴 일이 있고, 김창협(金昌協, 1651~1708)이 1687년(숙종13)부터 2년간 청풍 부사(淸風府使)를 지낸 일이 있다.

서창을 지나는 배 안에서[31]

西倉舟中

산골에서 묵으니 바람이 이는 곳 알겠고	峽宿知風自
배에서 읊다 보니 해가 저무는 것 잊었네	舟吟忘日過
나무하는 아이는 호랑이 표범 무서워 않고	樵兒輕虎豹
고기 잡는 어부는 바람 파도 개의치 않네	漁父傲風波
험한 여울 적어 잠시 기쁘다가	暫喜危灘少
좋은 바위 많아 되레 수심이네	還愁好石多
강에 자욱한 안개비 속에	滿江煙雨裏
쓸쓸히 앉으니 뜻이 어떠한가	悄坐意如何

31 서창(西倉)을……안에서 : 서창은 여러 곳에 있는 지명인데, 여기서는 청풍에 있던 서창점(西倉店)을 가리키는 듯하다.

탄금대에서 옛일을 조문하다[32]

彈琴臺弔古

전하는 말로 옛날에 신선이　　傳言古仙人
이곳에서 가야금을 연주하다가　　此地弄琴曲
곡이 끝나매 떠나서 돌아오지 않아　　曲終去不回
강은 비고 산은 겹겹이 푸르렀다네　　江空山翠複
내가 와 보니 강물은 얕아　　我來江水淺
풀은 무성하고 자갈밭 드러났네　　草萋露沙礫
서로 어울려 잠시 배회하다　　相携暫徘徊
험한 바위 옆에 배를 매었네　　危磯繫刳木
내가 개연하여 문득 누차 탄식한 것은　　慨余忽屢歎
신선의 아득한 자취 때문이 아니니　　非爲渺靈跡
아! 우리의 노련한 장수가　　嗟嗟我宿將
임진년에 교활한 적에게 죽어서라네　　龍年死狡敵
몸을 가벼이 여김은 충심이 있어서이거니와　　輕身秖有心
악전고투가 어찌 힘이 없어서가 아니었으랴　　惡戰豈無力

32 탄금대(彈琴臺)에서 옛일을 조문하다 : 탄금대는 충청북도 충주에 있는 사적으로 신라 진흥왕 때 우리나라 3대 악성(樂聖) 중 하나인 우륵(于勒)이 이곳에서 풍류를 즐기며 가야금을 연주하던 곳이라 하여 붙여진 이름이다. 임진왜란 때 신립(申砬, 1546~1592) 장군이 군사 8천여 명을 거느리고 왜장 가토 기요마사(加藤淸正)와 고니시 유키나가(小西行長)의 대군을 맞아 배수진을 치고 싸우다 패하여 강물에 몸을 던져 죽었다.

진도사의 전철과 우연히 같았고[33] 偶一濤斜轍
회음의 공적 다시 얻을 수 없었네[34] 未再淮陰績
바위에 뛰어올라 노여움 풀기도 전에 超石怒未洩
아득히 깊은 못 속으로 몸을 던졌네 冥然赴深碧
누가 문관들 입을 막아 誰塞文吏口
길이 장사의 배 속을 불만케 하였나[35] 長懣壯士腹
성패는 바로 천운에 달린 것이라 成敗卽天運
후손들이 쌓인 음덕을 이어받았네[36] 雲仍由善積

33 진도사(陳濤斜)의……같았고 : 명망 있고 노련한 장수가 진법의 응용을 잘못하여 실패한 것을 의미한다. 진도사는 섬서성(陝西省)에 있는 지명이다. 당나라 하남(河南) 사람 방관(房琯)이 756년 10월에 군사를 거느리고 안록산(安祿山)을 정벌하겠다고 자청하여 병마절도사가 되어 4만여 군사를 거느리고 진도사에서 적군과 접전하였다. 이때 방관이 직접 중군(中軍)을 거느리고 춘추 시대의 거전법(車戰法)을 흉내 내어 소가 끄는 수레 2천 승(乘)과 보병으로 진을 쳐서 적과 대치하니, 적들이 바람을 이용하여 소리를 지르고 불을 놓아 공격하여 방관의 군이 대패하였다. 《資治通鑑 卷219 唐紀》

34 회음(淮陰)의……없었네 : 신립이 한(漢)나라 장수 회음후(淮陰侯) 한신(韓信)의 배수진을 모방하여 전투를 치르다 패배한 것을 가리킨다. 한신이 오랜 전쟁에 지친 군사를 이끌고 조(趙)나라 대군과 맞서 싸울 때에 일부러 강물을 뒤에 두고 배수진을 쳐서 군사들로 하여금 사생결단의 투지를 이끌어내 대승을 거둔 일이 있다. 《史記 卷92 淮陰侯列傳》

35 누가……하였나 : 신립은 본래 훌륭한 가문에서 생장하여 문무를 겸비한 인재로서 북방의 야인(野人)을 진무하는 데 큰 공을 세워 당시 왕실과 조야가 모두 의지하던 명장이었다. 그런데 임진왜란을 당하여 탄금대에서 패전하고 나자, 역사를 맡은 사관과 문인들이 배수진의 잘못만 지적할 뿐, 신립의 변함없는 충정과 창졸간에 오합지졸을 이끌고 왜적과 싸우다 패배하게 된 전후사정을 객관적으로 서술해주지 않는 풍조를 지적한 말로 보인다.

36 후손들이……이어받았네 : 신립은 3남 2녀를 두었다. 아들 경진(景禛)은 인조반정

어찌 알았으랴, 이날 죽은 공이　　焉知此日死
겹겹 성곽보다 못하지 않은 줄을　　功不下重廓
슬피 읊조려 영웅의 혼백 위로하노니　　悲吟弔雄魄
여울 소리가 더욱 서글픔 자아내네　　灘聲增惻惻

검문은 천하의 험지였지만　　劍門天下險
음평의 굽이길 끊지 못했네[37]　　未截陰平曲
지장이 복장만 못한 법이니　　使智不如福
첩첩한 산줄기 믿을 게 못 되고 말고[38]　　無賴山嶺複

에 공을 세워 영의정 평성 부원군(平城府院君)이 되었는데, 신립 역시 그 덕으로 영의정에 추증되었다. 나머지 두 아들도 인조반정에 참여한 공로로 경유(景裕)는 동평군(東平君), 경인(景禋)은 동성군(東城君)이 되었다. 맏딸은 신성군(信城君) 후(珝)의 부인이 되었고, 막내는 이대엽(李大燁)에게 시집갔다. 그 후로 손자와 증손들도 모두 높은 벼슬을 지내 혁혁한 문벌을 이루었다.

37 검문(劍門)은……못했네 : 아무리 험준한 요새라도 방비를 단단히 하지 못하면 허물어진다는 의미이다. 검문은 사천성(四川省) 성도(成都) 북쪽에 있는 천혜의 요새이다. 삼국지에 따르면 촉(蜀)을 토벌하라는 사마소(司馬昭)의 명을 받은 종회(鍾會)와 등애(鄧艾)는 검문관에서 강유(姜維)의 강력한 저항을 받았다. 이에 등애는 음평(陰平)으로 돌아와 수백 리 험난한 오솔길을 통해 강유관(江油關)에 도착하여 면죽(綿竹)까지 일거에 달려 성도를 공격하였다. 이에 촉한의 유선(劉禪)은 갑자기 위나라 병사가 들이닥치자 변변히 대항하지도 못하고 옥새를 바치고 항복하였다. 《三國志 卷28 魏書 鄧艾鍾會傳》

38 지장이……말고 : 신립이 지혜가 있는 장수였어도 타고난 복이 없어 험준한 자연지세가 도움이 안 되었다는 의미이다. 지장(智將)과 복장(福將)은 전해오는 말에 "지혜로운 장수는 복이 있는 장수만 못하다.〔智將不如福將.〕"라는 말에서 따온 말이다. 《東軒筆錄 卷一》

참된 안목 갖추지 못한다면　不能具眞眼
어떻게 옥과 자갈을 구분하랴　何以辨璞礫
본말을 헤아릴 줄 모른다면　不知揣本末
높은 다락도 한 치 나무와 나란하리[39]　岑樓齊寸木
이식만 하여 떠도는 이야기를 귀히 여기고　耳食貴常談
연슬에 따라 행적의 평가를 가벼이하네[40]　淵膝輕執跡
양을 몰고 싸우니 아이들 장난과 같았고　羊戰類童嬉
장사치를 몰고 가서는 이리에 대적할 수 없었네[41]　毆市非狼敵

39 본말을……나란하리 : 어떤 일을 평가하려면 그 근본 원인과 경과를 자세히 살펴야 한다는 말이다. 《맹자》 〈고자 하(告子下)〉에 "그 근본을 헤아리지 않고 그 끝만을 가지런히 한다면, 한 치 되는 나무를 높은 누대보다 더 높게 할 수 있다.〔不揣其本, 而齊其末, 方寸之木, 可使高於岑樓.〕"라는 내용이 있다.

40 이식(耳食)만……가벼이하네 : 신립이 패배한 이유를 따지지 않고, 패배한 장수라 하여 그의 모든 행적까지 평가절하하는 세태를 지적한 말이다. 이식은 귀로 들은 것만으로 판단하는 것을 말하는데, 세상에 떠도는 이야기를 그 전모를 따지지 않고 믿어버리는 것을 말한다. 연슬(淵膝)은 고우면 무릎에 앉히고 미우면 못에 떨어뜨린다는 추연가슬(墜淵加膝)의 준말로, 좋아하고 싫어하는 데 따라 처벌이 지나치게 변덕스러움을 뜻한다. 자사(子思)가 말하기를 "오늘날의 군주는 사람을 기용하기를 마치 무릎에라도 앉힐 듯이 하고, 사람을 물리치기를 마치 못에 떨어뜨릴 듯이 한다.〔今之君子, 進人若將加諸膝, 退人若將墜諸淵.〕"고 하였다. 《禮記 檀弓下》

41 양을……없었네 : 당시 신립이 오합지졸을 이끌고 가서 강한 적군과 대치하여 패배할 수밖에 없던 형국을 지적한 말이다. 송시열이 지은 묘지명에 따르면 당시 신립이 출정하면서 제도(諸道)의 군대를 모집하였으나 모두 이르지 않으므로 부득이 도하(都下)의 무사(武士)들과 한유(閒遊)하던 사람들을 모집하여 군대를 편성하였는데 삼의사(三醫司)까지 낄 정도였다고 한다. 《宋子大全 卷173 都巡邊使贈領議政平陽府院君申公墓碣銘幷序》 아울러 원문의 양과 이리는 양을 이끌고 이리와 싸운다는 '구양전랑(驅羊戰狼)' 고사를 원용하여 비유한 말이다.

꼴과 콩을 이처럼 주지 않고서 芻豆許不與
천리마에게 어찌 힘을 요구하랴 驥騏安責力
조정의 계책 이토록 어두웠으니 廟筭此茫然
수수방관한 것은 공적 세우기 꺼린 것과 같았네 越視同忌績
인생에 무엇이 중할까 人生孰爲大
몸을 죽여 푸른 하늘에 보답했네 殉身答穹碧
준마를 타고 군문 앞에서 호령하다 乘駿嘷門前
포위되자 물고기 배 속으로 나아갔으니 繫圈出魚腹
두 가지 행동 어찌 그냥 나왔으랴 二事豈徒爾
참으로 정성이 축적된 까닭이네 諒由精誠積
나의 유람 마침 이곳에 닿으매 我遊適此地
강산이 문득 슬프고 허전해지네 江山倏悲廓
옛일 논하면서 실정을 따져보지 않음에 대해 尙論不原情
양심을 지닌 자로서 억울해하는 바일세 生性所悱惻

하선암[42]

下仙巖

하선암에서 말을 내리니 下馬下仙巖
시냇물 졸졸 흐르네 溪水流潺湲
사람들 말이 이 시냇물은 人言此溪流
태백산에서 발원한다 하네 源發太白山
고창은 이 산에 딸린 고을로 古昌邑玆山
선조께서 그 사이에 터전을 잡았는데[43] 先祖鄉其間
벼슬에 나아가 현달하고부터 一自仕宦顯
여러 대를 돌아올 줄 몰랐네 累世不知還
나 또한 이 나라에 태어나 我亦生王國
드디어 원로의 반열에서 늙어[44] 遂老鵷鷺班

42 하선암(下仙巖) : 단양팔경의 하나로 단양천 상류에 있는 상선암 · 중선암 · 하선암을 삼선암(三仙巖)이라 일컫는다.

43 고창(古昌)은……잡았는데 : 고창은 안동의 옛 지명으로 태백산 남쪽에 있고, 풍고 일행이 있는 곳은 단양으로 태백산 북서쪽이므로 모두 태백산의 범위에 들어 있다. 안동 김씨의 시조 김선평(金宣平)은 926년(경애왕3) 고창 성주(古昌城主)가 되었으며, 930년(경순왕4) 이른바 고창 전투에서 권행(權幸), 장정필(張貞弼)과 함께 향병(鄉兵)을 모아 태조 왕건(王建)을 도와서 견훤을 물리쳤다.

44 나……늙어 : 원문의 '왕국(王國)'은 성군이 다스리는 나라라는 의미이다. 《시경》 〈문왕(文王)〉에 "빛나는 많은 인재가 이 왕국에서 나왔도다. 왕국에서 제대로 인재를 내었나니 주나라의 동량이 되리로다. 많은 훌륭한 인재가 있으니 문왕이 이 때문에 편안하시리라.〔思皇多士, 生此王國, 王國克生, 維周之楨, 濟濟多士, 文王以寧.〕"라는

때로 이 고장을 그리워해도 有時睠玆土
연월처럼 멀어 찾아가기 어려웠네 燕越絶相攀
뜻밖에 이런 말 들으니 不意聞此言
두려운 마음에도 기쁨이 얼굴에 드러나네 心惕喜動顔
내 생각에 이 물의 맛은 我思此水味
선조께서 늘 마시던 것이라 先祖飮之嫺
사람이 물과 땅의 기운을 받고 태어나 人生稟水土
혈맥이 순환함과 같으니 血脉如循環
우리 선조 마시던 물 내가 마시면 飮我先祖飮
정신은 반드시 서로 이어지리 神理必相關
잔에 담아 배 속 가득 마셔 酌言飮滿腹
단번에 나의 어리석음을 씻어내네 一洗我愚頑
다시 생각건대 이로부터 거리가 更思從此去
험로가 백 리를 넘지 않으리니 不踰百里艱
어찌하면 속세의 구속을 떨치고서 安得謝塵累
선조의 고을에서 한가한 백성이 될까 祖鄕爲民閒

말이 있다. 원로(鵷鷺)의 반열이란 원추새와 백로의 모습이 한아(閑雅)하고 질서가 있어서 조정에 늘어선 백관을 비유하는 말로 곧잘 쓰인다.

유 상사 순서 흥경 의 〈상선암〉에 차운하다[45]

次柳上舍舜瑞 興慶 上仙巖韻

예부터 산수기에서 일컫기를　古來山水云
승경은 반드시 바위 때문이며　勝者必以石
바위가 없으면 곧 범상하고　無石卽庸常
바위는 또한 흰색을 귀하게 여긴다 하였네　有石亦貴白
세 선암이 모두 바위가 빼어나　三巖皆石勝
대체로 속세와는 아주 다르네　大抵與凡隔
하선암은 우뚝 솟아오른 형세로　下仙類崛起
저울과 자로 재는 것 용납지 않네　不屑爲衡尺
중선암은 자못 자태를 뽐내　中仙頗矜飾
문채와 물색이 밝게 열렸네　文物有朗闢
내 생각에 상선암은　伏惟上仙巖
자잘한 돌과 큰 바위 어우러져　細斲兼鉅劃
귀신이 지혜와 힘을 다 써서　鬼工畢智力
기묘함 드러내며 조금도 아끼지 않았네　發洩不復惜
자잘한 옥돌은 곤오도[46]로 깎았고　玉是昆吾刻

45 유상사……차운하다 : 유흥경(柳興慶, 1771～?)은 본관은 문화(文化), 자는 순서(舜瑞)이다. 1803년(순조3)에 생원시에 합격하였으나 별다른 관력이 없다가 1833년(순조33)에 강릉 참봉(康陵參奉)을 역임하였다. 상선암(上仙巖)은 단양팔경의 하나로 상선암·중선암·하선암을 묶어 삼선암이라 부른다.

46 곤오도(昆吾刀) : 곤오산(昆吾山)의 광물을 제련해서 만든 보검으로, 옥을 자를

흰 바위는 태곳적부터 쌓였네　　雪從太始積
신령하고 신묘함에 눈이 어지럽고　　靈妙眼爲眩
넓고 화통하기가 마음에 흡족하네　　恢宕心共適
나는 신선들께 부탁하노니　　我願囑仙曹
속인의 발걸음 쉬이 허락하지 마소　　毋輕混塵跡

수 있다고 하여 곤오할옥도(昆吾割玉刀)라고도 불리는데, 주목왕(周穆王) 때 서호(西胡)가 바쳤다는 고사가 전한다. 《海內十洲記 鳳麟洲》

청풍 조 사군 길원 이 〈한벽루〉에 다시 차운하여 보내주기에 드디어 거듭 차운하여 답하다[47]

清風趙使君 吉源 再疊寒碧樓韻見寄 遂復次答之

천 겹 산이 금수병풍처럼 둘러싼 곳	千疊山圍錦繡屛
사또께서 단정히 앉아 구름 낀 물가를 바라보네	使君端坐對雲汀
송사가 한가하니 온종일 관인을 여는 일 드물고	訟閒盡日稀開印
아전들 돌아가매 맑은 바람이 절로 들창을 닫네	吏散淸風自掩櫺
빼어난 공적은 누각의 얼굴을 이미 바꾸었고	殊績亭樓顏已換
우람한 선정비는 부로들의 입에 먼저 새겨졌네[48]	豐碑父老口先銘
안타까워라, 멀리서 온 나그네 돌아갈 맘 간절하여	堪嗟遠客思歸切
사또의 깊은 정 저버리고 배를 풀라 재촉했네	虛負高情促解舲

47 청풍……답하다 : 조길원(趙吉源, 1766~?)의 본관은 배천(白川), 자는 성보(聖甫)이며 서울에 거주하였다. 1807년(순조7)에 진사시에 합격해 정릉 참봉(貞陵參奉)·사재 봉사(司宰奉事)·금부 도사(禁府都事) 등을 역임하고, 외직으로 안의 현감(安義縣監)·안산 군수(安山郡守) 등을 지냈다. 1823년부터 1828년까지 청풍 도호부사(淸風都護府使)를 지냈는데, 재결(災結)을 백성들에게 나눠주지 않았다는 죄목으로 배천(白川)에 유배된 일이 있다.

48 빼어난……새겨졌네 : 조길원이 오랫동안 청풍 도호부사를 하면서 많은 공적을 세웠다는 의미이다. 현재 청풍문화재단지에 금남루(錦南樓)가 있는데, 본래 청풍 관아에 있던 것을 충주댐 건설 당시 이곳으로 옮겨온 것이다. 이 누각은 1825년(순조25)에 부사 조길원(趙吉源)이 건립한 것으로 이후 수차례 중수했다. 건립 당시에 조길원이 "도호부절제아문(都護府節制衙門)"이란 현판을 써서 걸었다. 원문의 '풍비(豐碑)'는 공적을 기록한 선정비를 가리키는 말이다.

관동백 정선지에게 드리다[49]

贈關東伯鄭善之

정해년 여름 사월에	歲丁亥維夏四月
경산 학사가 나와 이별하면서 말하기를	經山學士別余曰
미천한 신하가 호남 관찰사를 힘껏 사양하다	賤臣敢力辭湖南
포만의 죄 범하여 벌을 달게 받으리라 여겼는데[50]	負犯逋慢甘當罰
성군의 도량 큰 하늘처럼 두루 포용해주시고	聖度包荒大穹昊
은혜의 물결 깊은 바다처럼 거듭 받았소	恩波重疊深溟渤

49 관동백 정선지에게 드리다 : 1827년(순조27)에 강원도 관찰사 정원용(鄭元容, 1783~1873)에게 준 시이다. 정원용의 본관은 동래(東萊), 자는 선지(善之), 호는 경산(經山)이다. 1802년(순조2) 문과에 급제, 내외직을 두루 거쳐 벼슬이 영의정에까지 올랐다. 1827년(순조27) 1월 17일에 전라도 관찰사에 임명되었으나 소를 올려 면직되었고, 얼마 후 3월 10일에 강원도 관찰사에 임명되었는데, 이 임명은 효명세자가 대리청정을 시작한 처음 조치라는 의미가 각별하다. 효명세자의 기대를 품고 이듬해 5월까지 관찰사를 맡아 도내의 폐단과 그 대책 12조목을 아뢰었다.《經山集 卷10 按察關東論本道事宜及諸弊狀(戊子)》《承政院日記 純祖 27年 1月 17日, 3月 10日》

50 미천한……여겼는데 : 정원용은 1827년(순조27) 1월 17일에 전라도 관찰사에 임명되었으나 22일, 25일, 27일에 세 차례 사직소를 올려 면직되었다. 사직소의 대략을 요약하면 정원용은 1822년(순조22) 이후 아버지와 어머니가 차례로 서거하여 모두 6년 동안 상례를 치렀는데, 그전에 화려한 벼슬에 나아간 것은 모두 어버이를 봉양하고 기쁘게 하려는 정성에 불과하였으므로 지금 다시 벼슬에 나아가는 것이 자신에게 아무런 의미가 없다는 것과 아울러 호남은 나라의 재정을 맡은 중요한 고장인데 삼정(三政)이 문란해져 온갖 폐단이 누적된 현실은 자신과 같은 재능으로는 도저히 감당할 수 없으므로 차라리 사직하고서 부모의 묘소를 지키며 여생을 살게 해달라는 취지이다.《承政院日記 純祖 27年 1月 17日, 22日, 25日, 27日》

죄를 지어 되레 영화를 꾀한다 뉘 말했는가	誰道將罪反媒榮
관동으로 가라는 명을 창졸간에 받았으니	往欽關東承倉猝
재주 없는 나는 전후로 똑같이 한 몸인데	匪才前後諒一身
미천한 정성이 엄한 부월을 번거롭게 하였소[51]	荐煩悃愊嚴鈇鉞
힘써 나아가 임금의 명에 숙배하고	黽勉委蛇肅寵命
새벽에 부절 받들고 대궐을 하직했으니	晨朝奉節辭金闕
한마디 주고받는 것은 예부터 중시한 일이라	乞言贈言古所重
공께선 아끼지 말고 나에게 가르침을 내려주오	公乎毋慳示津筏
내가 껄껄 웃으며 그대 팔뚝을 붙잡으니	余笑啞啞捉君腕
나는 그대 말이 끝나기 기다릴 필요 없네	我思不俟君言卒
예맥의 옛터는 어찌 이리 아득한지[52]	濊貊故墟何茫然
바다를 끼고 산에 막혀 백월과 다름없네[53]	枕海阻山如百粵

51 죄를……하였소 : 정원용은 효명세자의 대리청정이 시작된 후 1827년(순조27) 3월 10일에 강원 감사(江原監司)에 임명되었다. 이에 3월 17일과 27일에 사직소를 올려 사직했는데, 자신이 옛날 오대산 사고에 포쇄하러 가면서 강원도 백성의 삶을 목도한 바에 따르면 산골이나 해변의 백성들이 적은 소출과 많은 부역에 시달려 타도에 비해 삶이 각박하므로 훌륭한 목민관이 아니면 다스릴 수 없으니 다른 사람으로 바꿔 보내라는 취지이다. 이 소에 대해 효명세자는 자신이 뜻한 바가 따로 있으므로 너무 사직을 고집하지 말고 가서 다스리라는 말로 타일러, 정원용은 말미를 따로 얻어 부모의 산소에 성묘하고서 4월 17일에 하직인사를 올리고 강원도 관찰사로 부임하였다. 《承政院日記 純祖 27年 3月 10日, 17日, 27日, 4月 17日》

52 예맥(濊貊)의……아득한지 : 현재 강원도 일대를 예맥의 고토라고 하는 설이 있는데, 예(濊)는 강릉을 중심으로 한 영동지방을 이르고 맥(貊)은 춘천을 중심으로 한 영서지방을 통칭한다고 한다. 이중환(李重煥)은 《택리지(擇里志)》에서 "강원도를 예맥의 땅이라 하나 그 흥멸은 알 수가 없다."라고 하였다.

53 바다를……다름없네 : 강원도가 몹시 궁벽하다는 비유이다. 백월(百粵)은 중국 남쪽

백성은 사슴 멧돼지 같아 놀라 달아나기 일쑤고　氓如鹿豕易駭竄
땅은 비옥한 곳 없어 개간하고 일궈야 하네　土無膏腴宜墾垡
화전을 일구어 돌을 쪼개며 종신토록 고생하지만　燒雲鑿石終身苦
베옷은 몸을 가리지 못하고 방아 찧을 양식 없네　裳布不掩飯不䬳
포구의 생활이란 날고기를 먹으니[54]　浦港生涯奏鮮食
단인과 오귀[55]처럼 모두 황홀할 뿐이네　蛋人烏鬼共恍惚
처자를 팔아도 양식이 부족하고　鬻妻賣子供不足
부세가 늘 각박하여 죽을 지경이라네　徵求常棘底殄场
그대가 가서 위로함에 마음 계책 정해졌을 텐데　君往勞來心定畫
내가 앉아서 아는 것 말하려니 말조차 어눌하네　余坐領略口猶訥
비유하자면 그대는 큰 자라를 잡으려 하는데　譬則君將斫巨鰲
나는 구구하게 방게 맛을 음미하는 격이네　區區我方味蟛蠘
침묵한들 무엇이 손해며 말한들 무슨 보탬이 되랴　不言何損言何補
그대는 분우[56]의 임무에 온 힘을 다하시오　君效分憂但竭蹶
따로 한 계책으로 그대 귀를 어지럽히려 하니　別有一事欲溷君
듣고 나서 절대 오활하다 비웃지 마소　側耳切莫笑疏闊

지방인 복건(福建)과 광동(廣東) 등지에서부터 안남(安南) 지방까지를 이른다. 월인(越人)들이 거주하는 곳의 총칭으로, 부락이 매우 많았기 때문에 백월(百越)이라고도 한다.

54 포구의……먹으니 : 수토(水土)가 다스려지지 못하여 백성들이 곡식을 먹을 수 없으므로, 새・짐승・물고기・자라 등으로 살아간다는 말이다. 《서경》 〈익직(益稷)〉에 우(禹)가 말하기를 "익과 함께 여러 날고기를 먹게 하였다.〔暨益奏庶鮮食.〕"라는 구절이 있다.

55 단인(蛋人)과 오귀(烏鬼) : 단인은 남방의 어업에 종사하는 민족을 가리킨다. 오귀는 아프리카 흑인을 가리키는데, 물고기를 잡아먹는 가마우지를 가리키기도 한다.

56 분우(分憂) : 임금의 근심을 나눠 갖는다는 뜻으로, 지방관을 가리키는 표현이다.

천하의 명산이 서른여섯인데	天下名山三十六
예부터 중국 사람들이 모두 우열을 논했소[57]	古來華人盡揚扢
금강산만이 명산의 기록에 빠졌으니	金剛獨漏名山記
중국의 밖이라 애석할 따름이오	版圖之外堪咄咄
내가 일찍이 보지 못하고 이렇게 들었는데	我未曾見聞如是
이 산은 살이 없고 뼈만 있다고 하니	此山無膚惟有骨
상상컨대 조물주가 이 산을 세우며	想像造化設此山
정력과 기교를 다 기울여 몹시 애를 썼으리	精殫巧畢勞矻矻
대략 둘레가 삼백 리쯤 되고	大抵三百里周圍
일만 이천 봉우리가 높이 솟아서	一萬二千峯嵂屼
어떤 것은 물에서 씻겨 나온 연꽃과 같고	或如出水濯芙蓉
어떤 것은 책상 가득 상아홀을 꽂은 듯하며	或如滿床揷牙笏
어떤 것은 옛날 부처와 제자가 모인 듯하고	或如古佛弟子俱
어떤 것은 진인이 상제를 알현하는 듯하며	或如眞人上帝謁
어떤 것은 구름 위로 깃대를 떠받친 듯하고	或如雲外擎寶幢
어떤 것은 파도 사이에 버선을 끄는 듯하네	或如波間曳羅襪
솟아난 형세는 날이 시퍼런 사모[58]를 세운 듯하고	矗如廉利立蛇矛
나열되기는 편오를 지어 교벌[59]이 즐비하듯 하며	列如編伍比鮫瞂
기쁘기는 천녀가 우담바라를 뿌리는 듯하고	喜如天女散優曇

57 천하의……논했소 : 도가(道家)에서 인간세상에 신선이 산다는 명산 골짜기 서른여섯 군데를 꼽았는데, 이를 삼십육동천(三十六洞天)이라 한다. 《讀書紀數略 卷12 三十六洞天》

58 사모(蛇矛) : 창의 한 종류로 전장에 쓰는 무기이며, 장팔사모(丈八蛇矛)라고도 한다.

59 교벌(鮫瞂) : 상어 껍질로 만든 방패를 가리킨다.

사납기는 장군이 전투에 임한 듯하네　悍如將軍臨戰伐
머리를 모아 숙이니 함께 모의하는 듯하고　聚首而俯如合謀
어그러져 등지고 떨어지니 서로 다툰 듯하며　戾背而離如相艴
발톱을 펴고 허리를 실룩이니 용이 덮치는 듯하고　張爪蜿腰如龍挐
발굽 멈추고 갈기가 늘어지니 말이 여물 먹는 듯하네　植蹄垂鬉如馬齕
깃발처럼 펄럭이니 비단 수를 펼친 듯하고　旖旎如旗展錦繡
탑처럼 아득하니 아지랑이가 솟는 듯하고　縹緲如塔湧氛埻
교교히 빛나기는 밤에 빛나는 눈빛과 같고　皎皎如照夜雪暈
뭉게뭉게 피어남은 향 연기가 피어오르는 것 같네　蓊蓊如噴香煙酵
혹은 사자 코끼리 호랑이 사슴 물소가 웅크린 듯하고　或蹲獅象虎鹿兕
혹은 난새 봉황 두루미 황새 송골매가 비상하는 듯하네　或翔鸞鳳鶴鸛鶻
하늘까지 닿기로는 비로봉이 제일이라　最是毗盧頂摩天
고래 파도의 세찬 물결을 굽어보는데　壓臨鯨濤之洶汩
동쪽으로 부상[60]을 바라보니 삼만 리라　東望扶桑三萬里
손금을 보고 초승달을 바라보는 것과 같다네　似指掌紋看朒朏
갖가지 봉우리 모양이 똑같은 것이 없으니　峯形種種莫有同
바라보매 눈은 어질어질 마음은 뒤숭숭하네　視爲之眩心爲惰
구렁 되고 골짜기 되고 깊은 계곡 되어서　爲壑爲洞爲邃谷
들쭉날쭉 지세 따라 나타났다 사라지네　凹凸因勢異現沒
시냇물은 바위를 만나면 천만 가지 모양 되어　山泉得石狀千萬

60 부상(扶桑) : 동해(東海)를 가리킨다. 본래 부상은 동해 속의 신목(神木)으로, 해가 뜰 때 이 나뭇가지를 떨치고서 솟구쳐 올라온다고 한다.

못이 되고 폭포 되고 동굴도 되네 爲潭爲瀑爲陰窟
흩어지면 산골물 되고 합쳐지면 시냇물 되어 散爲澗溪合爲川
굽이치고 꺾이며 깊은 숲을 뚫고 흐르네 紆回曲折穿脩樾
물빛은 아란[61]을 둘러싸게 할 만하고 水光可遣阿蘭籠
돌빛은 변화를 월형당하게 할 만하네[62] 石色恐敎卞和刖
특히 웅장하기로는 구룡연이 제일이라 最是九龍淵特壯
천둥 울리고 분수처럼 내뿜어 안개비가 자욱하니 雷霆噴薄霧雨浡
보는 자들은 정신이 오싹하고 기가 꺾여 觀者神慄氣沮索
주춤주춤 물러나며 엉금엉금 기어가네 逡巡思却行勃窣
산속과 산 밖의 암자들 얼마였던가 山中山外幾寺菴
옛날에 흥성했다 지금은 사라진 곳도 있네 昔之興者今或忽
대체로 이 산의 기이함은 바위 때문이니 槩此山奇石所爲
노나라 초나라 역사서에서 사실을 뽑아야 하리[63] 摭實魯秋與楚杌
이 산이 신라 고려를 지난 이래 此山經歷羅麗來
양공을 만난 뒤에야 아껴둔 비경이 드러났네[64] 始遇楊公慳秘發

61 아란(阿蘭) : 아란야(阿蘭若)의 준말로 비구가 수행하는 조용한 장소를 가리키는데, 전하여 절을 가리킨다.

62 돌빛은……만하네 : 돌의 색깔이 옥돌과 다름없이 아름답다는 말이다. 춘추 시대 초(楚)나라 변화(卞和)가 산속에서 옥돌을 얻어 여왕(厲王)에게 바쳤다가 왼쪽 발을 잘리고, 무왕(武王)에게 바쳤다가 다시 오른쪽 발을 잘린 뒤, 세 번째로 문왕(文王)에게 바쳐 진가를 인정받았던 고사가 전한다. 《韓非子 和氏》

63 이……하리 : 금강산에 대한 기록은 신라, 고려, 조선의 역사서에서 찾을 수밖에 없다는 의미이다. 원문에 나오는 노(魯)나라 《춘추(春秋)》와 초(楚)나라 《도올(檮杌)》은 역사서를 상징하는 말이다.

64 양공(楊公)을……드러났네 : 양공은 조선 중기의 문인이자 서예가인 양사언(楊士

방조이신 연옹께서 일곱 번 주인이 되어[65] 旁祖淵翁七作主
늘 아궁이 연기가 구들을 검게 만들지 못했네[66] 長使家煙不黔堗
두 공이 떠난 뒤로 소리 없이 적막하여 二公去後寂無聲
세상의 경박한 자들만 부질없이 찾아드네 俗子冗人謾隳突
나의 속세 인연은 궁귀[67]와 닮아 我自塵緣似窮鬼
쫓아도 떠나지 않고 언제나 뒤엉켜 있네 驅之不去長相捽

彦, 1517~1584)을 가리킨다. 본관은 청주(淸州), 자는 응빙(應聘)이며, 호는 봉래(蓬萊)·완구(完邱)·창해(滄海)·해객(海客) 등이다. 1546년(명종1)에 문과에 급제하여 삼등·함흥·평창·강릉·회양·안변·철원 등 8고을의 수령을 지냈다. 회양 군수로 있을 때 금강산을 자주 유람하여 경치를 감상하였다. 그가 금강산 만폭동의 너럭바위에 초서로 쓴 '봉래풍악 원화동천(蓬萊楓嶽 元化洞天)'이란 여덟 글자는 날아갈 듯한 필세가 아름다워 후대 시인묵객들이 꼭 들러야 하는 필수코스가 되었다.

65 방조이신……되어 : 연옹(淵翁)은 삼연(三淵) 김창흡(金昌翕, 1653~1722)을 가리키는데, 풍고의 방계 4대조이다. 김창흡은 산천 유람을 특별히 즐겼는데, 19세 때인 1671년(현종10) 금강산을 유람한 것을 시작으로 일곱 차례 금강산을 찾았는데, 주로 5,60대에 집안의 풍파를 겪을 때마다 그 울화를 달래려 자주 유람한 것으로 보인다. 김양행(金亮行)이 지은 행장에는 "선생께서 젊어서부터 명산 유람에 벽이 있어서 화란을 겪고부터는 매양 슬프거나 울분이 치밀 때마다 곧 유람을 통해 풀었으니, 우리나라의 그윽한 냇물과 기이한 언덕, 너른 바다와 거대한 산악에 이르기까지 발걸음이 미치지 않은 곳이 없어서 풍악산 같은 경우는 예닐곱 차례나 들어가셨다.〔先生少有禽尙之癖, 自經禍故, 每當情懷之悲悁, 則輒出遊以抒之, 凡域內之幽泉奇崖洪溟巨岳, 杖屨無不到, 如楓岳則六七入焉.〕"라는 기록이 있다.

66 늘……못했네 : 김창흡이 산천 유람을 즐겨 집 안에 머문 날이 적었다는 의미이다. 중국의 묵자(墨子)가 겸애(兼愛)를 부지런히 실천하여 집에서 밥을 먹을 시간이 없었다는 데서 유래하였다.

67 궁귀(窮鬼) : 사람을 곤궁케 만드는 귀신으로 당나라 한유(韓愈)가 자기를 괴롭히는 다섯 궁귀인 지궁(智窮), 학궁(學窮), 문궁(文窮), 명궁(命窮), 교궁(交窮)을 물리치려 지은 〈송궁문(送窮文)〉이 유명하다.

꿈에 연하를 보면서도 몸은 움직이지 못했더니 夢攬煙霞身不動
하인들은 병들고 수레엔 끌채 없네 僕夫痡矣車無軏
올해 내년 미루다 늙어 죽기에 이를 터이니 今歲明年迫老死
흉중에 맺힌 비색함은 쌀겨를 입에 문 듯하네 胸間痞結呑糠麧
알겠노라, 그대의 재주와 국량이 무리에서 뛰어나 知君才器超等倫
시문이 찬란하여 화려한 문벌에 어울리네 詞賦煥爛稱華閥
지금 떠나면 막 붉어지는 가을 단풍을 만나리니 此去逢秋楓始丹
아련히 푸른 휘장 수레가 단발령[68]을 넘으리 翠幰遙遙踰斷髮
처음 중을 맞는 곳이 업경대[69]이고 初地携僧業鏡臺
신선세계 관광은 매향갈[70]에서 끝나는데 仙區止觀埋香碣
궁벽한 구석까지 뒤져 유감을 남기지 말고 搜窮剔幽無遺憾
만 길 광염의 붓 솜씨[71]를 드날리시오 萬丈光燄筆高揭

68 단발령(斷髮嶺) : 강원도 금강군 내강리에 있는 고개 이름으로 신라 말기 마의태자(麻衣太子)가 이 고개에서 삭발하고 출가하였다 하여 단발령이라 하였다. 금강산으로 들어가는 초입에 해당하여 많은 시인이 시를 읊었고, 겸재 정선은 〈단발령망금강산(斷髮嶺望金剛山)〉이란 유명한 그림을 남겼다.

69 업경대(業鏡臺) : 내금강에 있는 명경대(明鏡臺)의 다른 이름이다. 바위면이 갈아 놓은 듯 반반하여 마치 사람이 죽어 저승세계에 가서 자신의 죄업을 비쳐 보는 거울과 닮았다 하여 업경대라는 별칭이 생겼다.

70 매향갈(埋香碣) : 강원도 고성 삼일포 가운데 있는 작은 봉우리 서쪽 사면 위에 있는 비석 이름이다. 비석의 글귀에 따르면 고성의 어떤 골짜기에 백 개의 향을 묻고, 간성의 어느 골짜기에 백 개의 향을 묻고, 강릉의 어떤 골짜기에 백 개의 향을 묻고, 양양의 어느 골짜기에 백 개의 향을 묻었는데, 백 개의 향을 묻은 것은 미륵이 오는 시대에 향을 파서 부처에게 음식으로 드리기 위해서라고 한다.

71 만……솜씨 : 원문의 '만장광염(萬丈光燄)'은 시문의 기세가 대단함을 비유한 말이다. 한유(韓愈)의 〈조장적(調張藉)〉에 "이백 두보의 문장이 지금 있다면, 불꽃이 만

영주의 기문과 남산의 시 있으니　　永州之記南山詩
한유와 유종원과 나란히 달리면 힘이 누가 먼저 다할까[72]　　方駕韓柳力誰竭
영화로운 자사께서 문서를 끼고 있기만 한다면　　但榮刺史擁簿墨
오도카니 앉은 서생과 무어 다르랴[73]　　何異書生坐兀兀
그대는 응당 나를 위해 비범한 글 지을 것이니　　君當爲我吐磈礧
나는 그대에게 우수마발[74]을 건네주기 부끄럽네　　我愧贈君蓄溲勃

길이나 치솟으리라.〔李杜文章在, 光焰萬丈長.〕"라고 한 데서 온 말이다.

72 영주(永州)의……다할까 : 〈영주팔기(永州八記)〉는 유종원(柳宗元, 773~819)이 지은 유람기이다. 유종원이 호남성 영주 사마(永州司馬)로 좌천되어 그곳의 여덟 명승을 발견하고 두루 유람하며 자연 경관을 노래하고 그 속에 자신의 울분과 감회를 적었는데, 이것이 이른바 〈영주팔기〉이다. 〈남산(南山)〉은 한유(韓愈)가 종남산(終南山)에 올라가서 그 승경을 묘사한 시편의 이름이다. 오언 고시 204구로 되어 있는데, 필세가 지극히 웅건(雄健)하여 예부터 두보(杜甫)의 〈북정시(北征詩)〉와 쌍벽을 이루면서 걸작으로 꼽혀왔다.

73 영화로운……다르랴 : 당나라 한유(韓愈)의 〈최복주에게 주는 서문〔贈崔復州序〕〉이란 글에 "장부의 관직이 자사에 이르면 또한 영예라 하겠다.〔丈夫官至刺史, 亦榮矣.〕"라는 말이 있다. 또 한유의 〈진학해(進學解)〉에 독서와 저술을 하느라고 "등잔불을 밝혀 낮을 이으면서 늘 오도카니 앉아 세월을 보내곤 하였다.〔焚膏油以繼晷, 恒兀兀以窮年.〕"라는 말이 있다.

74 우수마발(牛溲馬勃) : 질경이와 말똥버섯을 가리키는데, 흔하고 값싼 약재처럼 쓸모가 없는 것을 비유하는 겸사이다. 한유(韓愈)의 〈진학해(進學解)〉에 "옥찰과 단사, 적전과 청지, 질경이와 말똥버섯, 찢어진 북의 가죽을 모두 거두고 아울러 쌓아놓아 쓰임에 대비해 버림이 없는 것은 의사의 어짊이다.〔玉札丹沙, 赤箭青芝, 牛溲馬勃, 敗鼓之皮, 俱收竝蓄, 待用無遺者, 醫師之良也.〕"라고 한 데서 온 말이다.

교리 우홍정이 유행을 가지고 왔기에, 붓 가는 대로 고체를 읊어서 주다[75]

禹校弘鼎以柳杏來餉 漫賦古體以贈

살구의 등급에도 종류가 많은데	品杏亦多類
버들에 접붙인 것이 가장 진귀하네	最珍揷柳者
시큼한 육즙에 향기가 달고	酸液帶香甛
농익어 탱글탱글 뭇 과일과 다르네	濃肥殊凡瑣
이로 깨물면 둔한 내장 깨우고	刺齒醒脾慢
혀에 닿는 감촉이 상쾌하기도 하지	味觸有爽雅
누각 앞에 선 두 그루 나무	樓前立兩株
봄추위에 꽃이 간드러지게 피면	春寒花裊娜
꽃잎 떨어져 하얀 빰을 날리고	英落吹顋雪
꽃술이 맺혀 붉은 꽃방에 붙어 있네	蘂結載跗赭
푸르른 열매를 비가 적셔주어	青青雨所濡
무성하게 이파리와 함께 늘어지네	磊磊葉竝彈
드센 아이들이 마음껏 잡아 꺾고	頑童肆攀折
영리한 계집은 솜씨 좋게 두들겨	黠婢巧叉打
익기도 전에 절반이나 사라지니	未熟半先失
단단한 방비 어찌 소홀히 하랴	防密奈伺惰

75 교리……주다 : 우홍정(禹弘鼎)에 대해서는 미상이다. 유행(柳杏)은 버드나무에 살구나무를 접붙인 품종이다.

금년엔 누가 다 털어갈까	今年誰剝盡
두 달 동안 향사에 발이 묶였네	兩月滯鄉社
향사엔 뽕나무와 삼줄기만 있어	鄉社但桑麻
일망무제 백 리의 들판이라	一望百里野
곳곳에 소나무 잣나무 밤나무가	在在松栢栗
줄지어 울타리 아래 늘어섰네	行行列籬下
능금과 머루도 이름이 있건만	柰薁尙有名
이 과실만은 전혀 보지 못했네	絶不見此菓
이 과실은 토산품이 아니니	此菓非土宜
보지 못한 것 이치에 당연하지 않은가	不見理則那
일상생활에 잡일이 드물어	端居尠襍事
고개를 움츠리고 앉아 글을 지으며	縮項摛書坐
아욱국 끓이고 보리밥 지어	烹葵攤炊麥
세 끼를 먹으매 배는 늘 그득하네[76]	三飡腹常果
이날 호흡이 편안치 못하고	是日妨肺氣
목이 칼칼해 맑은 기운 부족한데	饐懣少淸灑
개인 구름은 푸른 하늘에 비치고	晴雲映碧落
희화의 바퀴는 대화성에 가까워지네[77]	和輪迫大火

76 세……그득하네 : 원문의 '삼손(三飡)'은 세 끼의 밥을 먹는 것을 가리킨다. 《장자》 〈소요유(逍遙遊)〉에 "가까운 교외에 가는 자는 세 끼 밥만 가지고 갔다가 돌아와도 배가 여전히 부르고, 백 리를 가는 자는 전날 밤에 양식을 찧어서 준비해야 하고, 천 리를 가는 자는 삼 개월 전부터 양식을 모아야 한다.〔適莽蒼者, 三飡而反, 腹猶果然. 適百里者, 宿舂糧, 適千里者, 三月聚糧.〕"라는 말이 나온다.

77 희화(羲和)의……가까워지네 : 희화는 고대 신화 전설 속에 나오는 인물로, 태양

갈대 이엉의 그늘 어디서 얻을까 蘆棚蔭何得
화로를 안은 듯 숨이 가빠지네 歊吸擁爐冶
한문[78]에 날아오르려 망령되이 갈망하고 妄願寒門翋
푸른 숲의 벌거숭이[79]를 부질없이 흉내 내네 漫學青林躶
멍덕딸기는 그저 혀나 달랠 뿐 蓬藟秖謏舌
목을 축이기는 될 리 없지 潤喉卽不可
오미자를 달이면 침이 고인다는데 菋煎云生津
떫은 성질이 도리어 괴로움 자아내네 澀性煩反惹
매실을 바란들 갈증 어찌 그치랴 望梅渴詎止
창졸간에 참과 거짓이 혼동되네[80] 倉卒眩眞假
천년 뒤에 당시 광경을 상상해보니 千秋想卽境

의 수레〔日車〕를 모는 신(神)이다. 대화(大火)는 28수 가운데 하나인 심성(心星)의 별칭인데, 심성이 중앙에 위치하면 5월이 된다고 한다. 《大戴禮記 夏小正》

78 한문(寒門) : 북극의 문을 가리킨다. 초사(楚辭) 〈원유(遠遊)〉에 "한문의 경계를 넘어 더 멀리 달린다.〔逴絶垠乎寒門.〕"라는 구절이 있는데, 왕일(王逸)의 주(註)에 "한문은 북극의 문이다."라고 하였다.

79 푸른 숲의 벌거숭이 : 더위에 옷을 풀어헤치는 것을 말한다. 당나라 이백(李白)의 〈하일산중(夏日山中)〉에 "흰 깃 부채 부치기도 귀찮아, 푸른 숲속에 들어가 벌거숭이가 되네. 두건을 벗어 석벽에 걸고, 이마 드러내어 솔바람을 쐬네.〔懶搖白羽扇, 裸體青林中. 脫巾掛石壁, 露頂灑松風.〕"라는 구절이 있다.

80 매실을……혼동되네 : 매실을 상상하여 갈증을 그친 조조(曹操)의 고사를 가리킨다. 위(魏)나라 조조가 원소(袁紹)와 싸우다 패하여 달아날 적에 군사들이 갈증을 견디지 못하자, 조조가 "앞에 큰 매화나무 숲이 있으니, 그 매실을 따먹으면 달고 시어서 목마름을 해소할 수 있을 것이다.〔前有大梅林, 饒子, 甘酸可以解渴.〕"라고 말하니, 군사들이 그 말을 듣고는 입에 침이 돌아 위기를 면했다는 '매림지갈(梅林止渴)'의 고사가 있다. 《世說新語 假譎》

그대는 진실로 간웅이로다[81]	子誠奸雄也
같은 시대에 같이 행군했더라면	同時若同行
나도 응당 술수 가운데 떨어졌으리	和余術中墮
두 손님과 이야기 나누며	顧與二客道
시끌벅적하고 왁자지껄한데	鬨堂正歌歌
문득 바라보니 옛날의 부하가	忽看舊部曲
사립문에 와서 말을 매는데	門扉來繫馬
공경스러운 태도로 계단을 뛰어 달려와	屛營歷階趨
허리 꺾고 내 앞에서 절을 하네	磬折前拜我
안부를 몇 마디 나누고서	起居畢數語
꿇어앉아 꾸러미를 바치는데	長跪獻苴裹
절기가 알맞아 맛있게 익었으나	節屆熟向嘉
길이 멀어 조금만 가져왔다 걱정하네	路遙致患寡
받아서 자리 위에 쏟아보니	受言席上傾
삼십 오십 알이나 되는데	三五十團顆
머리에 푸른 물결 물들인 오리와 닮았고[82]	似頭波染鴨
뺨에 연지 찍은 아가씨인가 의심되네	疑頰沙點姹
이 물건이 하늘에서 떨어진 듯 황홀하니	玆物怳天降

81 천년……간웅이로다 : 풍고가 천년 뒤에 매실로 위기를 넘긴 고사를 상상해보아도 조조(曹操)가 정말로 간웅임이 틀림없다는 의미이다. 후한 말기에 허소(許劭)가 조조의 관상을 보고 "치세의 유능한 신하요, 난세의 간사한 영웅이다.〔治世之能臣, 亂世之奸雄.〕"라고 말한 일이 있다. 《資治通鑑 卷58 漢紀50 孝靈皇帝中》

82 머리에……닮았고 : 청둥오리의 파란 머리처럼 짙푸른 물을 압두파(鴨頭波)라고 하는데, 여기서는 살구에 딸려온 푸른 이파리를 표현한 말이 아닌가 한다.

마음은 급한데 입은 되레 벙어리네　心亟口還啞
어찌 차마 곧장 깨물랴　詎忍便咀嚼
매만지고 향기 맡느라 놓을 수가 없네　摩嗅不能捨
아직 깨물지도 않았으나　雖則未便咀
목구멍 간질간질 침이 줄줄 흐르네　嚨痒涎垂哆
놀랍고 기뻐함이 곁의 사람도 마찬가지라　驚喜及傍觀
눈동자 열리고 턱도 함께 벌어지네　瞬動頤復朶
손을 들어 은근한 정 사례하니　擧手謝慇懃
그 심정 패붕[83]을 받은 것보다 낫네　情踰貝朋荷
요즈음 내가 걱정하던 바가　邇來我所思
네 덕분에 근심이 사라졌네　賴汝以憂瀉
너에게 청정반을 권하고　勸汝青精飯
너에게 황금술잔 권하네[84]　酬汝黃金斝
간절한 내 정성 흡족하지 못할까 하여　區區懼未愜
너에게 축원하노니, 관인의 인끈 차고　祝汝綬綰銙
말로 되어 동전을 쌓으며　抵斗庤銅錢
서늘하고 따스한 큰 집을 짓고　凉燠適渠厦

83 패붕(貝朋) : 많은 선물을 말한다. 옛날 조개껍데기를 돈으로 사용할 때에 오패(五貝)를 붕(朋)이라 하였다. 《시경》 〈청청자아(菁菁者莪)〉에 "이미 군자를 만나 보니, 나에게 백붕을 주신 듯하네.〔旣見君子, 錫我百朋.〕"라고 하였다.

84 너에게……권하네 : 맛있는 밥과 술을 대접한 것을 비유한 말이다. 청정반(青精飯)은 도가(道家)에서 청정석(青精石)으로 지은 밥을 말하는데, 이 밥을 오래 먹으면 안색이 좋아지고 장수한다고 한다. 두보의 〈증이백(贈李白)〉 시에 "어찌하여 청정반으로, 내 얼굴 좋게 할 길 없겠는가.〔豈無青精飯, 使我顔色好.〕"라고 한 구절이 있다.

건강을 누리며 산처럼 오래 살고 康直命如山
자손들 이어져 아들과 딸이 가득하기를 繩蟄弄璋瓦
어찌 입과 배를 채우는 것 때문에 豈爲口腹故
쓸데없이 문채를 드날리는 것이랴 文采費揚簸
목과를 던져주면 아름다운 시로 보답하나니[85] 投瓜報瓊琚
감사함 깊어 말이 절로 온당할 뿐이네 感深辭自妥
축원을 마치고 비로소 통쾌하게 깨물고 旣禱始快嚼
나머지는 절집으로 보내서 其餘送蘭若
스님에게 씨를 잘 심으라 당부했으니 戒僧善種核
열매를 먹을 계책 틀림없으리 食實期無左
촛불을 대령시켜 약동하는 고상한 흥취로 呼燭動高興
종이를 펼치고 부드러운 붓을 잡으니 箋拭柔毫把
파도처럼 필세가 용솟음쳐 浪濤勢翻騰
길게 읊으며 단번에 써내려가네 長吟一氣寫

85 목과(木瓜)를……보답하나니 : 상대방의 선물을 받았으면 보답하는 것이 예라는 말이다. 《시경》 〈목과(木瓜)〉에 "나에게 목과를 주거늘, 경거로써 갚는다.〔投我以木瓜, 報之以瓊琚.〕"라고 한 데에서 유래하였다.

서쪽 언덕에서 서울로 돌아가는 유근을 보내며

西皐 送逌根還京

너를 서쪽 들판에서 보내며	送汝西原上
문득 척호시[86]를 읊조리네	翻吟陟岵詩
눈에 보이지 않아도 발돋움해 바라보고	眼窮猶自跂
마음이 어지러운 것 되레 천치와 같네	心亂却如癡
의방[87]의 가르침 평소에 없음이 부끄럽고	誨義慙無素
현인이 되기를 바란 기대가 너무 지나쳤네	希賢望過期
우리 집안에 법도가 남았으니	我家規度在
우국충정을 하늘이 알아주시리	憂國卽天知

86 척호시(陟岵詩) : 부모를 친히 봉양하지 못함을 슬퍼하여 부른 노래이다. 《시경》 〈척호(陟岵)〉에 "저 민둥산에 올라가, 아버지를 바라보노라.……저 숲 우거진 산에 올라가, 어머니를 바라보노라.〔陟彼岵兮, 瞻望父兮.……陟彼屺兮, 瞻望母兮.〕"라고 한 데서 온 말이다.

87 의방(義方) : 바른 길로 가도록 가르치는 것을 가리킨다. 《춘추좌씨전》 은공(隱公) 3년 조에, 위(衛)나라 장공(莊公)의 아들 주우(州吁)가 오만방자하게 굴자, 현대부(賢大夫) 석작(石碏)이 장공에게 "아들을 사랑한다면 그에게 바른길로 가도록 가르쳐서 잘못된 곳으로 빠져들지 않게 해야 한다.〔愛子, 教之以義方, 弗納於邪.〕"라고 충간(忠諫)한 말이 나온다.

새벽비 내리는 현암에서 치감 상인에게 드리다[88]

玄巖曉雨 贈鑑上人

나는 고기를 먹는 사람이고	我爲肉食者
스님은 괴의[89]를 입는 사람인데	師是壞衣人
도를 행함은 이미 다르지만	爲道旣不同
기쁘게 어울림은 무슨 인연이런가	相悅亦何因
나도 스스로 알지 못하노니	我亦不自知
스님은 혹 그 이유 아시는지요	師或涉迷津
추적추적 잣나무숲에 내리는 비에	凄凄柏林雨
저녁의 대화가 닭 우는 새벽까지 이르렀네	夕話到鷄晨
스님은 올해 오십구 세이고	師今五十九
나는 이미 육십이 넘었는데	我已過六旬
초가집 지은 일 또한 늦었으니	結菴計亦晩
응당 몇 번의 봄을 누릴까	當復享幾春
갑자기 들리는 산골짜기의 물소리가	一時山澗聲
만고의 속진을 다 씻어주네	滌盡萬古塵

88 새벽비……드리다 : 현암(玄巖)은 경기도 이천시 백사면 현방리를 가리키는데, 풍고가 만년에 마련한 시골집이다. 치감 상인(致鑑上人)은 풍고와 가까운 스님의 이름이다. 경기 이천시 백사면 송말리 원적산 중턱에 영원암(靈源菴)이 있었는데, 치감이 한동안 폐허가 되었던 영원암을 1825년(순조25) 풍고의 시주를 받아 중창하고 영원사(靈源寺)로 이름을 바꾼 일이 있다. 《楓皐集 권5 贈靈源菴致鑑上人 兼示諸禪》

89 괴의(壞衣) : 청·황·적·백·흑 다섯 가지 정색에서 벗어난 색깔로 스님의 가사(袈裟)를 말한다.

동궁 저하께서 시를 지어 보여주시면서 미천한 신하에게 이어 지으라고 명하시고, 또 고시를 따로 지어 올리라고 명하셨으니, 참으로 성대한 일이었다. 신이 명을 받고 읽어보니, 문채가 흘러넘치고 격조가 공교롭고 신묘하여 우러러 찬탄하기를 절로 그만둘 수 없었다. 삼가 고인들이 일에 따라 잠언을 올리던 의리에 따라서 공손히 한 편을 지어 세자께서 살펴보시는 데 대비한다[90]

東宮邸下以睿製下示 令賤臣賡 又令別製古詩以進 甚盛事也 臣承令伏讀 藻彩溢發 格調工妙 欽仰讚歎 有不能自已 謹依古人因事獻箴之義 恭賦一篇 庸備离明之照臨

중동께서 화합하여 보좌하란 경계 내리니[91]	重瞳戒弼諧
하늘의 명을 삼가기 이보다 큰 것 없네	勑天大無外
큰바람이 융준을 감동시키매	大風感隆準
영웅의 노랫소리 풍패에 가득했네[92]	英音滿豐沛

90 동궁……대비한다 : 동궁 저하는 효명세자(孝明世子, 1809~1830)를 가리키는데, 풍고에게는 외손자가 된다. 본문에 예제(睿製)라고 표현한 것은 순조27년(1827) 2월 18일부터 대리청정을 시작했기 때문이다.

91 중동께서……내리니 : 중동(重瞳)은 하나의 눈에 눈동자가 두 개씩 있는 것을 말하는데 통상 순(舜) 임금을 가리킨다. 필해(弼諧)는 순 임금의 신하 고요(皐陶)가 일찍이 우(禹) 임금에게 말하기를 "임금이 진실로 그 덕을 실천하면 신하들의 꾀하는 것이 밝아지고, 보필하는 자가 화합할 것입니다.〔允迪厥德, 謨明, 弼諧.〕"라고 한 데서 온 말이다.《書經 皐陶謨》 전하여 신하들이 서로 화합하여 임금을 잘 보좌하는 것을 의미한다.

92 큰바람이……가득했네 : 융준(隆準)은 콧대가 우뚝하다는 뜻으로 한고조(漢高

성현께서 뜻을 말하매 聖賢厥言志
천하에 누가 더하고 뺄 수 있으랴 天下孰載蓋
시 삼천 편이 노나라 노인을 만나니 三千遭魯叟
하나만 남고 아홉은 깎였네[93] 一存九删汰
그윽이 비단옷에 홑옷을 덧입은 듯[94] 闇然錦尙褧
찬란하게 흰 비단을 그림보다 먼저 마련하네[95] 絢兮素先繪
한 마디로 단정하면 사특함이 없게 해야[96] 一言蔽無邪

祖)의 별칭이다. 한고조가 천자가 된 뒤에 회남왕(淮南王) 경포(黥布)를 격파하고 돌아올 때 고향인 패현(沛縣)의 풍읍(豐邑)에 들러 잔치를 베풀면서 〈대풍가(大風歌)〉를 불렀는데, 그 가사 가운데에 "큰바람이 일어나 구름이 흩날렸도다. 위엄을 온 천하에 떨치고 고향에 돌아왔도다. 어떡하면 용맹한 장사를 얻어서 사방을 지킬까.〔大風起兮雲飛揚, 威加海內兮歸故鄕, 安得猛士兮守四方.〕"라는 구절이 있다. 《史記 卷8 高祖本紀》

93 시……깎였네 : 원문의 '노수(魯叟)'는 공자를 가리키는데, 공자가 옛날부터 전해오던 시를 정리하여 《시경》 3백 편을 만든 것을 가리킨다. 《사기》 〈공자세가(孔子世家)〉에 "옛날 시가 3천여 편이 있었는데, 공자 때에 이르러 그 중복된 것을 제거하고 예의에 베풀 수 있는 것만 취했다.〔古者, 詩三千餘篇, 及至孔子, 去其重, 取可施於禮義.〕"라고 하였다.

94 그윽이……듯 : 숨은 덕을 닦아야 함을 말한 것이다. 《중용장구》 제33장에 "시에 이르기를 '비단옷을 입고 홑옷을 덧입는다.' 하였으니 그 문채가 드러남을 싫어해서이다. 그러므로 군자의 도는 어렴풋한 가운데 날로 빛난다.〔詩曰衣錦尙絅, 惡其文之著也, 故君子之道, 闇然而日章.〕"라고 하였다.

95 찬란하게……마련하네 : 아름다운 자질을 닦고 그 뒤에 문식을 가하였음을 말한다. 자하(子夏)가 공자(孔子)에게 "옛 시에 '예쁜 웃음에 보조개가 예쁘며 아름다운 눈에 눈동자가 선명함이여! 흰 비단으로 채색을 한다.' 하였으니, 무엇을 말한 것입니까?〔巧笑倩兮, 美目盼兮, 素以爲絢兮, 何謂也?〕"라고 묻자, 공자가 대답하기를 "그림 그리는 일은 흰 비단을 마련하는 것보다 뒤에 하는 것이다.〔繪事後素.〕"라고 하였다. 이는 곧 진실한 자질이 있은 뒤에 예의와 문학을 할 수 있음을 비유한 것이다. 《論語 八佾》

사단이 애연히 드러나네　　四端隨見藹
흥기시키고 어울리게 하니 만물의 법칙에 부합하고　　興群契物則
돈후한 성정 길러주니 음란과 사치 끊어지네[97]　　敦厚絶淫忲
이 때문에 시교가 성대하여　　所以詩敎盛
조화의 위대함에 참여할 수 있네　　能參造化大
공손히 생각건대 우리 세자 저하께선　　恭惟我儲聖
이런 문명의 시대에 생장하여　　毓玆文明會
푸른 궁궐에서 숨은 덕 기르니　　蒼邸養潛德
빛난 덕 이으매 아름다운 상서가 무성하네[98]　　重光麗瑞靄
고서 읽기를 독실히 좋아하여　　嗜好篤墳典

96 한……해야 : 마음속에 간사한 생각이 없어야 인의예지의 본성이 밝아진다는 뜻이다. 원문의 '무사(無邪)'는 사무사(思無邪)를 말하는데, 공자가 "시경의 삼백여 편 시를 한마디로 요약하면, 생각에 사특함이 없는 것이라고 할 수 있다.〔詩三百, 一言以蔽之, 曰思無邪.〕"라고 하였다. 《論語 爲政》

97 흥기시키고……끊어지네 : 시교(詩敎)가 행해진 효용을 표현한 말이다. 공자가 제자들에게 《시경》 공부를 권장하면서 "시는 뜻을 흥기시킬 수 있고, 시대를 관찰할 수 있게 하며, 사람들과 어울리게 해주고, 제대로 원망하게 할 수 있다.〔詩 可以興, 可以觀, 可以群, 可以怨.〕"라고 말한 일이 있다. 《論語 陽貨》 또한 공자가 말하기를 "그 나라에 들어가서 교육을 알 수 있으니, 그 사람됨이 온유(溫柔)하고 돈후(敦厚)함은 《시경》의 가르침이다.〔入其國, 其敎可知也, 其爲人也, 溫柔敦厚, 詩敎也.〕"라고 말한 일이 있다. 《禮記 經解》

98 푸른……무성하네 : 원문의 '창저(蒼邸)'는 세자궁을 가리키는데, 동쪽에 있다 해서 동궁(東宮)이라고도 하며 동방이 청색에 해당하므로 청저(靑邸)라고도 한다. 원문의 '중광(重光)'은 부자간에 왕위를 계승한 것을 말한다. 《서경(書經)》 〈고명(顧命)〉에 "옛 임금인 문왕과 무왕께서 거듭 빛난 덕을 베풀었다.〔昔君文王武王, 宣重光.〕"라는 말이 있다.

그 맛을 고기반찬에 비견하셨네 滋味比炙膾
빈료들을 좋은 벗으로 보아 賓僚視良友
강습함에 나란한 연못 본받았네[99] 講習象澤兌
영화는 붉은 붓대에서 드러나고 英華發彤管
천향은 은은히 흐르는데[100] 天香流馣馤
편지 보내 보배로운 시축 내리시니 手札頒寶軸
황량한 오두막에 밤이 깊어가는 때네 荒廬夜將艾
큰 벽옥인 양 받드니 놀랍고도 기뻐서 驚喜捧弘璧
의관을 정돈하고서 꿇어앉아 읽네 跪讀整衣帶
시를 이어 지으란 명을 문득 받자오니 賡和忽承令
썩은 재주가 진정 낭패함 만났네 朽材眞狼狽
많이 알면서 학식 없는 자에게 물으시니[101] 多知推問寡
농부와 말이 어찌 교활함 부리랴[102] 農馬豈狡獪

99 빈료들을……본받았네 : 신료들을 벗으로 대하여 붕우 간에 서로 도움을 주며 학문을 토론하고 덕을 닦아 나아가는 것을 말한다. 《주역》 〈태괘(兌卦)〉에 "연못〔澤〕이 연결되어 있는 형상이 태(兌)이니, 군자가 이를 본받아 붕우 간에 강습한다.〔麗澤兌, 君子以, 朋友講習.〕"라는 말에서 유래하였다.

100 영화는……흐르는데 : 영화(英華)와 천향(天香)은 모두 세자의 타고난 자질과 함양된 덕성을 비유한 말이다. 원문의 '동관(彤管)'은 사관(史官)의 붓을 가리킨다.

101 많이……물으시니 : 세자가 많은 지식을 소유하고도 옛날 안연(顔淵)이 그랬던 것처럼 과문(寡聞)한 자신에게 질문을 했다는 의미이다. 증자(曾子)가 안연에 대해서 "유능하면서도 무능한 자에게 물어보고, 박학다식하면서도 천학과문한 자에게 물어보고, 있어도 없는 것처럼 하고, 찼어도 빈 것처럼 하고, 누가 덤벼들어도 따지지 않는 이런 태도를 옛날에 우리 벗은 지니고 있었다.〔以能問於不能, 以多問於寡, 有若無實若虛, 犯而不校, 昔者吾友嘗從事於斯矣.〕"라고 평한 말을 가리킨다. 《論語 泰白》

세 번 반복해 읽고 또 아홉 번 조아리매　三復又九頓
충정을 드리려는 마음 늙어도 사라지지 않았네　願忠老未沫
명군을 되레 근심함[103]은 옛날의 의리이니　憂明古之義
우매한 정성을 바쳐도 무방하리　戇忱獻無害
화장을 하면 타고난 자태를 잃고[104]　施鉛失天姿
각우의 연주는 자연의 소리가 아니네[105]　刻羽非靈籟

102 농부와……부리랴 : 농부와 말은 풍고가 자신을 비유한 말인데, 오로지 한 가지 일만 잘하고 다른 기교를 부리지 못한다는 겸사이다. 한유(韓愈)의 〈상양양우상공서(上襄陽于相公書)〉에 "옛날에 제나라 임금이 순행할 적에 길을 잃자 관중(管仲)이 늙은 말을 풀어놓고서 그 뒤를 따라가자고 청하였고, 번지가 농사일을 배우고 싶다고 하자 공자가 늙은 농부에게 물어보라고 하였다. 대저 말의 지혜는 관중보다 뛰어나지 못하고, 농부의 능력은 공자보다 훌륭하지 못하다. 그런데도 그렇게 하라고 말한 이유는, 바로 성인과 현인의 능력은 다방면에 걸쳐 있는 반면에 농부와 말이 아는 것은 전일하기 때문이다.〔昔者, 齊君行而失道, 管子請釋老馬而隨之. 樊遲請學稼, 孔子使問之老農. 夫馬之智, 不賢於夷吾, 農之能, 不聖於尼父. 然且云爾者, 聖賢之能多, 農馬之知專故也.〕"라는 말에서 유래하였다.

103 명군을 되레 근심함 : 좋을 때 나빠질 것을 미리 염려한다는 의미이다. 《고금원류지론 후집(古今源流至論後集)》 권3 〈기거주(起居注)〉에 "밝은 임금을 근심하고 잘 다스려진 세상을 위태롭게 여긴다.〔憂明主, 危治世.〕"라는 구절이 있다.

104 화장을……잃고 : 본래 모습 그대로가 완전무결하기 때문에 더 덧붙일 수도 없고 줄일 수도 없다는 말이다. 송옥(宋玉)의 〈등도자호색부(登徒子好色賦)〉에 "동쪽 집의 처자는 1푼만 더 보태면 키가 너무 크고, 1푼만 감하면 키가 너무 작으며, 분을 바르면 너무 희고, 연지를 찍으면 너무 붉다.〔東家之子, 增之一分則太長, 減之一分則太短, 著粉則太白, 施朱則太赤.〕"라고 한 말이 있다.

105 각우(刻羽)의……아니네 : 지나친 기교를 추구하면 도리어 자연의 음악을 해칠 수 있다는 의미이다. 각우는 인상각우(引商刻羽)의 준말로 곡조가 고아한 음악 연주를 의미한다. 옛 악률(樂律)에 궁(宮), 상(商), 각(角), 치(徵), 우(羽)의 오음(五音)과 변치(變徵), 변궁(變宮)의 음이 있는데, 이 가운데 상성(商聲)이 가장 높으므로 인(引)

달과 이슬 노래하면 참으로 즐거우나　月露諒可怡
현실과 동떨어지니 어디에 쓰랴[106]　離實亦其奈
오나라 계찰이 옛날에 음악을 논하면서　吳季昔論樂
조나라 회나라에서 그치기를 청하였네[107]　請止自曹鄶
순후함과 경박함은 판연히 같지 않고　淳漓判不侔
다스려짐과 어지러움은 점을 친듯 명료하네[108]　治忽瞭蓍蔡
하물며 제왕의 말은　況乃帝王辭
도에 가까워야 가장 아름답네　近道美爲最

이라고 칭하고, 우성(羽聲) 등은 각(刻)이라고 칭한다. 송옥(宋玉)이 초왕(楚王)에게 말하기를 "예전 초(楚)나라 서울 영(郢)에서 어떤 사람이 노래를 잘 부르는데, 처음에는 보통 유행가인 〈하리(下里)〉·〈파인(巴人)〉을 불렀더니, 따라 부르는 자가 수천 명이 있었는데, 그보다 심오한 노래인 〈양아(陽阿)〉·〈해로(薤露)〉를 부르니 따라 부르는 자가 수백 명으로 줄었으며, 〈양춘(陽春)〉·〈백설(白雪)〉 같은 최고급의 노래를 부르니 따라 부르는 자가 수십 명으로 줄었고, 인상(引商)과 각우(刻羽)에다 유치를 섞어 연주하니, 따라 부르는 자가 몇 명밖에 안 되었습니다."라고 하였다. 《全上古三代文 卷10 宋玉》

106 달과……쓰랴 : 세상에 유익함이 없는 음풍농월만을 일삼는 부화한 시문보다 실용을 위한 문장을 지어야 함을 가리킨다. 원문의 '월로(月露)'는 월로풍화(月露風花), 풍운월로(風雲月露), 월로풍운(月露風雲) 등을 가리키는데, 음풍농월과 통하는 말이다.

107 오나라……청하였네 : 춘추 시대 오(吳)나라 공자 계찰(季札)이 노(魯)나라에 사신으로 왔다가, 주대(周代) 각국의 음악을 품평했던 고사가 있다. 조(曹)나라는 춘추 시대 산동성에 있던 나라이고, 회(鄶)나라는 하남성 밀현(密縣)에 있던 나라로 모두 소국인데, 《춘추좌전(春秋左傳)》 양공(襄公) 29년에 "계찰이 회(鄶)·조(曹) 두 나라의 가요에 대해서는 평론이 없었다."라고 한 주에 "계찰이 두 나라의 가요를 듣고 너무나도 미약하고 보잘것없어서 평론을 하지 않았던 것이다."라고 하였다.

108 순후함과……명료하네 : 시와 음악을 보고 풍속의 성쇠와 정치의 득실을 미루어 알 수 있다는 의미이다.

물을 보려면 응당 바다를 보아야 하고　　觀水當觀海
산에 오르려면 반드시 태산 올라야 하네[109]　　登山必登泰
순 임금께서는 참으로 훌륭하시니　　皇虞信尙矣
한나라 왕업도 오히려 자잘한 일이로다　　漢業猶藐蕞
동궁 저하의 생각이 한번 근원을 거슬러 오르면　　睿思一溯源
만세토록 그 덕택을 누리리라　　萬世庶永賴
작은 벌레가 고심을 다해 울지만　　微蟲鳴苦心
아침 동산의 봉황에 몹시 부끄럽네[110]　　殊愧朝陽翽

109 물을……하네 : 기상을 길러 더 높은 이상을 추구해야 한다는 말이다. 《맹자》 〈진심 상(盡心上)〉에 "바다를 구경한 사람과는 강물을 가지고 이야기하기 어렵다.〔觀於海者難爲水.〕"라는 구절이 있고, "공자가 동산에 올라가서는 노나라를 작게 여겼고, 태산에 올라가서는 천하를 작게 여겼다.〔孔子登東山而小魯, 登太山而小天下.〕"라는 구절이 있다.

110 작은……부끄럽네 : 작은 벌레는 풍고 자신을 가리킨 겸사이고, 봉황은 직간을 잘하는 훌륭한 신하를 비유한 말이다. 《시경》 〈권아(卷阿)〉에 "봉황이 훨훨 날아, 홰홰 날개를 치며, 앉을 자리에 앉는도다. 왕에게는 길사가 많으시니, 군자가 부리는지라, 천자께 사랑을 받는도다. 봉황새가 울어 대니, 저 높은 뫼로다. 오동나무가 자라니, 저 양지쪽이로다. 무성한 오동나무에, 봉황새 노래 평화롭도다.〔鳳凰于飛, 翽翽其羽, 亦集爰止, 藹藹王多吉士, 維君子使, 媚于天子. 鳳凰鳴矣, 于彼高岡, 梧桐生矣, 于彼朝陽. 菶菶萋萋, 雝雝喈喈.〕"라고 한 구절이 있다.

절대로 말라

切莫

절대로 서울로 돌아갈 길 재촉하지 말라　切莫歸程勸趣開
돌아가길 잊은 것이 어찌 한두 가지 이유랴　忘歸奚啻一端纔
대낮 그늘 이룬 잣나무 있어 여름이 아닌 듯하고　晝陰有柏思非夏
저녁 잠자리에 모기 없으니 귀가 요란하지 않네　宵寢無蚊耳不雷
어찌하면 늙은 아내와 함께 이대로 녹거를 끌까[111]　安得老妻仍共挽
도리어 어린 딸과 함께 오지 못함이 가련하네　却憐穉女未同來
술동이 앞에서 평생의 일 손꼽아 헤아리며　樽前屈指平生事
주름진 두 눈썹 비로소 잠시 쳐들어보네　雙皺低眉始暫擡

111 어찌하면……끌까 : 부부가 함께 은거하여 청고(淸苦)한 생활을 하는 것을 말한다. 후한(後漢) 포선(鮑宣)이 청빈(淸貧)을 숭상하자, 갓 결혼한 그의 처가 화려한 혼수품을 모두 친정으로 돌려보내고, 남편과 함께 녹거(鹿車)를 끌며 향리로 돌아간 고사가 있다. 《後漢書 卷84 列女傳 鮑宣妻》

밤에 앉아 우연히 읊다

夜坐偶吟

뜬금없이 비가 내려 갤 기약 없으니　雨亦無端霽不期
높은 다락에 객을 붙들고 술 마시기 제격일세　高樓留客合傾巵
하늘에 바람 불자 파초 빛 살짝 움직이고　風天乍動芭蕉色
땅에 달이 뜨니 대나무 잣나무 그림자 얽혔네　月地紛交竹柏枝
맑게 앉아 잠을 쫓으니 서늘함이 흡족하고　清坐破眠凉自足
괴로이 읊어 시구를 채우자니 밤도 함께 길어지네　苦吟圓句夜俱遲
흐르는 세월 초가을이 벌써 반이나 지나니　流光已過初秋半
서글피 고향 산천 바라본들 끝내 어찌하리오　悵望鄉山竟若爲

벗들과 떨어져

離群

이슬 짙어 밤풍경도 깊어지는데	露重宵光切
바람 가벼우니 더위 기운 흩어지네	風輕暑氣分
누런 휘장에 새로 달이 뜨니	緗簾新有月
푸른 하늘엔 구름 한 점 없구나	碧宇更無雲
동동 뜬 술개미를 술잔 멈추고 바라보고	蟻泛停杯見
우는 벌레 소리가 벽 너머로 들려오네	蟲鳴隔壁聞
좋은 시간이란 본래 쉽게 흐르나니	良辰元易邁
하물며 나는 벗들과 오래 헤어졌음에랴	況我久離群

산에 머물며 풍경을 읊다

山居卽事

아침인지 저녁인지 사계절 구분 못하니　不分朝暮四時間
내 집을 둘러싼 푸른 산 있어서네　環得吾廬是碧山
매양 맑은 가을 되면 홀로 갔다가　每値淸秋成獨往
몇 번이나 밝은 달 만나 함께 돌아왔던가　幾逢明月許同還
이름난 샘은 약보다 나아 성령을 통하고　名泉勝藥通靈性
기이한 바위는 사람인 듯 취한 얼굴 마주하네　癯石如人對醉顔
게으른 새와 외로운 구름에 누구를 비할까나　倦鳥孤雲誰竊比
염소 갖옷[112]으로 퇴청하여 밥 먹으니 또한 한가하네　羔裘退食亦蕭閒
나라를 다스리고 도를 듣기는 초심에 부끄러우나　經邦聞道愧初心
늙고 노망나서 북림에 누운들 무슨 상관이랴　老悖何妨臥北林
죽백에 아름다운 이름 날림은 한갓 꿈에 불과하나　竹帛芳名勞夢想
바위 계곡에 자취 남김은 세월 보내기 족하네　巖溪漫跡足光陰
상자에 넣어둔 시는 천 수는 될 것이고　編詩篋裏應千首
문 앞에 심은 버들은 이미 몇 길 자랐네　種柳門前已數尋
서촉의 양자운은 참으로 저술에 고심하였으나　西蜀子雲良苦癖
어찌 후세에 지음이 있기를 기약하랴[113]　寧期後世有知音

112 염소 갖옷 : 원문의 '고구(羔裘)'는 염소 가죽으로 만든 갖옷으로 고관의 의복을 가리키는 말이다. 《시경》 〈고구(羔裘)〉에 "갖옷 입은 저 사람이여. 나라를 바로잡는 일을 맡으셨네.〔彼其之子, 邦之司直.〕"라는 말이 나온다.

113 서촉(西蜀)의……기약하랴 : 서촉은 서한(西漢)의 촉군(蜀郡)을 가리킨다. 자

운(子雲)은 양웅(揚雄)의 자(字)이다. 양웅은 서한 촉군 성도(成都) 사람으로 어릴 때부터 배우기를 좋아하여 많은 책을 읽어 성제(成帝) 때 궁정 문인의 한 사람이 되었고, 나중에 왕망(王莽) 밑에서 대부가 되어 천록각(天祿閣)에서 책을 교정했다. 그가 《태현경(太玄經)》을 짓자 사람들이 비웃으니, 양웅이 말하기를 "세상 사람들이 나를 알아주지 않더라도 해 될 것이 없다. 후세에 양자운이 다시 나와 반드시 좋아할 것이다." 라고 하였다고 한다. 그밖에 《법언(法言)》, 《훈찬편(訓纂篇)》 등의 저술이 있다.

동래 부사로 부임하는 김사홍 선 을 송별하며[114]

送別金士鴻 鐥 東萊赴任之行

북쪽 변방은 산의 으뜸이고　　北極山之宗
남쪽 변방은 땅의 끝이네　　南窮地之委
삼 년에 두 차례 먼 길 떠나니　　三年再遠役
나랏일에 또한 수고하도다　　王事亦勞止
그대가 벼슬한 행적을 생각해보면　　念君隨宦跡
물결에 떠도는 부평초와 같도다　　有如萍吹水
부평초와 물이 무어 친하랴　　萍與水何親
바람이 불어오면 우연히 만날 뿐이네　　風來卽偶爾
다만 흰머리 노년이 되어　　但玆頭白日
이별의 말 그만둘 수 있으랴　　言別諒可已
교활한 왜인을 우리 땅에 살게 하여　　狡蠻館我澨
식량을 공급한 지 이백 년인데　　餼廩二百祀
옛날에 무슨 덕이 있어 갚는 것인지　　何德昔相酬

114 동래……송별하며 : 1827년(순조27) 6월에 동래 부사로 부임하는 김선(金鐥, 1772~?)에게 준 시이다. 김선의 본관은 연안(延安), 자는 사홍(嗣鴻)・사홍(士鴻), 호는 서원(犀園)으로 서울에서 거주하였다. 담정(潭庭) 김려(金鑢)의 아우로 1801년(순조 1) 신유박해 때 효수된 강이천(姜彝天)과 안면이 있다 하여 김려는 진해현(鎭海縣)에 유배되고, 김선은 초산(楚山)에 유배되어 1806년(순조6)에 해배되었다. 1825년(순조25)에 안주 목사(安州牧使), 1827년(순조27)에 동래 부사가 되었다. 1830년(순조30)에 사간원 대사간, 이듬해에 성균관 대사성이 되었다. 풍고를 비롯해 옥수 조면호, 추사 김정희 등과 교유하였다.

조정의 계책이 저처럼 어긋났도다[115] 廟畫謬如彼
지금껏 장사들의 마음이 至今壯士心
애간장 졸이며 답답해 죽을 판이네 熬煎欲悶死
그대가 몰운대[116]에 오르면 君登沒雲臺
고래만 한 파도가 삼만 리인데 鯨波三萬里
파도 사이에 줄지은 섬이 있어 波間有列嶼
대마도는 바둑돌처럼 보이리 對馬如黑子
나라에 인재 없어 應歎國無人
천하의 부끄러움이 되었다 탄식하리 足爲天下恥

115 교활한……어긋났도다 : 조선 시대에 일본인의 입국 및 교역을 위하여 설치한 왜관(倭館)에 대해 비판하는 말이다. 왜관은 1407년 부산포(釜山浦 동래)·내이포(乃而浦 웅천)에 객관을 설치하면서 시작되었는데, 1592년(선조25) 임진왜란의 발발로 모든 왜관이 폐쇄되었고, 1607년(선조40) 국교가 회복되면서 부산포가 개항되었고 소실된 왜관을 두모포(豆毛浦)에 새로 지었다. 이후 1678년(숙종4)에 초량(草梁)으로 옮긴 뒤 한말까지 계속되었다. 본래 왜관은 왜구를 방지하고 일본인의 횡포를 무마할 요량으로 입국하는 왜인에게 양곡을 지급했기 때문에, 왜인들 중에는 미곡을 더 받기 위해 인원수를 조작하는 경우도 있었다고 한다.

116 몰운대(沒雲臺) : 부산광역시 사하구 다대동에 있는 높은 언덕 이름이다. 이 일대는 지형과 해류의 영향으로 짙은 안개가 끼어 시야가 자주 가려지기 때문에 몰운대라 하였다고 한다. 다대포와 함께 조선 시대 국방의 요충지로 임진왜란 때는 이순신(李舜臣)의 선봉장이었던 정운(鄭運)이 이 앞바다에서 왜선 500여 척을 맞아 싸우다가 전사하여 나중에 유적비가 세워졌다.

도사 용성이 겨울에 보내준 시에 차운하다[117]

次蓉城都事冬日見寄韻

수심을 쫓아도 끝내 처음과 같으니	捱了牢騷竟若初
추운 날씨에 병치레하며 객지 생활을 원망하네	天寒吟病怨離居
오직 깊이 문틈을 엿보는 길든 학을 마주칠 뿐	唯逢馴鶴深窺戶
홀로 차갑게 책을 비추는 성근 매화를 버려두네	獨遣疏梅冷照書
오늘의 서군이라면 의자를 내려놓기가 늦추어지고[118]	此日徐君遲解榻
당시의 조맹이라면 수레가 지나며 배가 아프리[119]	當年曹孟痛過車
바리때 들고 산방의 눈 속에서 만나더라도	鉢盂縱會山房雪
떠들썩한 기쁨이 옛날과 같지 않으리	秪是雷歡昔不如

117 용성(蓉城)……차운하다 : 용성은 이의철(李懿喆, 1779~?)의 호이다. 본관은 원주(原州), 자는 호민(好民)인데, 천민(天民)이란 자(字)도 있었던 듯하다. 1804년(순조4)에 진사시에 합격하였다. 풍고와 자주 시를 주고받았고 수시로 문학에 대해 담론을 나누었으며, 풍고의 아들 황산(黃山) 김유근(金逌根)과도 깊은 교유를 나눴다.

118 오늘의……늦추어지고 : 반가운 손님이 오지 않는 것을 가리킨다. 후한(後漢) 진번이 태수로 있으면서 다른 빈객은 일절 사절하고 서치(徐穉)가 올 때에만 특별히 의자를 내려놓았다가 그가 가면 다시 올려놓았다는 진번탑(陳蕃榻) 고사가 있다. 《後漢書 卷53 徐穉列傳》

119 당시의……아프리 : 지기(知己)가 자주 찾아주지 않음을 가리킨다. 조맹(曹孟)은 조조(曹操)의 자(字)인 맹덕(孟德)이므로 이를 합칭한 것이다. 옛날 삼국 시대 때 조조(曹操)가 태사(太史) 교현(橋玄)과 서로 서약하기를 "죽은 뒤에 무덤 앞을 지나는 일이 있을 때, 술 한 동이와 닭 한 마리를 가지고 무덤을 찾지 않으면 수레가 세 걸음도 가기 전에 배앓이를 할 것이다."라고 한 고사를 가리킨다. 《後漢書 卷51 橋玄列傳》

부사로 연경에 가는 이중예 우재 를 전송하며[120]
送李仲睿 愚在 副价赴燕

언덕에서 전송하고 돌아오는 길에 눈이 펄펄 날리는데
自崖而返雪飛飛
버들가지 한들거릴 때 멀리서 되돌아오는 그대 기다리리
楊柳遲遲待遠歸
부사의 호칭 존귀하여 삼품에서 선발하니[121] 貳使銜尊三品選
구주의 넓음을 생각하면 한 몸이 미약하도다 九州思博一身微
등불도 차가운 옥하관에 꿈조차 들기 어려울 테고 燈寒玉館難祈夢
바람 따스한 사하보에서 비로소 얇은 옷 입으리[122] 風暖沙河始減衣

120 부사로……전송하며 : 1827년(순조27) 10월에 동지사의 부사(副使)로 연경에 가는 이우재(李愚在, 1765~?)에게 준 시이다. 이우재의 본관은 한산(韓山), 자는 중여(仲如)인데, 중예(仲睿)로도 쓴 듯하다. 할아버지는 이윤영(李胤永), 아버지는 이희천(李羲天)이고, 어머니는 박선호(朴善浩)의 딸이다. 1804년(순조4) 문과에 급제하였고, 1808년(순조8) 경상좌도 암행어사로 파견되어 경상도를 감찰하고 돌아와 환곡의 폐단을 바로잡아 혁신할 것, 여러 역을 부과하는 폐단을 없앨 것 등을 상소하였다. 1814년(순조14)부터 성균관 대사성·병조 참판·경기도 관찰사 등을 지냈다.

121 부사의……선발하니 : 동지사의 정사는 1명으로 정2품이고, 부사는 1명으로 정3품이며, 서장관은 1명으로 정5품에서 선발하는 것이 원칙이다.《銀臺便攷 禮房攷 使臣》당시 동지 정사(冬至正使)는 송면재(宋冕載)이고 서장관(書狀官)은 홍원모(洪遠謨)인데, 순조와 효명세자가 각각 사신 일행을 불러 보았다.《純祖實錄 27年 10月 28日》

122 등불도……입으리 : 옥하관(玉河館)은 중국 북경에 있었던 관사로 조선 사신이 유숙하였다. 사하보(沙河堡)는 백탑보(白塔堡)를 지나 심양에서 20리쯤 전에 있는 역참으로 온통 모래 언덕이 이어졌으므로 사하(沙河)란 이름을 얻었다.

낭자산 앞에서 집안의 기쁜 소식 들으리니 娘子山前家報喜
옹옹 어린 봉황소리가 궁궐에서 들려오리[123] 噰噰雛鳳聞香闈

123 낭자산(娘子山)……들려오리 : 낭자산은 낭자산(狼子山)으로도 쓴다. 소석령(小石嶺)과 마천령(摩天嶺) 사이에 있는 높지 않은 산이다. 《시경》 대아(大雅) 〈권아(卷阿)〉에 "봉황새가 우네, 저 높은 언덕에서. 오동나무 자라났네, 해 뜨는 저 동산에서. 오동나무 무성하니, 봉황새 소리 어울리네.〔鳳凰鳴矣, 于彼高岡. 梧桐生矣, 于彼朝陽. 菶菶萋萋, 雝雝喈喈.〕"라는 말이 나오는데, 모서(毛序)에서는 이 시가 성왕(成王)에게 현자(賢者)를 등용하기를 권면한 시라고 풀이하였다.

매화 아래서 새벽에 짓다
梅下曉作

만사는 병 때문에 못하는 것과 무관하니	萬事非關病不能
쇠약한 심정 비등할 기개 사라졌음을 날로 깨닫네	衰情日覺失飛騰
나아가고 물러남에 갈팡질팡하니 양 잃은 객이요[124]	行藏倀倀亡羊客
등용되고 쓰임은 아득하니 말 기르는 스님일세[125]	用實悠悠畜馬僧
주머니 속엔 찾아볼 만한 지혜 조금도 없고	囊底都無餘智叩
책 속엔 내가 의지할 고인만 오로지 남았네	卷中唯有古人憑
우연히 매화 아래 그대와 함께 앉아	偶然梅下同君坐
한가로이 새 시를 지으며 새벽 등불 마주하네	閒就新篇對曉燈

124 나아가고……객이요 : 진퇴의 방도를 몰라 헤맨다는 의미이다. 원문의 '행장(行藏)'은 용행사장(用行舍藏)의 준말로, 벼슬에 나아가거나 은퇴하는 것을 가리킨다. 원문의 '창창(倀倀)'은 명도창창(冥途倀倀), 창창명행(倀倀冥行)이라 하여 어두운 밤길에 방향을 몰라 갈팡질팡한다는 뜻이다. 양을 잃은 객〔亡羊客〕이란 말은 잃어버린 양을 찾으려 하였으나 갈림길이 많아 찾을 수 없었다는 다기망양(多岐亡羊)의 고사에서 온 말이다.

125 등용되고……스님일세 : 벼슬이 대부에 올라서도 현실에 쓰임이 되지 못하는 신세를 비유한 말로 보인다. 원문의 '휵마(畜馬)'는 사마(駟馬)를 기를 수 있는 대부를 의미한다. 《대학장구》 제10장 "사마를 기르는 이는 닭과 돼지를 돌아보지 않는다.〔畜馬乘, 不察於鷄豚.〕"라는 구절의 주희(朱熹) 주석에 '사마를 기른다는 것은 선비가 처음 시험을 보아 대부가 된 것이다.〔畜馬乘, 士初試爲大夫者也.〕'라고 하였다. 그런데 원문의 '용실(用實)'은 윗구의 행장(行藏)과 대(對)가 되지 않으므로 혹시 글자에 착오가 있는 것이 아닌지 의문이다.

동쪽 성을 나가

出東城

동쪽 근교로 나가 걸으니 試踏東郊路
가벼운 행장에 해가 막 떠오르네 輕裝曙日初
은거할 집 지을 마음 예부터 먹었고[126] 營菟心舊賞
나들이 나감은 병이 막 나았기 때문이네[127] 出弔病新除
잔설은 그늘진 계곡에 쌓여 있고 殘雪棲陰澗
짙은 서리는 빈 들을 덮고 있네 繁霜被曠墟
추운 날씨에 갖옷도 입지 않았으니 衝寒裘未着
내가 하는 일이 늘 서툴러 우습네 吾事笑常疏

126 은거할……먹었고 : 원문의 '토(菟)'는 토구(菟裘)를 가리키는데 은거하여 지낼 곳을 말한다. 본래 토구는 산동성(山東省) 사수현(泗水縣)에 있는 지명인데, 춘추 시대 노(魯)나라 은공(隱公)이 "토구에 궁실을 짓게 하여 내가 장차 그곳에 가서 늙으리라.〔使營菟裘, 吾將老焉.〕"라고 한 데서 온 말이다. 《春秋左氏傳 隱公 11年》

127 나들이……때문이네 : 병이 나았으니 동쪽 성밖으로 나가지 않을 수 없다는 말이다. 원문의 '출조(出弔)'는 《맹자》〈공손추 하〉에서 유래한 말로, 병중에 있던 맹자가 다음 날에 밖으로 외출하여 동곽씨에 조문을 가자 공손추가 "어제 병으로 사양하시더니 오늘 조문함이 혹시 불가한 듯합니다.〔昔者辭以病, 今日弔, 或者不可乎?〕"라고 물었다. 이에 맹자가 "어제 병이 오늘 나았으니 어찌 조문하지 않겠는가.〔昔者疾, 今日愈, 如之何不弔?〕"라고 대답하였다고 한다.

한강나루에서 여러 공과 함께 짓다

漢津 與諸公共賦

쓸쓸한 얼음강에 밤은 깊어 가는데　寥落冰江夜向深
백사장 머리에 줄지어 앉아 다시 길이 읊조리네　沙頭列坐更長吟
칠분은 밝은 달빛에 삼분은 눈빛이라　七分明月三分雪
뜬구름 인생에 출세를 구하던 마음 싸늘히 식었네　冷盡浮生紫陌心

유근이 가재 선생의 옛집을 중수하기에 기뻐서 읊다[128]

逌根重修稼齋先生舊第 喜而賦

가재는 고조의 아우이니 稼齋高祖弟
경애하는 마음 또한 현손 같다오[129] 敬愛亦猶孫
집이 낡아 점차 허물어져 가매 屋老寖將廢
아이가 다시 보존하려 도모했네[130] 兒能圖復存
전형은 옛 모습을 따르고 典型因古昔
연못과 정원까지 깨끗이 수선했네 修潔及池園
세상의 흥망성쇠에 대해 凡世興衰事
집과 나라를 따로 논할 수 없네 家邦不二論

128 유근이……읊다 : 풍고의 아들 김유근이 김창업(金昌業, 1658~1721)이 거처하던 석교(石郊)의 옛집을 수리할 때 읊은 시이다. 김창업의 본관은 안동(安東), 자는 대유(大有), 호는 가재·노가재(老稼齋)이며, 김수항(金壽恒)의 넷째 아들로 풍고에게는 8촌 종조(從祖)가 된다. 석교(石郊)는 서울의 동쪽 중량포(中梁浦) 약간 상류에 있던 석교(石橋) 즉 현재 석계역 부근을 가리키는 듯한데, 의릉(懿陵)과 가깝고 가평(加平)으로 나가는 길목이기도 하다. 김유근(金逌根, 1785~1840)이 지은 〈석교로 나가 기뻐서 짓다〔出石郊喜賦〕〉라는 시에 "동쪽 중령에 가면 낡은 오두막 있어, 선친께서 재산 일궈 지난날 내게 주셨네. 풍년이 들면 넉넉히 집안 식량에 보태고, 한가한 날엔 심상하게 연못 물고기 구경했네.〔東去中泠有弊廬, 先人柝産昔分余. 豊年優足充家食, 暇日尋常送澤魚.〕"라는 구절이 있는 것으로 보아, 안동 김씨 집안에 전해오는 약간의 전답과 오두막을 가지고 있었던 듯하다.

129 가재(稼齋)는……같다오 : 풍고의 고조는 김창집(金昌集, 1648~1722)으로 김수항(金壽恒)의 첫째 아들이고, 김창업은 김수항의 넷째 아들이다.

130 집이……도모했네 : 풍고의 아들 김유근(金逌根)은 김이기(金履基)의 아들 김용순(金龍淳, 1754~1823)에게 양자로 갔는데, 김창업의 옛집을 수리하게 된 이유는 미상이다.

종촌의 시골집에서 다시 앞의 시에 차운하다[131]

樅村田舍 復次前韻

유서 깊은 가재의 집에	冉冉稼齋宅
곁에 작은 대나무가 돋았네	旁生竹有孫
집을 지을 뜻 많았으나	將多經始志
오히려 옛 모습 보존시켰네	猶及典型存
거문고와 책을 얹을 서재를 엮고	間架琴書屋
지팡이 짚고 산보할 정원을 밝게 수리했네	脩明杖屨園
늙을수록 옛일에 감회가 더하니	晩來增感古
풍경은 잠시 천천히 논하세	景物且徐論

131 종촌(樅村)의……차운하다 : 종촌은 김창업이 거처하던 석교(石郊)의 다른 이름이다. 모주(茅洲) 김시보(金時保, 1658~1734)가 석교(石郊)에 찾아가 우연히 김창업과 만나 담소를 나누며 자신의 포부를 논하고 〈종촌에서 뜻을 말하다〔樅村言志〕〉라는 시를 지은 일이 있는데, 제목의 원주에 '종촌은 석교의 다른 이름이다.〔石郊一名.〕'라고 하였다. 《茅洲集 卷6 樅村言志》

매사냥을 구경하다

觀鷹獵

수호[132]의 눈길 멀리 주어	遠縱愁胡目
들꿩이 달아나는 모습 끝까지 추적하네	窮看野雉逃
반공중에 몸을 문득 솟구쳐	半空身忽決
단번에 덮치니 얼마나 호쾌한 기세인가	一擊勢何豪
눈밭 속에 선혈이 뿌려지고	雪裏塗殷血
바람 앞에 비단 깃털 부서지네	風前碎錦毛
모든 사람이 통쾌하다 외치니	千人呼快絶
기뻐함은 부엌을 채워서가 아니라오	喜不爲充庖

132 수호(愁胡) : 본래 눈이 깊숙한 오랑캐를 말하는데, 흔히 매의 눈이 이 오랑캐의 눈과 비슷하므로 매의 눈을 가리킨다. 매는 본디 대산(岱山) 북쪽에서 자라기 때문에 자신의 고향이 있는 북쪽을 바라보면서 시름하므로 이런 이름이 붙었다. 두보(杜甫)가 매 그림을 보고 지은 〈화응(畫鷹)〉에 "솟구치는 몸은 교활한 토끼 생각하고, 흘겨보는 눈은 수심 짓는 오랑캐의 눈과 비슷하네.〔攫身思狡兔, 側目似愁胡.〕"라고 하였다.

석교에서 돌아오는 길에 부질없이 읊고, 여러 친구에게 써 주어 화답시를 구하다

石郊歸路漫吟 書與諸益求和

나귀의 발이 경쾌하고 평온해라	驢足輕而穩
또각또각 발걸음 재촉해 가네	蹦蹦催步聲
맑은 햇살에 모래는 얼지 않고	晴暉沙不凍
남은 잔설에 산줄기 더욱 선명하네	殘雪嶽逾明
비침이 초야로 간 것과 절로 다르고	自異裨諶適
중통의 은거했던 심정이 유독 깊네[133]	偏深仲統情
문득 농장의 나무 바라보니	居然莊樹望
빈 마을엔 저녁연기가 가로 걸렸네	墟里晚煙橫

133 비침이……깊네 : 풍고가 석교(石郊)를 오가는 것이 국가를 위해 비침(裨諶)이 초야를 오간 것과 다르고, 자기 뜻대로 전원에 은거하고자 한 중장통(仲長統)의 심정과 통한다는 의미이다. 비침은 춘추 시대 정(鄭)나라의 대부인데, 정나라 자산(子産)은 정사를 할 때 풍간자(馮簡子), 자태숙(子太叔), 공손휘(公孫揮), 비침 등 능력 있는 사람을 발탁하여 각각의 장점을 살려 일을 시켰다. 비침의 경우는 교외에서 모의하면 성공하고 도성에서 모의하면 성공하지 못하였기 때문에 일의 가부를 모의할 일이 있을 때 자산은 비침과 함께 수레를 타고 교외로 갔다고 한다. 《春秋左氏傳 襄公31年》 중장통은 후한 말의 명사(名士)로, 조정에서 벼슬로 부를 때마다 병을 핑계 대고 사양하였는데, 일찍이 자기의 원림(園林) 속에서 유유자적하는 심경을 토로하며 지은 〈낙지론(樂志論)〉이라는 글이 유명하다. 《後漢書 卷49 仲長統列傳》

김원에서 봄경치를 즐기며 초당의 운을 쓰다[134]

金園賞春 用草堂韻

봄바람에 지팡이 짚고 북쪽 골짜기 찾아가니　策杖春風北洞尋
구름과 이내가 얼굴 스쳐 맑았다 흐렸다 하네　雲嵐拂面半晴陰
술동이에 스민 꽃향기는 정신을 세심히 깨워주고　入樽花氣醒神細
계곡에서 들리는 꾀꼬리 소리 속념을 깊이 찌르네　出谷鶯聲砭俗深
사죽의 음악이 계를 닦는 일에 무슨 상관이랴[135]　絲竹何干脩禊事
어른 아이가 읊조리며 돌아오는 마음 오히려 얻었네[136]　冠童猶得詠歸心

134 김원(金園)에서……쓰다 : 김원은 한양 북쪽 골짜기에 있던 김씨의 별장으로 보이는데, 누구인지는 미상이다. 초당(草堂)은 당나라 두보(杜甫)의 별호인데, 두보가 성도(成都)의 완화계(浣花溪)가에 초당을 짓고 살았던 데서 연유한다. 인용한 시는 두보가 46세 되던 758년 봄에 습유(拾遺)로 있으면서 지은 〈중서성의 벽에 쓰다〔題省中院壁〕〉란 시인데, 봄이 온 중서성에서 늘그막에 벼슬길에 오른 것을 후회하고, 제왕의 다스림에 도움이 되지 못하여 임금의 은혜에 보답하지 못함을 부끄러워하는 내용이다.

135 사죽의……상관이랴 : 진목제(晉穆帝) 영화(永和) 9년 늦은 봄에 회계(會稽) 산음(山陰)의 난정(蘭亭)에서 왕희지(王羲之), 사안(謝安) 등 명사 42인이 모여 계모임을 했는데, 왕희지가 지은 〈난정기(蘭亭記)〉에 "비록 관현악기의 훌륭한 음악은 없지만, 술 한 잔 마시고 시 한 수 읊는 것도 또한 그윽한 정서를 펴기에 넉넉하다.〔雖無絲竹管絃之盛, 一觴一詠, 亦足以暢敍幽情也.〕"라고 한 말이 있다.

136 어른……얻었네 : 봄옷 차림으로 학문의 여가에 교외를 산책하고 돌아오는 것을 말한다. 공자가 제자들에게 각자의 뜻을 말해보라고 했을 때 증점(曾點)이 "늦봄에 봄옷이 마련되면 어른 대여섯, 동자 예닐곱과 기수에서 목욕하고 무우에서 바람 쐬고 읊조리며 돌아오겠습니다.〔莫春者, 春服旣成, 冠者五六人, 童子六七人, 浴乎沂, 風乎舞雩, 詠而歸.〕"라고 하자 공자가 증점의 말을 칭찬한 일이 있다. 《論語 先進》

冠童猶得詠歸心

백년의 즐거움도 잠깐의 광경에 불과하니　百年讌樂須臾境

이 정원과 함께 김씨 성을 영원히 남기세　留與斯園永姓金

용성의 시구에 "봄날에 유문암이 유독 생각나"라는 구절이 있기에 드디어 나머지를 완성하다[137]

蓉城有句云 春日偏思柳問庵 遂足之

봄날에 유문암이 유독 생각나니	春日偏思柳問庵
고상한 풍류가 옛날에 부끄럽지 않았네	風流文雅古無慙
성 서쪽 무너진 집은 풀밭으로 이어지고	城西破屋連芳草
몸뚱이 외에 남은 책으론 푸른 상자 하나일세	身外殘書一綠函
가난해도 봉모처럼 물려받은 훌륭한 재능 있고	貧自鳳毛傳舊物
곤궁해도 기린 뿔같이 빼어난 자식 있네[138]	窮猶麟角長奇男

137 용성(蓉城)의……완성하다 : 용성은 이의철(李懿喆, 1779～?)의 호이다. 유 문암(柳問庵)은 유본학(柳本學, 1770～1842?)을 가리키며, 문암은 그의 호이다. 본관은 문화(文化), 자는 백교(伯敎)이다. 영재(泠齋) 유득공(柳得恭)의 맏아들로 아우 유본예(柳本藝)와 함께 당시 예원(藝苑)에 이름이 높았다. 저서로는《문암문고(問菴文藁)》가 있다.

138 가난해도……아들일세 : 이의철이 부친을 이어받아 훌륭한 재능을 지닌 것을 가리킨다. 원문의 '봉모(鳳毛)'는 봉황의 털로 곧 아들이 그 아버지 못지않게 재능과 풍채가 있음을 비유한 말이다. 진(晉)나라 명신인 왕도(王導)의 아들 왕소(王劭)의 소자(小字)가 대노(大奴)였는데, 그 풍채가 부친처럼 비범하였기 때문에 환온(桓溫)이 그를 보고는 "대노가 봉의 터럭을 가지고 있는 것이 원래 당연하다.〔大奴固自有鳳毛.〕"고 찬탄했다는 고사가 있다.《世說新語 容止》원문의 '인각(麟角)'은 기린의 뿔을 가리키는데, 기린의 뿔은 지극히 희귀해서 학업 등을 높이 성취한 것을 비유하는 말로 쓰인다.《북사(北史)》권83〈문원열전(文苑列傳) 서언(序言)〉에 "배우는 자들이 소의 털처럼 많지만, 성취하는 자는 기린의 뿔처럼 드물기만 하다.〔學者如牛毛, 成者如麟角.〕"라는 말이 나온다.

지금 이야기 나눌 사람으로 그대만 한 이 있을까　今人可語誰如汝
꽃 앞에 만나지 못해 서글픔 가눌 길 없네　貽阻花前悵不堪

주교에서 말을 조련하다[139]

舟橋調馬

천제의 문에서 채찍 휘두르며 왕량이 나가니　天門振策出王良
천사의 별 뛰어오르자 한수가 빛나네[140]　天駟星騰漢水光
치렁한 갈기가 바람 머금으니 의장대 어엿한데[141]　霧鬣風含依鹵簿
번개 같은 발굽으로 벼락 치듯 배다리를 밟네　電蹄雷發蹋浮梁
동쪽으로 봉선하던 운금 행렬은 당나라의 부유함이고[142]

139 주교(舟橋)에서 말을 조련하다 : 주교는 배를 연달아 묶어서 만든 다리로 부량(浮梁), 부교(浮橋)라고도 한다. 순조28년(1828) 2월 6일과 26일에 주교의 배설을 시작한 기사를 확인할 수 있다. 《承政院日記 純祖 28年 2月 6日, 26日》

140 천제의……빛나네 : 왕량(王良)은 춘추 시대 진(晉)나라 사람으로, 어마(御馬)의 명인으로 진나라 대부 조간자(趙簡子) 밑에서 말을 몰았다. 천사의 별〔天駟星〕은 동방(東方) 28수(宿)의 하나인 방성(房星)을 가리키는데, 말과 거가(車駕)를 맡은 별이라 하여 천사라고 한다. 《사기(史記)》 권27 〈천관서(天官書)〉에 "천사성 곁의 별을 왕량이라고 한다.〔天駟旁一星曰王良.〕"라는 구절이 있다. 책성(策星)은 28수의 규수(奎宿)에 속하는 별로, 왕량이 천사를 몰 때 쓰는 채찍을 의미하며 주로 천자의 말을 모는 시종을 관장한다. 한수(漢水)는 은하수와 한강물을 중의적으로 표현한 말이다.

141 치렁한……어엿한데 : 원문의 '무렵(霧鬣)'은 서역의 좋은 말을 가리키는 말이다. 노부(鹵簿)의 노는 방패를 의미하고 부는 행렬의 차례를 기록한 장부라는 의미로, 왕이 거둥할 때 의장(儀仗) 또는 의장을 갖춘 행렬을 말한다.

142 동쪽으로……부유함이고 : 말떼의 화려한 행렬을 비유한 말이다. 동쪽으로 봉선한 것은 당현종(唐玄宗)이 동쪽 태산(泰山)에 가서 봉선(封禪)의 의식을 행한 것을 가리킨다. 당현종 때 왕모중(王毛仲)이란 자가 말, 낙타, 매, 개 등을 관장했는바, 그의 열전(列傳)에 "태산으로 봉선하러 가는 황제의 행차를 호종할 적에 여러 목장의 말 수만 필을 따르게 했는데, 색깔마다 따로 대열을 만들어 바라보기에 마치 구름비단처럼

東封雲錦唐家富

서쪽 변방의 용매는 한나라 황제의 상서일세[143] 西極龍媒漢帝祥

요지에 머물던 여덟 준마가 다시 떠오르니 更憶瑤池休八駿

지금까지 그림 속에 오래도록 남았구나[144] 秪今留與畫圖長

보였으므로, 현종이 더욱 기뻐했다.〔扈從東封, 以諸牧馬數萬匹從, 每色爲一隊, 望如雲錦, 玄宗益喜.〕"라는 기록이 있다. 《舊唐書 卷106 王毛仲列傳》

143 서쪽……상서일세 : 원문의 '서극(西極)'은 서쪽 곤륜산(崑崙山) 부근의 서역 지방을 가리키며, 용매(龍媒)는 준마(駿馬)의 별칭이다. 한무제(漢武帝)가 점을 치니 신마(神馬)가 서북쪽에서 온다 하였는데, 뒤에 대완국(大宛國)을 쳐서 천리마 포초(蒲梢)를 얻고는 노래를 지어 "서극에서 천마가 옴이여, 만리 먼 길을 거쳐 덕이 있는 이에게 돌아왔네.〔天馬來兮從西極, 經萬里兮歸有德.〕"라고 하였다. 《史記 卷24 樂書》

144 요지(瑤池)에……남았구나 : 원문의 '팔준마(八駿馬)'는 주목왕(周穆王)이 타던 화(驊), 유(騮), 적기(赤驥), 백토(白兎), 효거(驍渠), 황수(黃輸), 도려(盜驪), 산자(山子) 여덟 준마를 말한다. 주목왕이 정사는 돌보지 않은 채 팔준마(八駿馬)가 모는 수레를 타고 천하를 두루 유람하다가 곤륜산 꼭대기의 요지(瑤池)에 가서 전설적인 선녀 서왕모(西王母)를 만나 환대를 극진히 받았다는 이야기가 전한다. 《列子 周穆王》 이 여덟 준마에 대해서 《선화화보(宣和畫譜)》에 진(晉)나라의 사도석(史道碩), 당나라의 한왕원창(漢王元昌)·한간(韓幹) 등이 그림으로 그렸다는 기록이 있고, 현존 작으로는 청나라의 낭세령(郎世寧)이 그린 그림이 국립고궁박물원에 소장되어 있다. 또한 당나라의 백거이(白居易), 원진(元稹) 등 많은 시인이 여덟 준마를 시로 읊은 일이 있다.

대전 악장[145]

大殿樂章

높고 높은 하늘이 高高惟天
대지를 둥글게 덮어주어 穹冒下土
그 낳고 낳는 이치를 載厥生生
누가 듣고 보았는가 孰聞而覩
화락하신 우리 임금께서 穆穆我王
엄숙히 본받으시어 儼思則之
독실하고 공손히 오래 인도하여 篤恭久道
의상을 늘어뜨리고 다스리셨네[146] 裳衣其垂
하늘이 능히 계승하는 이를 돌아보아 帝眷克肖
무궁한 경사를 내려주시니 錫無疆慶
문자와 문손이[147] 文子文孫

145 대전 악장(大殿樂章) : 1827년(순조27) 9월 9일에 임금과 중궁전에게 존호를 올릴 때에 연주하던 음악의 가사이다. 풍고는 이때 대전(大殿)의 악장문제술관(樂章文製述官)으로 수고하여 이튿날 내구마 1필을 면급(面給)받았다.

146 의상을 늘어뜨리고 다스리셨네 : 성군(聖君)의 무위지치(無爲之治)를 비유하는 말이다. 《주역》〈계사전 하(繫辭傳下)〉에 "황제와 요순 같은 제왕이 의상을 늘어뜨리고 편히 앉아 있어도 천하가 잘 다스려졌으니, 이는 천지자연의 법도를 취했기 때문이다.〔黃帝堯舜, 垂衣裳而天下治, 蓋取諸乾坤.〕"라는 말이 있다.

147 문자와 문손이 : 본래 문왕(文王)과 무왕(武王)의 자손을 가리키는 말인데, 전하여 제왕의 자손을 높여 이르는 말로 쓰인다. 《서경》〈입정(立政)〉의 "지금부터 이후로 문자와 문손께서는 여러 옥사와 여러 형벌을 그르치지 마시고, 오직 담당자를 잘 다스리

하늘의 큰 명을 받았도다　承承駿命
모든 곡식이 풍년이 들고　萬稼攸同
백관이 이를 본받아　百工是式
아, 천억 년 동안　於千億祀
전일한 덕 드러나지 않으랴　不顯一德

유천(惟天) 1장이니, 16구이다.

소서.〔繼自今, 文子文孫, 其勿誤于庶獄庶愼, 惟正是乂之.〕"라는 구절에서 유래하였다.

성묘

省墓

내가 와서 무엇을 보았나 我來何所覿
높은 봉분[148] 앞에서 눈물 흘렸네 淚灑若堂封
산소의 나무에 봄바람 일고 域樹春風發
언덕의 잔디에 이슬 기운 짙네 原莎露氣重
하늘은 어리고 외로운 신세를 돌아보았고[149] 天其藐孤相
땅은 길인이 길지를 만남을 허락했네[150] 地許吉人逢
어느 날에 초가집 엮어 曷日茅菴結
선영을 우러르며 농사에 힘쓸까 瞻依更事農

148 높은 봉분 : 원문의 '당봉(堂封)'은 당의 기초와 같아서 사각형으로 높은 무덤을 형용한 말인데, 후세에는 일반적으로 무덤을 뜻하는 말로 통용되었다. 《예기》 〈단궁 상(檀弓上)〉에 자하(子夏)가 말하기를 "예전에 공자께서 '내가 봉분을 당처럼 쌓은 것을 보았고, 제방처럼 쌓은 것을 보았으며, 큰 지붕을 덮은 것을 보았고, 도끼처럼 쌓은 것을 보았다. 나는 도끼처럼 쌓는 것을 따르겠다.'라고 하셨는데, 바로 세속에서 이른바 마렵봉이라고 하는 것이다.〔昔者夫子言之曰: 吾見封之若堂者矣, 見若坊者矣, 見若覆夏屋者矣, 見若斧者矣, 從若斧者焉. 馬鬣封之謂也.〕"라는 구절에서 유래하였다. 마렵봉은 위가 좁아 칼날과 같아서 만들기 쉬운 것을 가리킨다.

149 하늘은……돌아보았고 : 원문의 '막고(藐孤)'는 어리고 고단한 형편을 말한다.

150 땅은……허락했네 : 풍수가 사이에 통용되는 "길인이 길지를 만난다.〔吉人能逢吉地.〕"라고 한 구절을 가리킨다. 《宋子大全 卷177 參奉贈參判趙公墓碣銘幷序》

돌아오는 길에 이령 치성 노집 이 생각나 이 시를 지어서 인편을 기다려 부치고 아울러 아름다운 시로 화답해주길 바라다[151]

歸路 有懷李令穉成 魯集 賦此 待便投寄 兼乞瓊報

몇 차례 나의 고향에서 소매를 마주 잡았는가	幾度吾鄉把袂時
여태껏 질탕한 적 없더니 이번만은 기이했네	從無跌宕此番奇
누각 속에 촛불 돋우며 밤새워 이야기하고	樓中跋燭聯宵話
강가에 배 멈추고 이틀 동안 시를 지었네	江上停舟兩日詩
맑고 한가로운 정취를 예전에 몰랐던 것 아니나	趣想淸閒非昔昧
고상하고 깨끗한 풍류를 지금 다시 알았네	風流蘊藉更今知
가련한 나는 전원에 돌아갈 계책 이루지 못하여	自憐未遂歸田計
늘 그대와 헤어진 뒤에 수심만 깊어지네	長與君深別後思

151 돌아오는……바라다 : 이노집(李魯集, 1773~?)의 본관은 덕수(德水), 자는 치성(穉成), 거주지는 여주(驪州)이다. 아버지는 통덕랑 이신모(李莘模)이고, 생부는 이영모(李英模)이며, 어머니는 김상화(金相和)의 딸이다. 1807년(순조7) 문과에 급제한 뒤, 1816년(순조16) 중시 문과에 장원으로 급제하였다. 관직은 사간원 대사간·성균관 대사성·사헌부 대사헌·예방 승지 등을 두루 역임하였고, 외직으로 충주 목사, 경기 도사 등을 역임하였다. 1836년(헌종2) 동지사 부사로 청나라에 다녀왔다. 이령(李令)의 령은 당상관을 의미하는 영감을 가리키는 듯하다. 시의 내용으로 보아 이노집은 풍고와 자주 어울렸던 듯한데, 이 시 외에는 기록이 보이지 않는다.

배 안에서 이 명부에게 시를 부치다[152]

舟中寄呈李明府

모래톱과 버들이 푸르게 안개에 덮였는데	汀洲楊柳碧沈煙
이별의 회포와 흐르는 강물이 함께 아득하네	別緖江流兩渺然
다시 봉창을 걷고 고개 돌리며 서니	更揭篷窓回首立
사또의 누각이 멀리 선경과 같네	使君樓閣望如仙
바닥까지 보이는 강물은 맑고도 깊은데	徹底淸江淸且深
외로운 배만 곧장 월계 나루로 향하네	孤舟直向月溪潯
분명한 한 줄기 강물 길이	分明一片江程水
모두 명공께서 나를 보내는 마음이리[153]	盡是明公送我心

152 배……부치다 : 명부(明府)는 지방 수령을 가리키는 말인데, 이 명부(李明府)가 누구인지는 미상이다. 참고로 당시 여주 목사(驪州牧使)는 이진연(李晉淵)으로 1826년(순조26) 8월부터 1828년(순조28) 4월까지 재임하였다.

153 분명한……마음이리 : 이백(李白)의 〈증왕륜(贈汪倫)〉에 "이백이 배를 타고 출발하려 하는데, 문득 언덕 위에서 답청하는 노랫소리 들리네. 도화담 물은 깊이가 천 척이지만, 왕륜이 나를 보내는 정에는 미치지 못하지.〔李白乘舟將欲行, 忽聞岸上踏歌聲. 桃花潭水深千尺, 不及汪倫送我情.〕"라는 말이 참고가 된다.

비 내리는 밤에 한치요의 시에 차운하다[154]

夜雨次韓致堯韻

달빛 어둡고 바람 향기로워 초정에 누우니 月黑風薰臥草亭
올해는 철이 이르고 비가 때맞춰 내리네 今年節早雨時行
오경이라 베갯머리에 한단의 꿈[155] 흩어지니 五更枕散邯鄲夢
몇 마을인가 숲속에 개구리 소리 시끄럽네 幾部林喧鼓吹聲
다행히 청산이 있어 아무리 보아도 물리지 않으니 幸有青山看不厭
만일 백발이 없다면 노성함을 어찌 이루랴 如無白髮老何成
시비를 그치고자 해도 되레 더 일어나니 是非要息還添起
어디를 가나 오나 이 생애가 우습네 來去之間笑此生

154 비……차운하다 : 한치요(韓致堯)는 당나라 말기의 시인 한악(韓偓, 844~923)을 가리키며, 치요는 그의 자(字)이다. 한악의 원운은 〈풍경을 바라보며〔有矚〕〉란 시인데, 저물녘에 보이는 고즈넉한 풍경에서 현실의 얼크러진 난국을 떠올려, 옛날에 은거했던 진(晉)나라 재상 사안(謝安)을 다시 일으켜 정국을 바로잡고자 하는 심정을 읊은 시이다.

155 한단의 꿈 : 원문의 '한단몽(邯鄲夢)'은 꿈속에서 부귀영화를 누리는 것을 가리키는데, 전하여 부귀공명의 덧없음과 세월의 무상함을 의미한다. 당나라 때 노생(盧生)이 일찍이 한단(邯鄲)에서 도사 여옹(呂翁)의 베개를 베고 잠이 들었는데, 노란 메조〔黃粱〕 밥을 한 번 짓는 동안에 부귀영화를 다 누린 꿈을 꾸었다고 한다.

청석부연가[156]

青石斧硯歌

옛날 숙신의 돌살촉을 노래했고[157]	昔歌肅愼砮
지금 여진의 도끼를 노래하네	今歌女眞斧
여진은 청석으로 무기를 만드니	女眞青石爲戎器
숙신씨가 그 비조가 되네[158]	肅愼氏惟厥鼻祖
도끼는 구멍을 뚫지 않고 자루에 끼워	斧不穿孔挾以柯

156 청석부연가(青石斧硯歌) : 이 시는 영재(泠齋) 유득공(柳得恭, 1748~1807)의 《영재집(泠齋集)》 권5에 〈청석부연가(青石斧硯歌)〉라는 제목으로 실려 있는데, 잘못하여 여기에 편입된 듯하다. 《영재집》의 원주에 "성용여가 도끼 두 개를 주기에 그 하나를 쪼아 벼루를 만들었다.〔成龍汝以二斧相贈, 斲其一爲硯.〕"라는 원주가 붙어 있어, 유득공이 성해응(成海應)에게서 청석부를 선물받고 지은 것임을 알 수 있다.

157 옛날……노래했고 : 《영재집(泠齋集)》 권1에 실린 〈숙신노가(肅愼砮歌)〉를 가리킨다. 내용에 따르면 청장관(青莊館) 이덕무(李德懋)의 부친 이성호(李聖浩)가 남옥저(南沃沮 함흥 일대)를 여행하며 돌살촉을 얻어 이덕무에게 보냈는데, 유득공은 이덕무를 통해 녹색과 홍색 1개씩을 얻고서 돌살촉의 모양과 유래 및 북방 평정의 염원을 시로 읊었다.

158 여진은……되네 : 여진의 선조인 숙신씨(肅愼氏) 때부터 호시(楛矢)와 석노(石砮)가 유명하였으니, 《국어(國語)》 〈노어 하(魯語下)〉에 "숙신씨가 호시와 석노를 바쳤는데, 길이가 1척 8촌이었다.〔肅愼氏貢楛矢石砮, 其長尺有咫.〕"라고 하였다. 여진(女眞)의 명칭은 시대에 따라 달랐는데, 주(周)나라 때는 숙신씨, 한(漢)나라 때는 읍루(挹婁), 남북조(南北朝) 시대에는 물길(勿吉), 수・당(隋唐)시대에는 흑수말갈(黑水靺鞨), 오대(五代) 시대에는 여진이라 칭했고, 청나라 때는 만주족이라 일컬었다. 유득공도 "숙신의 후예를 여직이라 일컬으니, 우리와 강을 사이에 두고 마을을 이뤘네.〔肅愼之裔曰女直, 與我隔江爲穹廬.〕"라고 읊었다. 《泠齋集 卷1 肅愼砮歌)》 여직은 요(遼)나라 임금 야율종진(耶律宗眞)을 피휘하여 개칭한 이름이다.

적을 만나면 웃통 벗고 한바탕 춤을 추었네　遇敵酣鬥袒裼舞
회상하건대 옛날에 고려는 용병을 잘하여　憶昔高麗善用兵
우레 같은 달구질 소리로 아홉 성을 쌓았네[159]　萬杵如雷築九城
대금의 강종 오아속[160]은　大金康宗烏雅束
우리의 척준경[161]을 당해내지 못해　不能當吾拓俊京
맹안과 모극이[162]　猛安與謀克

159 고려는……쌓았네 : 고려 예종 2년(1107)에 윤관(尹瓘) 등이 별무반(別武班)을 동원하여 여진이 점령한 두만강 이북 지역을 회복한 후 9개 성을 축조하였는데, 웅주(雄州)·영주(英州)·복주(福州)·길주(吉州)·함주(咸州)·공험진(公嶮鎭)·숭녕진(崇寧鎭)·진양진(眞陽鎭)·통태진(通泰鎭)이 그곳이다. 이후 여진족이 조직적인 무력 항쟁을 벌이는 한편 고려를 침범하지 않겠다고 맹세하며 화친을 청해오자 1109년(예종 4)에 여진족에게 되돌려주었다.

160 오아속(烏雅束) : 1061~1113. 여진 완안부(完顔部)의 족장으로 자는 모로완(毛路完), 묘호는 강종(康宗), 시호는 공간 황제(恭簡皇帝)이다. 세조(世祖) 핵리발(劾里鉢)의 장자다. 금나라 태조(太祖) 아골타(阿骨打)의 형으로 아골타에 앞서 족장이 되어 여진 부족을 통일하고서 먼저 고려(高麗)를 침공, 4차에 걸친 싸움 끝에 대관(大觀) 10년(1110) 함흥(咸興)과 정평(定平)을 국경으로 정했다. 이어 소빈수(蘇濱水) 유역의 반란을 진압하고, 북금해(北琴海) 지역을 병합했다.

161 척준경(拓俊京, ?~1144) : 곡산 척씨(谷山拓氏)의 시조로 아버지는 검교대장군(檢校大將軍) 위공(謂恭)이다. 1107년(예종2) 중군병마녹사(中軍兵馬錄事)로 윤관(尹瓘)을 따라 동여진 정벌에 종군해 석성(石城)·영주(英州) 전투에서 크게 이겼다. 그 공으로 합문지후(閤門祗候)에 제수되고, 다시 길주(吉州) 전투에서 공을 세워 공부원외랑(工部員外郎)이 되었다. 이후 요직을 두루 거쳐 벼슬이 이부 상서에 이르렀다. 1127년(인종5) 권세를 함부로 부려 인종의 미움을 받아 암타도(巖墮島)에 유배되고, 이듬해 곡주(谷州)로 이배되었다. 이후 다시 기용되어 1144년(인종22)에 조봉대부(朝奉大夫)에 올랐으나 곧 별세하였다. 참고로 拓이 성으로 쓰일 때는 본음이 탁인데 우리나라에서는 척으로 굳어진 듯하다.

162 맹안(猛安)과 모극(謀克)이 : 맹안과 모극은 금나라 초기 1114년부터 시행된 행

도끼를 버리고 강 북쪽으로 달아났네 棄斧走江北
그러나 지금으로부터 육백 년이 지났으니 如今可是六百年
아리따운 봄 산에 푸른빛만 곱네 耶嫩春山翠姸姸
청주[163] 도호는 술에 취해 잠들었고 靑州都護中酒眠
건장한 아이들 노래 부르며 돌밭을 김매네 健兒高歌耘石田
돌밭에는 돌도끼가 많으니 石田多石斧
지금 사람 밭 가는 곳이 옛사람의 싸움터네 今人耕處古人戰
지금 사람이 도끼를 얻은들 쓸 곳이 없어 今人得斧無所用
가져다 갈아서 벼루를 만드네 磨礱持作硯
그대는 보지 못했는가, 늙은 오랑캐 창을 휘두르며
적을 대파했는데 君不見老羌奮戟大破賊
서생의 팔뚝은 먹을 갈기조차 힘에 겹네 書生腕力劣磨墨

정 조직의 단위, 또는 그 조직의 으뜸 벼슬을 말한다. 《금사(金史)》 〈병지(兵志)〉에 "금나라 초기에는 제부(諸部)의 백성들은 다른 요역이 없고, 장정은 모두 군대에 편입되었다.……그들의 부장(部長)을 발근(孛菫)이라 호칭하고, 행군할 적에는 맹안・모극이라 하였다. 맹안은 천부장(千夫長)과 같고, 모극은 백부장(百夫長)과 같은데, 두목이 통솔하는 군사의 수효에 따라 호칭한다."라고 하였다. 《이동복, 金代 女眞社會의 構成, 일조각, 1986》

163 청주(靑州) : 함경남도 동부에 있는 북청(北靑)의 옛이름이다. 본래 고구려와 발해 치하에 있었으나, 발해 멸망 후 오랫동안 여진에 점령되어 있었다. 고려 때에 9성을 쌓으면서 우리나라 영토가 되었다가 다시 여진에 반환하였고, 공민왕5년(1356)에 북진을 단행하여 원나라로부터 빼앗아 북청주(北靑州)라는 이름으로 개칭하면서 북청(北靑)이라는 이름을 쓰기 시작하였다. 조선 태조7년(1398)에 잠시 이름을 청주(靑州)로 고쳤으나, 청주목(淸州牧)과 구별하기 위해 태종17년(1417)에 북청(北靑)으로 되돌렸다. 세종9년(1427)에 도호부로 승격하였다.

가을에 감회가 일어
秋生

파사산[164] 아래에 행인들 적은데	婆娑山下少人行
이호[165]에 이르면 강물이 더욱 푸르고 맑네	江到梨湖更碧清
지나치다 한참 동안 앉았던 적 몇 번이던고	幾遣經過移晷坐
감회가 가을에 다달아 일어남을 금하지 못하겠네	不禁懷想屬秋生
뽕나무와 삼줄기는 비옥한 밭에 무성하고	桑麻翳翳膏腴土
아이들과 노인은 사슴과 돼지처럼 순박하네	童叟蚩蚩鹿豕情
다만 남양에 은거해 누운 제갈량이 되어야지	但得南陽歸臥葛
어찌 꼭 북해에 은거한 봉맹이 되랴[166]	何煩北海隱居萌

164 파사산(婆娑山) : 이포나루에서 동쪽에 보이는 해발 230미터의 산으로 옛날 파사국(婆娑國)의 자리라는 설과 신라의 제5대 임금 파사왕(婆娑王, 재위 80~111) 때 성을 쌓아서 파사산이란 이름이 붙었다고도 한다. 신라 진흥왕은 553년에 군사행정 조직인 골내근정(骨乃斤亭)을 이곳에 두고 대규모의 석성을 쌓았고, 임진왜란 때는 유성룡의 건의로 승병장 의암(義巖)이 승군을 동원하여 3년에 걸쳐 옹성과 장대, 군기소까지 갖춘 성으로 수축하였다. 여주·이천·양평을 지킬 수 있는 요충지이다.

165 이호(梨湖) : 남한강의 여러 구간마다 이름이 다른데, 경기도 여주시 대신면 천서리 일대를 이호라 부른다. 현재는 이포대교가 놓여 있다.

166 남양에……되랴 : 제갈량(諸葛亮, 181~234)은 삼국 시대 촉한(蜀漢)의 정치가로 자는 공명(孔明)이다. 남양(南陽) 융중(隆中) 땅에서 초옥(草屋)을 짓고 농사지으며 은거하고 있다가, 세 번이나 그곳을 찾아온 유비(劉備)의 정성에 감동하여 세상에 나온 이른바 삼고초려(三顧草廬) 고사의 주인공이다.《三國志 卷35 蜀書 諸葛亮傳》 봉맹(逢萌)은 자가 자강(子康)으로 후한(後漢) 때 북해(北海) 사람이며《춘추(春秋)》에 밝았다. 왕망(王莽)이 충간하는 자신의 아들 왕우(王宇)를 죽이는 것을 보고, 그는

"지금은 삼강(三綱)이 끊어졌으니, 벼슬을 버리고 떠나지 않으면 화환이 닥칠 것이다." 라고 하고서 의관을 벗어 동도(東都)의 성문에 걸고 나서 가족을 데리고 요동(遼東)으로 떠났다고 한다. 《後漢書 卷83 逸民傳 逢萌列傳》

강촌잡영
江村雜詠

강은 제방 버들에 이어지고 버들은 다리에 이어져	江連堤柳柳連橋
달빛 비치는 대지에 뚜우우 객이 부는 피리소리	月地嗚嗚客弄簫
흥이 일면 거리가 멀고 가까움 따지지 않고	興發不知行近遠
조각배로 바다 입구의 조수를 범하기도 했네	扁舟或犯海門潮
여뀌 붉은 꽃과 갈대 흰 꽃이 피었는데	蓼作紅花蘆白花
소나무 회나무 푸른빛이 강에 가로 비치네	松槐交翠映江斜
낚싯대 벽에 걸리고 그물은 땅에 널렸으니	絲竿掛壁罾鋪地
이 어부의 집이 벼슬하는 집임을 알겠네[167]	知是漁家是宦家
도서를 가득 싣고 물 따라 다니던 사람들	滿載圖書逐水行
세상에 전하는 좋은 시구가 나를 놀래네	流傳佳句使人驚
바람결에 애써 화답하고자 해도	臨風强欲相攀和
별빛 달빛 빛나는 곳에 반딧불 재주 부끄럽네	星月輝邊愧綴螢

167 낚싯대……알겠네 : 당시에 눈앞의 풍경을 서술한 것으로, 낚싯대와 그물을 마련하여 은거 준비를 마쳤으나, 벼슬에 쫓겨 한가로운 생활을 영위하지 못하는 상황을 의미하는 듯하다.

이가용 로 에게 답하며 도연명의 시에 화운하다[168]

答李可用 潞 和陶韻

가고 가서 날마다 멀어지니 去去日以遠
황곡이 아득히 높이 떴네 黃鵠高冥冥
노둔한 말은 마구간 콩을 그리워하니 駑馬戀棧豆
어찌 천 리를 갈 마음 품으랴 寧懷千里情
고상한 선비는 높은 벼슬을 하찮게 여겨 高士藐青雲
붉은 대문을 오두막과 똑같이 보았네 朱戶視蓬荊
그런 까닭에 융준공은 所以隆準公
고양생 맞으며 발 씻기 그쳤네[169] 辟洗高陽生

168 이가용에게……화운하다 : 이로(李潞, 1769~?)의 본관은 전주(全州), 자는 가용(可用)이다. 아버지는 이형정(李亨正)이고, 어머니는 심능운(沈能運)의 딸이다. 1803년(순조3)에 진사시와 문과에 급제하였다. 1818년(순조18) 동지사의 서장관으로 중국에 다녀왔다. 1824년(순조24) 동래 부사(東萊府使)가 되었다. 도연명의 시는 《도정절집(陶靖節集)》 권3에 〈신축년 칠월에 가주에 갔다가 강릉으로 돌아오며 밤에 도구를 가다〔辛丑歲七月赴假還江陵夜行塗口〕〉라는 제목으로 실려 있다. 동진(東晉) 융안(隆安) 5년(401)에 도연명이 37세의 나이로 환현(桓玄)의 막하에서 벼슬하다 휴가로 가주(假州)에 갔다가 7월에 휴가가 끝나 강릉현으로 돌아오는 도중에 지은 시이다. 이 시는 시서(詩書)와 전원생활을 저버리고 남쪽 고장에서 벼슬살이하는 신세를 한탄하고, 높은 관직과 많은 녹봉을 부러워하지 않고 소박한 삶속에서 순수한 성정(性情)을 수양하겠다는 다짐을 읊고 있다.

169 그런……그쳤네 : 융준공(隆準公)은 한고조(漢高祖)가 코가 높았으므로 융준공이라는 별칭을 얻었다. 고양생(高陽生)은 한(漢)나라 창업에 공을 세운 역이기(酈食其)의 출신지가 고양이므로 이렇게 일컬은 것이다. 한고조 유방(劉邦)이 아직 패공(沛

경박한 풍속이 높은 벼슬 중시하니　　薄俗重金紫
옛 도를 누가 다시 밝히랴　　古道誰復明
초목이 문득 시들어 떨어지니　　草木忽搖落
외로운 회포 가라앉힐 수 없네　　孤懷不可平
대문을 나서 갈림길 바라보니　　出門望岐路
움츠려들어 갈 곳을 모르겠네　　蹩躠昧所征
열 이랑의 밭이 어찌 없으랴　　豈無十畝田
한가로이 밭갈이할 수 있네[170]　　閒閒可耦耕
안거가 걸어 다니는 것만 못하니[171]　　安車不如步

公)으로 있을 때, 역이기가 유방을 찾아가자 유방은 의자에 걸터앉아 두 여자를 시켜 발을 씻는 채로 역이기를 맞았다. 역이기가 읍만 하고 절은 하지 않으면서 늘 그런 태도로 어진 사람을 대하면 천하를 도모할 수 없다고 꾸짖으니, 유방은 발 씻던 것을 멈추고 옷을 입고 정중하게 맞아 천하를 도모할 계책을 논했다고 한다. 《漢書 卷43 酈食其傳》

170 열……있네 : 원문의 '십묘전(十畝田)'은 전원에 은거하여 벼슬에 나가지 않는다는 의미이다. 《장자(莊子)》 〈양왕(讓王)〉에 공자가 안회(顔回)에게 벼슬을 권하자, 안회가 "저는 벼슬하기를 원치 않습니다. 저는 성곽 밖에 50묘의 밭이 있는데, 죽 정도는 먹기 충분하며, 또 성곽 안에 있는 10묘의 밭에 뽕나무와 삼을 심어 명주와 삼베옷을 충분히 만들 수 있습니다. 또 거문고를 타면서 스스로 즐겁게 할 수 있으며 선생님에게서 배운 도로 족히 스스로 즐길 수 있으니, 저는 벼슬살이하기를 원치 않습니다."라고 대답한 데서 유래하였다. 원문의 '경우(耦耕)' 또한 시골에 은둔하여 농사를 짓는 것을 상징한 말이다. 《논어》 〈미자(微子)〉에 "장저와 걸닉이 김매며 밭 갈고 있을 때 공자가 지나가다가 자로를 시켜 나루터를 물어보게 하였다.〔長沮桀溺耦而耕, 孔子過之, 使子路問津焉.〕"라는 말이 나온다.

171 안거(安車)가……못하니 : 임금의 초빙으로 벼슬살이하는 것보다 자유롭게 사는 것이 낫다는 의미이다. 안거는 앉아서 편히 타는 수레를 뜻한다. 수레는 서서 타는 것이 상례이나, 국가의 원로나 명망 있는 인사를 부를 때에 안거를 하사하여 예우하였

저자의 아이들 무엇을 영화롭게 보는가　市童何所榮

군자는 근본에 힘쓰나니　君子務其本

만물은 각자 이름이 있네　萬物各有名

다. 후한 때에 상서령 진번(陳蕃)이 상소해서 서치(徐穉) · 강굉(姜肱) · 원굉(袁閎) · 위저(韋著) · 이담(李曇) 다섯 명의 처사를 천거하니, 황제가 안거와 현훈(玄纁) 등의 예를 갖추어 불렀으나, 모두 응하지 않았다고 한다.《資治通鑑 漢桓帝 延熹二年》

죽음을 슬퍼하며

傷逝

어느 핸들 매화가 그대 집에 피지 않았던가	何年梅不發君家
다만 지난 자취 되었으니 꿈조차 멀어지네	秖是前塵夢也賒
죽어 이별하고 살아 헤어지는 무한한 한에	死別生離無限恨
아홉 번 꼬인 창자 죽일 듯이 꼬이네[172]	九回腸曲攪來沙

172 아홉……꼬이네 : 애간장이 타서 견디기 어려움을 가리킨다. 창자가 아홉 번 꼬였다는 것은 극심한 심적 고통을 비유한 말로 사마천(司馬遷)이 〈임안에게 답한 편지〔報任安書〕〉에 자신이 말을 잘못한 까닭으로 형벌을 받아 천하의 비웃음거리가 되어 부모 묘소조차 찾아가지 못하는 심정을 "장이 하루에도 아홉 번이나 꼬인다.〔腸一日而九回.〕"라고 표현한 말이 보인다. 죽일 듯이 꼬인다는 말은 교장사(攪腸沙)라는 증세를 가리킨다. 《산림경제(山林經濟)》에는 가슴과 배가 당기며 아프고 냉한(冷汗)이 나며 붓고 가빠서 죽을 듯한 증세를 세속에서 일컫는 말로 건곽란(乾霍亂)과 비슷하며 혹은 상한(傷寒)과도 같다고 한다. 또한 해안 지방에서 식중독에 걸려 곽란과 같은 증세를 살복통(殺腹痛)이라 하는데, 사(沙)와 살(殺)이 발음이 비슷하고 치료법도 닮은 것으로 보아 이것이 교장사와 비슷한 것으로 보았다. 《山林經濟 卷3 救急 攪腸沙》

세자께서 지은 〈궁궐 신료들에게 귤을 하사하며〉라는 시를 받들어 읽고 공경히 차운하다[173]

恭奉睿製頒橘宮僚詩敬賡

천지간에 남쪽에서 나는 과일이	后皇南國産
바다 건너 화려한 궁궐로 나들이 왔네	航海旅華堂
꾸러미 펴니 금색이 찬란하고	解包燦金色
껍질을 까니 청량한 향기가 맑네	掐殼洌霜香
세자의 시가 하늘의 빛을 발하니	睿藻發天輝
아름다운 과실이 광채를 더하누나	佳實爲增光
궁중의 신하들 은혜로운 선물 자랑하고	宮臣詫恩頒
뒤따라 지으며 남은 향기 받드네	賡什挹餘芳
알겠노니, 네 가지 덕 칭송하는 노래[174]	恭知四重謠

173 세자께서……차운하다 : 세자는 효명세자(孝明世子, 1809~1830)를 가리키는 듯한데, 원시는 미상이다. 효명세자의 이름은 영(昊), 자는 덕인(德寅), 호는 경헌(敬軒)이다. 순조(純祖)의 아들로 어머니는 김조순의 딸인 순원왕후 김씨(純元王后金氏)이다. 1812년(순조12) 왕세자에 책봉되었으며, 1819년 영돈녕부사 조만영(趙萬永)의 딸인 풍양 조씨(豐壤趙氏)를 맞아들여 가례를 올렸다. 1827년 부왕인 순조의 명령으로 대리청정을 하면서 어진 인재를 널리 등용하고, 형옥을 신중하게 하는 동시에 모든 백성을 위하는 정책의 구현에 노력하였으나 불행히도 대리청정을 수행한 지 3년 3개월 만인 1830년(순조30) 5월 6일에 창덕궁의 희정당에서 홍서하였다. 그의 아들 헌종(憲宗)이 즉위한 뒤 익종(翼宗)으로 추존되었다. 묘호는 문호(文祜), 능은 경기도 구리시 인창동에 있는 수릉(綏陵)이며, 시호는 효명(孝明)이다.

174 네 가지……노래 : 원문의 '사중요(四重謠)'는 세자가 지닌 네 가지 덕을 칭송하는 노래를 가리킨다. 본래 한(漢)나라 명제(明帝)가 태자로 있을 때 악인(樂人)이 〈일

만 리 오랑캐 고장에까지 퍼지리 萬里播蠻鄕

중광(日重光)〉·〈월중륜(月重輪)〉·〈성중휘(星重輝)〉·〈해중윤(海重潤)〉 등 4장의 가시(歌詩)를 지어, 제왕이 지닌 덕을 태자도 동일하게 지녔음을 칭송한 데서 유래하였다.《天中記 卷12 太子》

용성이 병을 떨치고 일어남을 기뻐하며

喜蓉城病起

그대가 밝은 달 따라 찾아와 대문 두드리니	君隨明月款扉廻
바라보던 수심스러운 눈썹 갑자기 펴지네	望眼愁眉驀地開
다른 이들은 전한 자의 잘못임을 이미 알았는데	他會固知傳者過
본인은 예기치 않던 병에 걸렸다 말을 하네[175]	自言无妄病之來
등잔 앞에 다시 삼분의 형세 만들고	燈前再整三分局
매화 아래 다시 칠보의 재주에 놀라네[176]	梅下重驚七步才
가난한 집에 이틀을 묵느라 응당 목이 마를 테니	信宿貧家應惱渴
민수 같은 봄술[177] 무한정 기울이세	如澠春酒莫論杯

175 다른……하네 : 이의철의 병에 대해 이미 와전된 소문이 있었음을 가리키는 듯하다. 원문의 '무망(无妄)'은 의외라는 말로 《주역》 〈무망괘(无妄卦)〉의 구오효(九五爻)에 "예기치 않던 병은 약을 쓰지 않으면 기쁜 일이 있으리라.〔无妄之疾, 勿藥, 有喜.〕"라는 말이 나온다.

176 등잔……놀라네 : 삼분(三分)의 형세는 세 사람이 단란히 모여 시주(詩酒)를 즐긴다는 뜻인데, 본래 삼국 시대에 위(魏)·촉(蜀)·오(吳)가 중국의 셋으로 나눠 차지한 데서 유래하였다. 칠보재(七步才)는 시재(詩才)가 민첩한 것을 가리키는데, 위(魏)나라 조식(曹植)이 조조(曹操)의 위협에 일곱 발자국 걷는 동안에 〈칠보시(七步詩)〉를 지은 데서 유래하였다.

177 민수(澠水) 같은 봄술 : 술을 많이 준비했다는 말이다. 《춘추좌씨전》 소공(昭公) 2년에, 제(齊)나라 임금이 "술은 민수처럼 많고 고기는 언덕처럼 많다.〔有酒如澠, 有肉如陵.〕"고 말한 내용이 있다.

중국 부채에 써서 재종제 태경 초순 에게 부치다[178]

題唐箑寄再從弟太卿 初淳

종려로 만든 작은 부채가 연경에서 나왔으니　棕櫚小箑出燕中
보내는 이유는 만든 솜씨 좋아서가 아니네　寄去非因製造工
맑고 신중히 사또가 정무 보는 곳에　清愼使君爲政處
한 고을 지휘하는 인풍을 돕게 함이네[179]　指麾一境助仁風

178 중국……부치다 : 김초순(金初淳, 1776~?)의 본관은 안동(安東), 자는 태경(太卿)으로 부친은 김이현(金履顯)이고, 모친은 이조승(李祖承)의 딸이다. 1804년(순조4)에 진사시에 합격, 초반에는 주로 사옹원, 사복시, 이조 등의 내직에 근무하다가 1813년(순조13) 의령 현감(宜寧縣監), 1816년(순조16) 개령 현감(開寧縣監), 1822년(순조22) 전주 판관(全州判官), 1828년(순조28) 청도 군수(淸道郡守), 1831년(순조31) 해주 판관(海州判官) 등을 역임하였다.

179 한……함이네 : 청도 군수(淸道郡守)로 있는 김초순에게 선정을 당부하며 부채를 보낸다는 의미이다. 원문의 '인풍(仁風)'은 은택이 바람처럼 흐른다는 의미로 옛날에 제왕이나 지방관의 선정을 칭송하던 말이다.

남지 전날[180]

南至前日

사람을 감상케 하는 계절이 닥치니　感人時序迫
동짓날이 하루 남았네　南至隔宵單
처마의 해는 맑았다 도로 흐려지고　檐旭晴還曀
계곡의 바람은 저녁 되니 더욱 시리네　溪飆晩愈酸
양이 처음 회복됨이 사랑스러우나　縱憐陽始復
한 해가 다 저물어감이 애석하네　秖惜歲將闌
홀로 성근 매화 앞에 앉으니　獨對疏梅坐
깊은 방이라 한기도 들지 않았네　深房不受寒

180 남지(南至) 전날 : 남지는 동지(冬至)의 별칭으로 태양이 남쪽에 이른다는 일남지(日南至)에서 온 말이다. 겨울이 되면 온통 음(陰)인데 동지(冬至)에 양(陽)이 처음 발생하므로 이날을 특별히 생각하였다.

산중 생활에 봄이 저물어
山居春暮

봄 내내 불던 비바람 비로소 그치매	收拾全春與雨風
홀로 숲속 별서에 와 남은 꽃을 찾네	獨來林墅覔殘紅
우수수 옷 위에 떨어지는 꽃잎은 없으나	縱無亂落盈衣上
아직 남은 꽃향기가 술잔 속에 감도네	猶有餘芳浥酒中
우는 새 극진한 정은 좋은 벗과 닮았고[181]	啼鳥盡情良友近
한가한 구름 떠가는 모습은 도인과 같도다	閑雲去態至人同
인생의 슬픔과 즐거움 어디에서 끝이 날지	百年哀樂將何極
고개 들고 청려장 짚고서 푸른 하늘 바라보네	矯首支藜望碧空

181 우는……닮았고 : 《시경》 〈벌목(伐木)〉에 "도끼 소리 쩡쩡, 새소리 꾀꼴꾀꼴. 깊은 골짜기에서 나와, 높은 나무로 옮겨가네. 꾀꼴꾀꼴 노래하는 새들이여, 벗을 구하는 소리로다.〔伐木丁丁, 鳥鳴嚶嚶. 出自幽谷, 遷于喬木. 嚶其鳴矣, 求其友聲.〕"라고 하였다.

그림을 읽다[182]

讀畫

푸른 산에 이내가 일렁이고 단풍잎 짙으니	暖翠浮嵐絳葉陰
황자구와 예운림의 화법을 조화시켰네[183]	參黃子久倪雲林
시를 논하는 비법으로 그림을 논하자면	論詩秘鑰拈論畫
소식을 통해 두보로 들어가는 마음과 은연중 부합되리[184]	

182 그림을 읽다 : 이 시는 자하(紫霞) 신위(申緯)가 지은 것인데 잘못 이곳에 편입된 듯하다. 신위의 《경수당전고(警修堂全藁)》 책11 〈화경잉묵(花徑賸墨)〉 9에 〈두계 판원의 부채에 아들 명준이 예찬과 황공망의 화법을 섞어 그림을 그리고, 궁윤 진석사 용광이 절구 두 수를 썼기에 곧 원운을 따라 짓다〔於荳谿判院扇面 兒子命準畫倪黃合法 宮允陳石士用光爲題二絶 卽用原韻〕〉라는 제목으로 실린 2수 중 첫 수이다. 이 제목에 따르면 본래 부채는 두계(荳谿) 박종훈(朴宗薰, 1773～1841)의 것이고, 그림은 신위의 아들 신명준(申命準, 1803～1842)이 그렸으며, 시는 진용광(陳用光)이 지었는데, 이 시의 운자를 신위가 다시 차운한 것으로 보인다. 또한 〈화경잉묵〉은 갑신년(1824) 2월에서 7월에 걸쳐 지은 것이므로 이 시도 그즈음에 지어진 것으로 보인다. 진용광은 강서(江西) 신성(新城) 사람으로 자는 석사(碩士)・석사(石士), 호는 수석(瘦石)・백석(白石)으로 가경(嘉慶) 신유년(1801)에 연이어 진사에 합격하고 한림 서길사(翰林庶吉士)가 되었다고 한다. 《五洲衍文長箋散稿 經史篇4 經史雜類2 淸脾錄大小刻本辨證說》 신위는 1812년(순조12) 진하겸주청사의 서장관으로 연경에 다녀왔는데, 완당 김정희의 주선으로 옹방강 부자를 만나 교유를 맺어 이후로도 서신 왕래가 이어졌다.

183 황자구(黃子久)와……조화시켰네 : 황자구는 원말 4대 화가의 한 사람인 황공망(黃公望, 1269～1354)을 가리키며, 자구는 그의 자(字)이다. 강소(江蘇) 상숙(常熟) 출신으로 호는 일봉(一峯)・대치(大癡)이다. 예운림(倪雲林)은 원말 4대 화가의 한 사람인 예찬(倪瓚, 1301～1374)을 가리키며, 운림은 그의 호이다. 강소(江蘇) 무석(無錫) 출신으로 자는 태우(泰宇)・원진(元鎭)이고, 호는 운림자(雲林子)・형만민(荊蠻民)・환하자(幻霞子) 등이다.

默契由蘇入杜心

184 소식(蘇軾)을……부합되리 : 신위의 이 시 아래에 "원시의 자주(自註)에 《담계집(覃溪集)》을 인용하였다고 하였으므로 언급한 것이다.〔原詩自註引覃溪集故云.〕"라고 원주를 붙여놓았으므로 진용광(陳用光)이 지은 시를 계기로 원문의 유소입두(由蘇入杜)라는 표현을 한 것임을 알 수 있다. 유소입두는 본래 청나라 담계(覃溪) 옹방강(翁方綱)이 주장한 시론으로 조선에서는 신위와 김정희 등이 발전시켰는데, 시성(詩聖)으로 일컬어지는 두보의 경지에 도달하기 위해서는 소식을 공부해야 한다는 것이 그 내용이다. 그런데 옹방강의 문집에서는 도리어 유소입두라는 언급이 한두 건에 불과한 반면 신위의 문집에서는 많은 곳에서 유소입두를 대서특필하였다. 소식의 시에 대해서 조선 시단에서는 추앙하는 파와 배척하는 파가 분명했는데, 신위가 유소입두 시론을 적극 주장함으로써 소식의 지위를 격상시킨 것이 이 시론의 의의라 하겠다. 《이현일, 〈자하시(紫霞詩) 연구〉, 성균관대 박사학위논문, 2006, 90~91쪽 참조》《復初齋詩集 卷63 墨卿書來云先生春來…》

부채에 써서 남에게 주다
書便面贈人

종이 색이 풀빛처럼 푸르니	紙色綠如草
동자의 부채로 제격인데	宜爲童子扇
도리어 노인이 어루만지니	老人刦把翫
귀밑머리에 서리가 내렸네	鬢髮披霜霰
옛날 창고 아래 집에서	伊昔倉下廬
파피리 불고 죽마를 탔는데	吹葱跨竹馬
이웃집 아이가 비단부채를 쥐고서	隣兒携綵箑
사람들 향해 호사로움 자랑했었지	豪侈向人詫

달 아래 거닐다 급히 근체시를 지어 심효전에게 드리다[185]

步月 率成近體 呈沈孝田

새도 울다 깃들어 수풀이 적막한데　啼禽棲定寂林端
사립문에 지팡이 끄니 흰옷이 얇네　曳杖柴門白袷單
고개에 오른 달로 산빛이 저문 것 비로소 알고　嶺月初分山色暮
계곡의 바람은 아직 살구꽃에 한기를 자아내네　溪飆猶作杏花寒
죽어서 떠난 시인들 한탄한들 만날 수 있으랴　詩人死去嗟何及
생존한 시사의 늙은 벗들도 만나기는 어려워라　社老生存見亦難
외로운 회포를 그려내 부쳐 드리고자 해도　思寫孤懷煩寄致
흉중에 묵향이 마른 것이 더욱 가련해지네　更憐胸裏墨香乾

185 달……드리다 : 심효전(沈孝田)은 정조와 순조 연간에 활동한 학자이자 문인인 심노숭(沈魯崇, 1762~1837)의 호이다. 본관은 청송(青松)이고, 자(字)는 태등(泰登), 다른 호는 몽산거사(夢山居士)이다.《楓皐集 卷4 送孝田宰天安》

옥호정사에서 함께 짓다

壺舍共賦

참선과 수도[186]를 하지 않아도	不煩禪悅與修眞
골짜기가 마음 편해 정신을 기를 만하네	邱壑情安可養神
출세하는 것은 지금에야 법이 있음을 아노니	出世於今知有法
한가함 얻음에 예부터 그런 사람 없었으랴	得閑從古豈無人
백 년 동안 산간의 달을 희롱하고	百年自弄山間月
천 일 동안 술 속의 봄에 길이 머물렀네[187]	千日長留酒裏春
부귀는 뜬구름이라 어찌 말할 가치 있으랴만	富貴浮雲何足道
나는 쇠하였으니 대아를 끝내 누가 진설하랴[188]	吾衰大雅竟誰陳

186 참선과 수도 : 원문의 '선열(禪悅)'은 선정에 들어 마음이 자적(自適)하며 희열(喜悅)을 느끼는 것을 가리킨다. 수진(修眞)은 도를 배우고 수행하는 것을 가리킨다.

187 백……머물렀네 : 음풍농월로 인생을 허비하고, 늘 취생몽사로 살아감을 비유한 말이다. 천일(千日)은 천일주(千日酒)의 준말로 한 번 마시면 1천 일 동안 취해 지낸다는 술이다. 전설에 따르면 중산(中山)에 사는 적희(狄希)라는 사람이 천일주를 잘 만들었다고 하는데, 유현석(劉玄石)이 중산의 술집에서 천일주를 사다가 마시고 취하였다. 집안사람들이 그가 죽은 줄로 알고 장사 지냈다가 천 일이 지난 뒤에 술집 주인이 찾아와 관(棺)을 열어 보니 그제야 술에서 깨어났다고 한다. 《博物志 卷5》

188 나는……진설하랴 : 세도를 바로잡을 열정이 쇠약해졌음을 가리킨다. 《논어》 〈술이(述而)〉에 "심해졌구나, 나의 노쇠함이여. 오래되었구나, 내가 꿈속에서 주공을 다시 뵙지 못한 지가.〔甚矣, 吾衰也, 久矣, 吾不復夢見周公.〕"라고 탄식한 공자의 말이 있다. 당나라 이백(李白)의 〈고풍(古風)〉에 "대아가 오래도록 지어지지 않도다. 나는 쇠하였으니 끝내 누가 진설하랴〔大雅久不作, 吾衰竟誰陳.〕"라고 한 구절이 참고가 된다.

집 뒤에 돌이 있어 절반은 우리 집에 들어왔고 절반은 이웃집에 걸쳤다. 그 담장을 부수려고 하는데, 혹자가 큰 뱀이 그 속에 똬리를 틀었을지도 모른다고 하기에 드디어 이 시를 짓는다

屋後有石 半入吾屋 半屬隣家 將斥其垣 或疑巨蛇穴其中 遂賦此

온전한 돌 보려고 이웃 담장 허물려 하니　　要看全石斥隣墻
혹자가 큰 뱀이 그 속에 숨었다 말하네　　人道其中巨蟒藏
나는 바라건대, 뱀이 권속들을 다 데리고　　我却願他將眷屬
용으로 변하여 하나하나 동해로 향했으면　　化龍一一向東洋

김우하에게 써서 주다[189]

書贈金宇夏

십 년 동안 시회에서 시와 술을 벗하던 나그네가	十載社中詩酒客
절반은 귀신이 되고 절반은 벼슬아치 되었네	半爲異物半爲官
죽어서 다시 만나지 못함은 이치에 당연한데	死不重逢猶常理
산 자들은 어이하여 만날 수가 없는가	生者云何莫對看

189 김우하(金宇夏)에게 써서 주다 : 김우하의 본관은 김해(金海), 자는 춘수(春叟)인데 호도 겸하였다. 글씨에 능하고 시를 잘 지었으나 매우 곤궁하게 살았다. 풍고 김조순, 옥수(玉垂) 조면호(趙冕鎬), 석한(石閒) 김조(金照) 등과 어울렸다. 옥수(玉垂) 조면호(趙冕鎬, 1803~1887)의 〈감시절구(感詩絶句)〉는 1872년(고종9)에 평생 교유한 59인의 특장점을 7언 절구로 읊고 개성이 드러나는 면모를 원주로 달아놓은 회인시(懷人詩) 계열의 작품인데, 그중에 김우하에 대한 시도 있다. "가녀린 잔기침이 붓끝에서 울리니, 한양 팔만 가호가 모두 주막이나 다름없네. 조동천이 죽은 뒤 옥호정사에 묵으니, 그 사람이 효성스럽고 청렴함을 저절로 알겠네.〔咳唾輕輕飛筆尖, 長安八萬盡青帘. 洞天去後壺中宿, 自識其人孝且廉.〕"라고 읊고서 원주에 "춘수(春叟) 김우하(金宇夏)는 한미한 사람으로 시를 잘 짓고 글씨를 잘 써서 세상 사람들이 춘수라고만 호칭한다. 또 술을 잘 마셔서 일찍이 조동천(趙洞天)의 식객이 되었는데, 동천이 죽자 춘수가 갈 곳이 없어졌다. 풍고 선생(楓皐先生)이 이를 가련히 여겨 일찍이 옥호산방(玉壺山房)에서 시침(侍寢)하였는데, 술에 몹시 취하여 술자리에서 구토를 하여 좌우가 모두 놀랐으나 선생은 괴이하게 여기지 말라고 좌중을 타일렀다. 선생이 일찍이 춘수를 위해 희학하는 시를 지어 '춘수 김생은 자호를 겸하였으니, 한양 팔만 가호가 모두 주막이나 다름없네.〔春叟金生字號兼, 長安八萬盡青帘.〕'라고 하였다."라는 내용을 달아놓았다. 조동천(趙洞天)은 조병황(趙秉璜)을 가리키며 동천은 그의 호이다. 우당(羽堂) 조병현(趙秉鉉)의 아우로 용모는 마른 학과 닮았고 신채(神彩)가 맑고 고상하였으나 일찍 죽었다. 거처하는 집 벽에 바닷물을 그려놓아 문을 열면 세차게 흘러나오는 듯하였다고 한다. 《玉垂集 卷16 感詩絶句 幷序》《楓皐集 卷4 贈金宇夏》

오직 면목이 가증스러운[190] 자만이　　惟有面皮可憎者
아침저녁으로 만나도 정이 다하지 않네　　朝暮相守意未闌
김해의 김생은 자가 춘수인데　　金海之金字春叟
글씨와 시에 능하지만 옷차림 온전치 않네　　工書屬詩衣未完
가장 사랑스러운 것은 바람 맑고 달이 밝은 중에　　最是風淸月白裏
낭랑히 읊어 패옥처럼 또랑또랑한 목소리네　　朗吟聲如環珮珊
적막한 산중 서재에 소나무와 돌뿐이니　　山齋寂寞但松石
그대가 아니면 누가 나의 즐거움을 돋울까　　微爾誰能發人歡
내 생각에 그대는 관리가 아니고 음식도 없으니　　我思非官亦無食
평소에 단란한 가정 이루지 못함도 괴이치 않네　　不怪尋常阻團圝
밥도 없고 옷도 없으나 마음 절로 여유로움은　　無食無衣心自暇
지금 세상에서 그대만이 어려운 것 아니리라　　未必今世爾獨難
비록 이로부터 벼슬아치를 사절하고　　雖然從此謝仕者
이 세상 가장 빈한한 이만 사귄다면　　秖交此世寂貧寒
살아도 죽은 것 같으니 정녕 무슨 덕을 보랴　　生亦如死定何賴
오래도록 만날 수 없다니 한탄이 절로 나오네　　長時不見堪嗟嘆

긴 여름 숲속 정자가 이따금 적막해질 때 십수 년 전의 일을 생각하매, 시인과 묵객들이 시냇가며 솔숲 사이에서 어울렸는데, 모두 모이지는 않았어도 날마다 서너 명씩 어울렸다. 그 후로 혹자는 죽고 혹자는 벼슬살이하여, 죽은 자는 돌아오지 않고 벼슬아치는 몸이 매였으니, 만나지 못함은 매한가지였다. 오직 김생은 홀아비에 곤궁하여 의탁할 곳이 없어 이곳을 지키며 떠나지 않으니, 이는 모두 이치와 형세가 그럴 수밖에 없다. 내가

190 가증스러운 : 원문은 '가증(可憎)'인데, 이는 사랑하는 사이에 반어적으로 쓴 말로 보인다.

서글픠 여기는 바도 보통 사람의 심정에 어쩔 수 없는 일이므로 손 가는 대로 시 한 수를 지어 그에게 주어 그의 울적함을 위로한다. 바라건대 춘수는 스스로 남에게 잘난 체하지도 말고 또 나에게 고마워하는 빛을 짓지 말라. 가령 그대가 5일 동안 땀이 나지 않으면 이미 죽은 자와 마찬가지이고,[191] 그대가 관모를 쓰면 어찌 한창 벼슬살이하는 자와 같지 않을 줄 알겠는가. 껄껄. 늦여름 천추절(千秋節)[192] 이틀 전.

191 그대가……마찬가지이고 : 5일 동안 땀을 흘리지 않는다는 말은 죽었다는 의미를 고상하게 표현한 말이다. 북송 철종(哲宗) 연간에 간관으로 있던 추호(鄒浩)가 철종이 현비(賢妃) 유씨(劉氏)를 황후로 세우는 것을 반대하는 간언을 올렸다가 귀양을 가게 되었다. 이에 친구 전주(田晝)라는 사람이 추호를 찾아가 “자네가 만약 간언을 하지 않은 채 조정에 있었다면 한질(寒疾)에 걸려 땀을 흘리지 못하다가 5일 만에 죽었을 것이니, 어찌 꼭 영해(嶺海) 밖으로 유배 가는 것만이 사람을 죽게 만드는 일이겠는가. 그리고 자네는 이번 일을 했다고 해서 너무 자만하지 말게. 선비가 해야 할 일은 거기에서 그치는 것이 아니라네.”라고 위로하니, 추호가 망연자실하여 “자네의 선물이 후하기도 하네.”라고 하며 탄식하였다고 한다. 《宋史 卷104 鄒浩列傳》

192 천추절(千秋節) : 임금의 탄신일을 가리키는데, 여기서는 순조(純祖, 1790~1834)의 탄신일인 음력 6월 18일을 가리키는 듯하다.

궁궐에서 숙직하는 이천민이 생각나[193]

有懷李天民禁直

사옹원은 조지서보다	饔院於紙署
녹봉이 삼백 전 많으나	所多三百錢
조지서는 일 년 내내 한가로워	紙署終歲閑
이불 들고 숙직할 인연 영영 없었네[194]	永無持被緣
그대는 수고로움을 한가로움과 바꾸고서	君以勞易逸
오직 미치지 못할까만 두려워하네	惟懼不及然
지엄한 숙직소[195]에 누군들 마음 편할까	嚴廬孰便心
사옹원은 하물며 한여름임에랴	饔院況夏天
베옷과 띠를 대낮인들 감히 벗을까	袍帶晝敢脫
파리 모기는 밤에 더욱 몰려드네	蠅蚊夜相纏
내가 어리석어 이런 심정 헤아리지 못하고	是心愚未忖
떨어져 지냄을 울적해할 뿐이네	離索徒鬱悁
옛날 진나라 당나라 시대에	在昔晉唐世

193 궁궐에서……생각나 : 이천민(李天民)은 이의철(李懿喆, 1779~?)을 가리키는데, 1828년(순조28) 이후에 사옹원 주부로 숙직하는 이의철을 그리워하며 지은 시이다.

194 사옹원은……없었네 : 이의철은 1827년(순조27) 6월 25일에 조지서 별제(造紙署別提)에 임명되었는데, 이듬해 5월 18일에 사옹원 주부(司饔院主簿)에 임명되었으므로 조지서에서 근무한 것은 1년이 채 못 된다. 《承政院日記 純祖 27年 6月 25日, 5月 18日》

195 지엄한 숙직소 : 원문의 '엄려(嚴廬)'는 본래 상중에 거처하는 여막을 가리키는데, 여기서는 사옹원이 숙직하는 곳을 가리킨 듯하다.

완적과 왕적[196] 두 현인이 있어 阮王有兩賢
모두 관청의 술 마시려고 皆爲官醞故
좋은 곳 보내달라 애써 요구했네 不憚自求遷
풍류가 일세에 빛났고 風流耀一代
미담이 억만 년 이어졌네 美談垂億年
동가의 흰 치아가 아프자 東家痛皓齒
서가가 보고 아름답게 여겼는데 西家要見憐
지금도 사람들이 비웃나니 至今衆人笑
곱고 추함을 잊었기에 비웃은 것일세 笑其忘醜姸
돈으로 술을 바꾼다 말하면 將謂錢換酒
여윈 아내는 아마 주지 않을 텐데 瘦妻恐不捐
인간세상 육신의 고통은 世上形役苦
또 돈으로 낫게 할 수 없네 又非錢可痊
이치가 밝아지면 마음 절로 밝아지니 理炳心自瞭
지혜로운 자의 증명이 필요치 않네 不待智者詮
장쾌한 비가 옥호정사를 지나니 快雨過玉壺

196 완적(阮籍)과 왕적(王績) : 완적은 진(晉)나라 때 죽림칠현의 한 사람으로 본디 술을 매우 좋아했는데, 보병영(步兵營)의 주방에 좋은 술이 300곡(斛)이나 있다는 말을 듣고 이에 자청하여 보병교위가 되어 날마다 술에 취해 지냈다는 고사가 있다. 《晉書 卷49 阮籍列傳》 왕적은 당나라 사람으로 자는 무공(無功)이다. 일찍이 문하성 대조(門下省待詔)로 지내면서 술 마시는 것을 낙으로 삼았는데, 하루는 대악서사(大樂署史) 초혁(焦革)의 집에서 술을 잘 빚는다는 말을 듣고 이부(吏部)의 반대를 무릅쓰고 마침내 대악승(大樂丞)에 옮겨 제수되었다. 초혁이 보내주는 술을 실컷 마시다가 초혁이 죽자 그의 처가 술을 이어 보내주었는데, 1년 남짓 만에 그의 처마저 죽고 나니 왕적은 벼슬을 버리고 떠났다고 한다. 《新唐書 卷196 王績列傳》

흠뻑 숲과 시내를 씻어주네	盡情滌林泉
떨어지는 냇물은 흰 눈을 뿜고	飛流噴白雪
골짜기 빛은 푸른 안개가 일어	峽色發青煙
대나무 정자가 깊숙한 곳에 자리하였고	竹亭擁窈窅
푸른 느릅나무는 난간 앞에 그늘지네	蒼楡蔭檻前
기이한 새가 때때로 모여	異禽時見集
맑은 목소리로 사람의 낮잠을 깨우는데	淸吭醒人眠
고요히 홀로 거처하니	悄悄獨興居
좌선을 배우는가 자문해보네	自疑學坐禪
긴 날에 누구와 어울릴까	長日誰與晤
오도카니 옛 책을 뒤적이며	兀兀披陳編
바람결에 자주 탄식 발하노라니	臨風屢發歎
멀기가 산천이 가로막힌 듯하네	邈若間山川

효전에게 부치다[197]

寄孝田

두 밤으로 기쁨을 다하랴　兩宵歡可旣
이날 또 손 놓고 헤어졌네　此日又分携
나는 설전에서 늘 패했는데　舌戰我常北
그대가 갑자기 서쪽으로 떠났네　首途君遽西
산의 구름기운은 아침 되자 흩어지고　山雲朝氣散
주렴의 빗소리는 저녁 되자 처량하네　簾雨暮聲凄
그리움 담은 시구를 찾고자 하니　欲覔相思句
푸른 숲 오솔길에 매미 소리가 맑네　淸蟬碧樹蹊

197 효전(孝田)에게 부치다 : 효전은 심노숭(沈魯崇, 1762~1837)의 호이다. 《楓皐集 卷4 送孝田宰天安》 참조.

다시 파공의 운을 뽑다

又拈坡公韻

조각달이 조용하고 서늘하게 술병에 드는데	缺月幽涼入酒瓶
쓸쓸히 수풀 끝에 반딧불 몇 점 지나가네	悄然林際度疏螢
눈엔 가득한 산과 시내엔 가을 풍경 개었고	山川滿目秋光霽
정신을 깨우는 바람과 이슬엔 새벽 기운 신선하네	風露醒神曉氣靈
인간사 만년의 감회에 한창 젖어드는데	人事正懷遲暮感
벌레 소리는 하늘에 들리게 하려 애쓰누나	蟲音欲徹老天聽
취한 중에 좋은 밤 보냄이 유독 아까워	醉間偏惜良宵邁
새 시를 짓고 나서 또 경전을 풀이하네	吟罷新詩又說經

중양절에 홀로 맹원에 오르다[198]

重陽獨上孟園

바람 부는 높은 뽕나무에 저녁 햇살 애잔한데　　風落高桑夕照哀
시내와 산 곳곳마다 국화가 피었네　　溪山處處菊花開
전인들 이미 찬 구름과 함께 사라져　　前人已與寒雲盡
홀로 가을 회포 안고 옛 언덕을 오르네　　獨抱秋懷上古臺

198 중양절에……오르다 : 중양절(重陽節)은 음력 9월 9일로 중구절(重九節)이라고도 하는데, 수유(茱萸) 주머니를 차고, 높은 곳에 올라 국화주를 마시며 장수를 기원하고 액운을 쫓는 풍속이 있었다. 맹원은 한양 가회방(嘉會坊) 북쪽에 있던 높은 고개인 맹현(孟峴)을 가리키는 듯하다. 조선 세종 때 좌의정을 지낸 청백리 맹사성(孟思誠)과 그 후손 맹만택(孟萬澤)이 살았던 데서 마을 이름이 유래되었다. 현재 정독도서관 뒤 언덕배기에 해당한다.

신생 광일의 집에 모여서 짓다[199]

申生匡一宅會賦

정이 도타운 친척이라 달리 보지 않고	情眞親戚不殊看
안채로 불러서 조촐한 음식을 권하네	內屋招邀勸細餐
윤기 나는 숟가락 자주 따스한 쌀밥을 뜨고	匙滑頻抄雲子暖
진한 술잔에 벌써 눈보라 찬기가 녹았네	杯濃已破雪花寒
재만 남은 침수[200]는 향기 뽑기 재촉하는데	灰殘沈水拈香急
시가 험한 엄산[201]은 운자 뽑기 어렵네	詩險弇山射韻難

199 신생……짓다 : 신광일(申匡一)에 대해서는 자세치 않은데, 병자호란 때 남한산성에서 죽어 한성부 판윤에 추증된 신성립(申誠立)의 6대손으로 정조 연간에 업유(業儒)를 지냈고, 1824년(순조24)에 부사용(副司勇), 1827년(순조27)에 사도시 주부(司䆃寺主簿), 1829년(순조29)에 진주 감목관(晉州監牧官), 1831년(순조31)에 순흥 현감(順興縣監) 등을 지냈다. 풍고의 모친이 평산 신씨(平山申氏)이므로 모계의 인물로 보이는데, 자세한 행적은 미상이다.

200 침수(沈水) : 침수향(沈水香), 침향(沈香)을 가리키는데, 이것은 인도(印度) 등 열대 지방에서 주로 나며, 목심(木心) 부분 중 물에 가라앉는 것이 향기가 좋다 하여 이런 이름을 얻었다.

201 엄산(弇山) : 중국 강소성(江蘇省) 태창현(太倉縣)에 명나라 문학가 왕세정(王世貞, 1526~1590)이 지은 정원의 이름인데 왕세정의 별호로 널리 알려졌다. 왕세정의 자는 원미(元美), 또 다른 호는 봉주(鳳州)·엄주산인(弇州山人)이다. 젊을 때부터 문명이 높아 후칠자(後七子)의 한 사람으로 꼽혔고, 학식은 그중에서도 제일이었다. 격조를 소중히 여기는 의고주의를 주장했지만, 이반룡(李攀龍)이 진한(秦漢)의 글과 성당(盛唐) 이전의 시만을 그대로 모방한 데 비하여 왕세정은 상당히 유연한 태도를 취했다. 이반룡이 죽은 뒤 20여 년 동안 문단을 장악했다. 《엄산당별집(嚴山堂別集)》, 《엄주산인사부고(弇州山人四部考)》, 《속고(續稿)》, 《예원치언(藝苑巵言)》 등의 저술이 있다.

제군에게 말하노니, 부디 게으름 부리지 마소　　寄語諸君休厭倦
사람들 지금 머리가 희고 세월도 저물어가니　　人今頭白歲華闌

옥호정사에서 제생과 함께 짓다

王壺精舍與諸生同賦

나귀를 타고 마음으로 자문해보니	騎驢心自問
나에게 물은들 무어라 답하겠는가	問我亦何哉
현암을 향하여 떠나지 않고서	不向玄巖去
도로 백악을 찾아 돌아왔는가[202]	還尋白嶽來
하늘땅은 이 몸 밖에 협착하고	乾坤身外窄
일월은 귀밑머리를 재촉하니	日月鬢邊催
그저 새로 빚은 술을 가지고	但可携新釀
눈 내린 서재 매화 앞에서 그대들과 대작하려네	酬君雪屋梅

202 현암(玄巖)을……돌아왔는가 : 현암은 풍고가 새로 장만한 경기도 이천의 은거지를 가리키고, 백악(白嶽)은 옥호정사(玉壺精舍)가 있는 서울 백악산을 가리킨다.

객들이 떠나고 홀로 무료하게 앉아

客去 獨坐無聊

책이 있어도 홀로 읽고	有書還自讀
술이 있어도 홀로 따르네	有酒還自酌
의심스러운 구절 얼크러져도	疑義雖紛紜
뉘와 더불어 상의하고 토론하랴	誰與爲商度
맛난 술이 취하기 좋아도	旨味雖酣適
뉘와 더불어 대작하랴	誰與爲酬酢
종이 장막에 매화 그림자 비끼고	紙帳梅影斜
벼루 갑에 등불 불똥이 떨어지네	硯匣燈花落
어제는 신발이 널려 있기가	昨日錯履舃
평진각을 연 듯하더니[203]	似開平津閣
오늘은 대문이 조용하기가	今日靜門閭
정위의 새그물을 칠 만하도다[204]	堪羅廷尉雀
나의 정성 부족함이 스스로 부끄러우니	自慚余誠疏

203 평진각(平津閣)을 연 듯하더니 : 평진각은 평진관(平津館), 평진저(平津邸)라고도 하는데, 고위 관료가 빈객을 맞이하는 처소를 상징하는 말이다. 한무제(漢武帝) 때 공손홍(公孫弘)이 승상에 올라 평진후(平津侯)에 봉해지자, 객관(客館)을 짓고 객관의 동쪽으로 난 작은 문〔東閤〕을 열어놓고 현사(賢士)들을 맞아들였다고 한다.

204 정위(廷尉)의……만하도다 : 손님이 찾아오지 않아서 문밖이 새 그물을 칠 정도로 적막함을 뜻한다. 한(漢)나라 책공(翟公)이 정위(廷尉)로 있을 때에는 빈객이 서로 다투어 찾아오는 바람에 문전성시를 이루다가 그가 파면되자 빈객이 한 사람도 오지 않아서, 문밖에 새그물을 칠 정도였다고 한다.《史記 卷120 汲鄭列傳》

사람들 인정이 박하다 감히 의심하랴　　敢疑人情薄
대낮에 누가 절의를 드러냈던고　　白日誰信節
황혼녘에 헛되이 약속 저버리네[205]　　黃昏空負約
사람의 도리는 처자가 중하지만　　人道重妻孥
나의 행실은 오히려 방탕불기한데　　我行猶落魄
좋은 소리엔 저절로 화답하나니　　好音自相和
소나무 그늘에 네 마리 학이 모였도다　　松陰萃四鶴
나를 보매 저들과 다르므로　　相我不如彼
돌연 이렇게 적막해졌네　　胡然此寂寞
위태로워도 이미 그만이니　　殆已亦已矣
세속을 치료할 약 참으로 없도다[206]　　醫俗眞無藥

205 대낮에……저버리네 : 처지에 따라 절개를 쉽게 변개하는 것을 가리킨다. 《소학(小學)》〈계고(稽古)〉에 "충신과 효자는 밝다고 해서 절의를 드러내려고 하지 않으며, 어둡다고 해서 행실을 태만하게 하지 않습니다.〔夫忠臣與孝子, 不爲昭昭信節, 不爲冥冥惰行.〕"라고 하여 거백옥(蘧伯玉)의 행실을 칭송하는 말이 있다.

206 위태로워도……없도다 : 현실의 경박한 세태를 개선하고자 추구하는 저자를 위태롭다고 비난하더라도 상관치 않겠다는 의미이다. 원문의 '태이(殆已)'는 초(楚)나라 광인(狂人) 접여(接輿)가 공자 앞을 지나면서 "봉(鳳)이여, 봉(鳳)이여. 어찌 덕이 쇠하였는가. 지나간 일은 말해도 소용없지만 앞으로의 일은 따를 수 있으니, 그만둘지어다, 그만둘지어다. 오늘날 정치에 종사하는 자들은 위태롭기만 하다.〔鳳兮鳳兮, 何德之衰. 往者不可諫, 來者猶可追. 已而已而, 今之從政者殆而.〕"라고 공자를 풍간한 데서 나온 말이다. 《論語 微子》

용성이 〈사람 이름으로 눈을 읊은 시〉에 차운하다[207]

次蓉城人名雪詩

오얏꽃처럼 희고[208] 매화처럼 차가워 모두 속진을 벗어나 李白梅寒共絶埃
연기도 아니고[209] 안개도 아니며 또 재도 아니로세 非煙非霧亦非灰
누리 종자가 겨울 지나서도 남을까 근심치 말라[210] 莫愁蝗種經冬在
뜻대로[211] 달빛이 환히 비쳐 오리라 如意蟾輝不夜來
대낮 해를 이어[212] 서재 창에 서책을 밝히고 繼日書窓明素卷
술자리 세찬 바람이[213] 깊은 술잔을 씻네 翾風酒席灑深杯

207 용성(蓉城)이……차운하다 : 용성은 이의철(李懿喆, 1779~?)의 호이다. 보통 사람의 이름을 섞어 시구를 완성하여 짓는 형식을 인명시(人名詩)라 한다.

208 오얏꽃처럼 희고 : 원문은 '이백(李白)'인데, 당나라 시인 이백을 가리킨다.

209 연기도 아니고 : 원문은 '비연(非煙)'인데, 당나라 의종(懿宗) 때의 임회(臨淮) 무공업(武公業)의 애첩 보비연(步非煙)을 가리킨다. 용모가 곱고 노래와 문필에 뛰어났다고 하며, 당나라 전기소설 《비연전》의 주인공이다.

210 근심치 말라 : 원문은 '막수(莫愁)'인데, 당나라 석성(石城) 출신으로 고악부(古樂府)에 이름이 전해지는 여자로 노래와 춤에 능했다고 한다.

211 뜻대로 : 원문은 '여의(如意)'인데, 서한(西漢) 사람 두여의(豆如意)를 가리킨다. 한무제 때 위청(衛青)을 따라 흉노를 격파하는 데 공을 세웠다. 참고로 한고조의 넷째 아들 유여의(劉如意)도 있는데, 척부인(戚夫人)의 소생으로 고조가 죽은 뒤에 여후(呂后)에게 독살당했다.

212 대낮 해를 이어 : 원문은 '계일(繼日)'인데, 누구인지 미상이다.

213 세찬 바람이 : 원문은 '현풍(翾風)'인데, 서진(西晉) 사람으로 상풍(翔風)이라고도 한다. 위(魏)나라 말에 석숭(石崇)이 이민족의 땅에서 사들였다고 하는데, 용모가

대나무에 깃든[214] 늙은 학이 나처럼 어리석으니　棲筠老鶴癡如我
객이[215] 난간에 올라서야 뒤늦게 화들짝 놀라네　客子臨軒懶警開

아름답고 문장이 빼어나 석숭의 사랑을 독차지했다고 한다.

214 대나무에 깃든 : 원문은 '서균(棲筠)'인데, 당나라 이서균(李棲筠)을 가리킨다. 자가 정일(貞一)로 장중하고 과묵하였고 글씨와 시문에 능했다고 한다. 상주 자사(常州刺史)가 되었을 때, 가뭄으로 사람들이 모두 굶주리게 되자 도랑을 준설하고 강물을 인도해 전답에 물을 대게 하여 풍년을 이루게 했다고 한다.

215 객이 : 원문은 '객자(客子)'인데, 이런 이름을 가진 사람은 없다. 참고로 청나라 심계우(沈季友, 1654~1699)의 자(字)가 객자인데, 호는 남의(南疑)로 평호(平湖) 사람이다. 일찍이 왕완(汪琬), 모기령(毛奇齡)과 시를 창수하여 모기령이 재자(才子)로 일컬은 일이 있다. 저서에 《학고당집(學古堂集)》 6권 등이 있다.

줄광대 구경

觀技

몇 길 나무를 굵은 밧줄로 교차해 묶고	數尋麤索縛杈枒
광대가 날아올라 비스듬히 발로 밟네	飛上才人脚踏斜
오금희[216]에 필적하니 참으로 교묘한 솜씨라	戲抵五禽眞是巧
한 새처럼 가벼운 몸도 자랑거리 못 되리	身輕一鳥未爲夸
버틸 땐 우뚝이 위태로운 절벽을 오르는 듯	抗時嶷嶷干危壁
말을 할 땐 현란하여 어지러이 꽃이 떨어지는 듯	說處紛紛亂墜花
솜씨 좋아 아이들 일제히 박수 치게 만들고	好遣兒童齊拍手
미치광이 팔풍무[217]에 의복이 홍건하네	八風顚舞滾袈裟

216 오금희(五禽戲) : 후한(後漢)의 명의 화타(華佗)가 창안한 의료용 체조로 호랑이〔虎〕, 사슴〔鹿〕, 곰〔熊〕, 원숭이〔猿〕, 새〔鳥〕 등 다섯 종류 짐승의 동작과 모습을 모방하여 만들었다. 몸이 결리고 불편하면 특정한 짐승의 자세를 펼쳐 근골을 강화하고 기혈을 소통시키며 체질을 증강했다.

217 팔풍무(八風舞) : 당나라 중종(中宗) 때 축흠명(祝欽明)이 오경(五經)에 널리 통하여 국자 좨주(國子祭酒)가 되어서는 아부하여 등용되기를 희망하였다. 하루는 중종이 군신(群臣)에게 주연을 베풀었을 때, 축흠명이 〈팔풍무(八風舞)〉를 춘답시고 온갖 체통 없는 시늉을 하자, 노장용(盧藏用)이 "이 행동이 평생의 학문을 모두 쓸어 없애버렸다.〔是擧五經掃地矣.〕"라고 탄식했다고 한다. 《新唐書 卷109 祝欽明列傳》

길가에서 삼막사의 얼음계곡을 넘기 어렵다고 듣고서[218]

路上聞三藐寺氷溪難越

지지대[219] 고개 아래 마을을 지나니	行過遲遲峴下村
하인들이 삼막사 스님의 말을 전하네	僕人回報寺僧言
산속에 내린 눈이 평년보다 깊어서	山中雪較常年甚
천 길 얼음사다리를 오를 수가 없다 하네	千丈氷梯不可捫

218 길가에서……듣고서 : 삼막사(三藐寺)는 금천현(衿川縣) 삼성산(三聖山) 서쪽에 위치한 절로 지금은 경기도 안양시 만안구 석수동에 속해 있다. 677년(문무왕17)에 원효(元曉)·의상(義湘)·윤필(潤筆) 3대사가 관악산에 들어와서 막(幕)을 치고 수도하던 곳에 원효가 삼막사를 창건하였는데, 신라 말에 도선(道詵)이 관음사(觀音寺)라 개칭했다가 고려 태조가 중수하여 다시 삼막사라 하였고 산 이름은 삼성산(三聖山)이라 하였다. 여러 차례 중수가 이뤄졌는데 조선 시대에는 서울 주변의 4대 명찰 중 하나로 꼽혔다.

219 지지대(遲遲臺) : 지지대는 수원에서 서울 쪽으로 오는 길에 미륵현(彌勒峴)이라고도 불리는 사근현(沙斤峴)이 있는데, 그 위에 세워진 누대이다. 정조가 아버지 사도세자의 묘소인 현륭원(顯隆園)을 참배하고 돌아올 때면 떠나기가 아쉬워 이곳에서 서성댔으므로 누대의 이름을 지지대라고 붙였다고 한다.《日省錄 正祖 16年 1月 26日, 19年 閏2月 16日》

합매[220]

閤梅

따스하면 웃는 듯하고 추위엔 찡그리는 듯하니	溫如其笑凍如嚬
옥 같고 얼음 같은 자태를 짐짓 사람에게 비춰주네	玉貌氷姿故映人
향기로운 꽃처럼 세상에 빼어나길 요구하지 않고	非是芳華干絶世
자연히 맑고 신묘하여 티끌에 오염되기 사절하네	自然淸妙謝同塵
달 비낀 시냇가 창에 추운 그림자 교차하고	月橫溪戶交寒影
눈 덮인 산중 울타리에 피어난 봉우리 드러내네	雪遍山樊見化身
늙은 붓으로 평범히 읊조리고자 생각하나	老筆尋常思賦詠
미천한 솜씨라 꽃의 정신 괴롭힐까 근심일세	秖愁庸妄惱花神

220 합매(閤梅) : 추위를 피하도록 방 안에 들여놓은 매화를 가리키는 듯하다. 비슷한 것으로 감실(龕室)을 마련하여 매화를 안치한 것을 감매(龕梅)라고 한다.

대보름날 밤에 옥호정사로부터 시사에 달려가 술을 마셨는데, 장원서를 지나다 연천과 여러 문인이 모여 술을 마신다는 말을 듣고 이튿날 지어 올리다[221]

上元夜 自玉壺赴社飮 過苑署聞淵泉與諸文人飮 明日賦呈

명절이 사람을 재촉해 대보름 가까워지니 佳節催人近上元
반쯤 뜬 밝은 달이 북쪽 산마을에 떴네 半輪明月北山村
내 흉내를 내어 공도 밭 사이에서 술 마시니 效嚬公亦田間飮
비웃거나 말거나 나도 모임에서 술동이 기울이네 任笑吾仍社裏樽

공은 내가 쇠잔한 음직의 한미한 선비들과 노니는 것을 늘 비웃으며 매양 '전간음(田間飮)'이라고 하였다. 이날 저녁 공이 함께 술 마신 사람은 모두 한미한 관서의 낭관들이고, 나 또한 사화(社火)[222]에 나아갔으므로 경련에서 언급한 것이다.

풍경은 응당 두 곳이 다르지 않을 텐데 風景未應殊兩地
바둑과 시는 우연히 같은 문파가 아니네 棋詩偶自不同門

221 대보름날……올리다 : 장원서(掌苑署)는 조선 시대 궁중의 원유(苑囿)와 화과(花果)에 관한 일을 관장하던 관청으로 삼청동 아래쪽 현재 정독도서관 부근에 있었다. 연천(淵泉)은 김이양(金履陽, 1755~1845)의 호인데, 풍고의 부친 김이중(金履中)과 항렬이 같은 친족이므로 평소 숙(叔)이라 호칭하였다. 김이양의 본관은 안동(安東), 초명은 이영(履永), 자는 명여(命汝)이다. 1795년(정조19) 문과에 급제하여 청요직을 두루 거쳐 벼슬이 이조 판서에 이르렀다. 외직으로 경상도 관찰사, 함경도 관찰사 등을 역임하였다. 1844년(헌종10)에는 만 90세가 되어 궤장(几杖)이 하사되었으며, 그 이듬해 봉조하(奉朝賀)로 있다가 죽었다.

222 사화(社火) : 중국에서 유래한 민속놀이로 정월대보름에 모여서 잡희(雜戲)를 즐기는 양식인데, 우리나라에서 어떤 형식으로 즐겼는지는 미상이다.

이날 밤 공은 시를 짓고 나는 새벽까지 바둑을 두었다.

돌아오는 길에 나귀가 꽃 핀 거리 익숙하여　　歸驢慣識花開巷
발굽에 맡기니 장원서 앞을 지날 줄 아네　　信步行知過署園

새벽에 나귀를 타고 돌아가다가 안국방 네거리 입구에 이르러 나귀가 삼청로를 향해 가려고 했기에 말구에서 이렇게 말한 것이다.

시사의 여러분께 읊어서 보이다
吟示社中諸人

문장 엮고 회포 풀며 새벽에 이르니	商文攄緖到更殘
이 일이 어렵지 않으나 필경 몹시 어려워라	此事非難竟甚難
생각해보니, 앞으로 밝은 달빛을	試憶頭邊明月影
일 년에 몇 번이나 밝게 구경할까	一年晴得幾回看

효전에게 주다[223]

贈孝田

내가 스님을 찾아 떠나려는데	我欲尋僧去
그대는 함께 갈 수 있겠는가	君能相伴否
밥을 먹고 즉시 나귀에 오를 것이니	飯罷卽跨驢
북쪽 성곽 언덕배기에서 만나세	相待北城皐

223 효전(孝田)에게 주다 : 효전은 심노숭(沈魯崇, 1762~1837)의 호이다. 《楓皐集 卷4 送孝田宰天安》 참조.

교외 주막에서 체일 상인을 만나 급히 절구를 지어서 주다
郊店遇體一上人 率贈絶句

들 주막가에서 고승과 우연히 만나니	邂逅高僧野店邊
이런 만남도 인연이라 말하지 마소	休言此段亦因緣
만일 되비치는 햇살로 서로 비쳐 본다면	如將返照還相照
소식이 아무리 막혀도 두렵지 않으리[224]	不怕音塵隔永年

224 만일……않으리 : 노년에 서로 본성을 깨닫고서 피차의 구별을 두지 않고 마음이 깊이 통한다면, 소식이 오래도록 막혀도 크게 걱정할 것 없다는 의미이다. 원문의 '반조(反照)'는 회광반조(回光返照)와 같은 말로 자기 자신을 회고하고 반성하여 바로 심성(心性)을 조견(照見)하는 것을 말하며, 한편 저물녘의 햇살이 되비치는 것을 가리켜 사람의 만년을 비유하기도 한다.

유백교에게 검서의 겸임을 다시 맡도록 권하다[225]

勸柳伯教復膺檢書兼任

그대는 주림을 벗 삼아 누워 혼미하게 지내는데	爾與恒飢臥耐惛
갓을 털고 출사하려면 어찌 따스한 봄만 하겠는가	彈冠曷若趁春暄
녹봉은 적어도 매일 밥은 먹을 수 있고	料殘每日堪中食
관청이 고요해 사흘 밤마다 숙직도 좋아라	院靜三宵好上番
손에 익은 일이니 책상자의 장부가 무슨 걱정이며	熟手何憂金匱曆
번민을 풀려면 옥호정사로 와서 함께 기뻐하세	散心隨喜玉壺園
즉석에서 미친 듯 읊어 장난삼아 주노니	狂吟卽席聊相戲
시 짓는 눈썹에 주름이 펴짐을 갑자기 보겠네	斗見詩眉緩皺痕

225 유백교(柳伯敎)에게……권하다 : 유백교는 유본학(柳本學, 1770~1842?)을 가리키고 백교는 그의 자(字)이다. 본관은 문화(文化), 호는 문암(問菴)이다. 영재(泠齋) 유득공(柳得恭)의 맏아들로 아우 본예(本藝)와 함께 당시 예원(藝苑)에 이름이 높았다. 1829년(순조29) 9월에 춘추관 기사관(記事官) 김정집(金鼎集)이 건의하여 겸검서관(兼檢書官) 이문철(李文哲)·홍희인(洪羲人)이 모두 와병 중이므로 전에 검서관을 역임한 유본학과 이용(李鏞)을 겸검서관으로 삼을 것을 주청하자 순조가 윤허한 일이 있다. 《承政院日記 純祖 29年 9月 10日》

스스로 그린 묵죽에 장난삼아 쓰다

戱題自寫墨竹

옥 같은 줄기가 팔뚝 아래 생겨남을 사랑하노니	自愛琅玕腕下生
성글고 거친 내가 세한의 정을 담고자 해서라네	疏狂欲擬歲寒情
세상엔 번화한 광경이 하도 많지만	世間多少繁華境
잠깐 사이에 한 마디 청량한 대만 남는다네	回首猶餘一節淸

용성의 시에 차운하다

次蓉城韻

가뭄 끝에 단비가 내려	旱餘甘雨下
꽃이 피며 잎도 돋았네	花吐葉相兼
날개 무거워 벌은 날갯짓 줄이고	翅重蜂徭減
진흙 가벼워 제비는 집을 늘리네	銜輕燕壘添
대나무 옮기기 좋음을 보노니	政看移竹好
어찌 아욱 심기를 묻지 않으랴	寧問種葵嫌
산골 채마밭 호미질 마치니	山圃揮鋤罷
수건이 술을 거른 듯 흥건하네	巾如漉酒潛

성곽을 나가서

出郭

고운 햇살 옅은 추위가 사람에게 쾌적한데	麗旭輕寒却可人
시냇가 버들빛엔 봄이 성큼 왔네	沿溪柳色五分春
수풀 사이 곳곳마다 남은 잔설은	林間處處棲殘雪
매화가 막 땅에 떨어진 듯하네	猶似梅花落地新

산이 개어[226]

山晴

어지러운 오솔길 풀이 우거졌는데	徑亂草如積
산이 개이니 꽃 더욱 흐드러지네	山晴花更繁
이리저리 흐르는 한 줄기 냇물에	縱橫一川水
올망졸망 몇 집이 마을에 있네	高下數家村
조용히 쉬는데 한낮에 닭 우는 소리 들리고	靜憩鷄鳴午
한가히 소요하노라니 저물녘 개 짖는 소리 들리네	荒尋犬吠昏
돌아와 사람들에게 말하기를	歸來向人說
아마도 그곳이 무릉도원일 테지	疑是武陵源

226 산이 개어 : 이 시는 송나라 왕안석(王安石, 1021～1086)의 〈즉사(卽事)〉라는 시인데, 편집상 실수로 이곳에 잘못 실렸다. '亂'이 원시에는 '暖'으로 되어 있는 것만 다르다.

치감에게 주다[227]

贈致鑑

고승은 속인의 심정과 다르다 흔히 말하는데　常道高僧異俗情
그대 생각하던 중에 보내준 산앵도를 지금 받았네　相思今見寄山櫻
알겠노라, 필경 이것은 인연을 심은 것인데　從知竟是因緣種
공으로 떨어질 때 부처가 되지 않겠는가[228]　落個空時佛不成

227 치감(致鑑)에게 주다 : 치감은 풍고와 교유한 승려의 이름인데, 자세한 행적은 미상이다. 경기 이천시 백사면 송말리 원적산 중턱에 영원암(靈源菴)이 있었는데, 한동안 폐허가 되었던 영원암을 치감이 1825년(순조25)에 김조순의 시주를 받아 중창하고 영원사(靈源寺)로 이름을 바꾼 일이 있다. 《楓皐集 권5 贈靈源菴致鑑上人 兼示諸禪》

228 필경……않겠는가 : 아무 인연이 없으면 부처도 이루지 못하므로 인연으로 심은 열매를 따서 공으로 돌아갔으니, 성불할 수 있다는 의미로 보인다.

산으로 돌아가는 원명 상인을 전송하며

送圓明上人還山

강월 스님께 말을 드리노니	施言江月釋
절을 수호하러 돌아간다지요	歸去守祇林
속세에서 사귀던 일 끊고	却斷和光事
발원하는 마음 거듭 생각했네[229]	重思發願心
불경은 오히려 술지게미를 핥는 데 불과하니	大藏猶舐粕
초조는 맹렬히 침을 꽂으리[230]	初祖猛挼針
약해지고 상실된 우리의 도 부끄러워라	弱喪慚吾道
이리저리 방황하다 흰머리 되었네	彷徨白首臨

229 속세에서……생각했네 : 원문의 '화광(和光)'은 화광동진(和光同塵)의 준말로, 자신의 재능을 드러내지 않고 세상과 어울려 살아가는 것을 말한다. 발원(發願)하는 마음이란 개인의 성불과 중생을 구제하고자 하는 소원을 가리킨다.

230 초조는……꽂으리 : 선(禪)의 수행에 용맹정진할 것이라는 의미이다. 초조(初祖)는 종파의 개창자를 뜻하는데, 흔히 중국 선종의 개창자인 달마(達磨)를 가리킨다. 숭산(嵩山) 소림사(少林寺)에 들어가 면벽좌선하고서 사람의 마음은 본래 청정하다는 이치를 깨달아 이 법을 제자 혜가(慧可)에게 전수하였다.

서울 집으로 돌아오는 도중에 재종제 사의 난순 와 함께 짓다[231]

還京第途中 與再從弟士猗 蘭淳 共賦

바람결에 나팔소리가 말머리에 들려오는데　　笳角風飄馬首聲
휘장 친 수레가 첩첩한 산길을 뚫고 나아가네　　幨車穿過亂山行
아스라이 흐르는 물은 어디로 돌아가는지　　渺然流水歸何處
쉼 없는 봄바람은 나그네 심정을 뒤흔드네　　無限春風惱客情
지는 해는 나직이 쌍령[232]의 수풀로 잠기고　　落日低銜雙嶺樹
찬 연기는 멀리 광릉[233]의 성을 둘렀구나　　寒煙遙鎖廣陵城
이틀을 묵고 집에 돌아감이 이른 줄 알겠노니　　亦知信宿還家早
여주 땅이 점점 멀어짐이 오히려 애석하네　　猶惜黃驪隔一程

231 서울……짓다 : 김난순(金蘭淳, 1781～1851)의 본관은 안동(安東), 자는 사의(士猗), 호는 벽곡(碧谷)이다. 김제겸(金濟謙)의 증손으로, 할아버지는 김탄행(金坦行)이고, 아버지는 군수 김이유(金履裕)이며, 어머니는 유광석(柳光錫)의 딸이다. 1813년 문과에 장원급제, 검열·어사·이조참의 등을 거쳐 벼슬이 이조 판서에 이르렀다. 과거에 장원급제할 정도로 실력이 뛰어났으며, 왕실의 척족으로서 일생을 통하여 관력이 순조로웠다. 문장과 글씨가 뛰어나 효현왕후(孝顯王后)의 지문(誌文)·존호옥책문(尊號玉冊文)·시책문(諡冊文)·제문·행장 및 음기를 짓고 썼다. 시호는 효문(孝文)이다.

232 쌍령(雙嶺) : 경기도 광주부(廣州府) 남쪽에 있는 고개로 육로로 경안역(慶安驛)에서 이천과 여주 쪽으로 갈 때 넘어야 하던 고개이다. 현재 남한산성의 남서쪽 국수봉에 딸린 경기도 광주시 쌍령동이 그곳이다.

233 광릉(廣陵)의 성 : 남한산성을 가리킨다. 광릉은 경기도 광주부(廣州府)를 달리 부르는 말이다.

북성 밖을 찾아가니 복사꽃이 이미 시들어[234]

過北城外 桃花已衰

이곳에 일만 점 눈처럼 날리더니	萬點此飄雪
내일 아침이면 나무만 남으리	明朝空樹餘
그저 익은 술이나 잔질해야지	但須斟泛蟻
차마 돌아가는 나귀 채찍질 못하겠네	未忍策歸驢
비단처럼 꽃휘장은 가는 곳마다 펼쳐졌고	錦帳隨行坐
난초 같은 향내는 숨 쉴 때마다 진동했네	蘭薰漲吸噓
바람결에 흰머리 긁으며	臨風搔白首
처음 피어났던 때를 서글퍼하네	怊悵在開初

234 북성(北城)……시들어 : 북성은 성북동의 북저동(北渚洞) 일대를 가리킨다. 복사꽃이 많아 도화동이란 별칭을 얻었고, 풍고도 친구들과 이곳을 유람한 적이 많다.

도화동에서 용성에게 주다[235]

桃花洞贈蓉城

용성 거사가 작은 몸에	蓉城居士藐然身
문채와 풍류가 세상에서 빼어났네	文采風流要絶塵
삼백 리에 명승 찾아 시를 읊었는데	選勝吟詩三百里
〈도화동 어귀〉가 가장 사람을 놀래키누나	桃花洞口最驚人

235 도화동(桃花洞)에서 용성에게 주다 : 서울 성북동의 북저동(北渚洞)에 복사꽃이 많아 도화동이란 별칭을 얻었다. 풍고도 북저동을 유람한 적이 많았으므로 아마 이곳을 가리킨 듯하다. 용성(蓉城)은 이의철(李懿喆, 1779~?)의 호이다.

그림 부채에 쓰다

題畫扇

가을 나비가 가을꽃을 맴도니	秋蝶依秋蘂
그 심사 무엇에 비할까	如何擬情緖
강주의 늙은 사마가	江州老司馬
문득 비파 타는 여인을 만난 격일세[236]	忽遇琵琶女

236 강주(江州)……격일세 : 조락해 가는 가을 풍경과 시인의 심사가 통한다는 의미이다. 당나라 백거이(白居易)가 강주(江州)의 사마(司馬)로 좌천되었을 때 심양강(潯陽江)가에서 가을밤에 비파 타는 여인을 만났다. 그녀는 본래 장안(長安)의 유명한 기녀 출신인데, 상인의 아내가 되어 외로이 늙어가는 그녀의 가련한 신세와 귀양살이 온 자신의 처지가 닮았음을 깨닫고 〈비파행〉을 지어 주었다고 한다. 《白香山集 卷12 琵琶引序》

갑자기 읊어서 윤언국 명렬 의 부채에 쓰다[237]

卒吟書尹彦國 命烈 扇

글씨 품격이 오늘날 첫째가는 書品如今第一人
자하[238]와 그대가 이웃에 사는 것 알고 있네 知君自與紫霞隣
이 몸이 동가의 여인도 아니건만 此身不是東家女
무엇하러 억지로 흉내를 내라 요구하는가[239] 何事相要强效嚬

237 갑자기……쓰다 : 윤명렬(尹命烈, 1762~1832)의 본관은 해평(海平). 자는 언국(彦國), 호는 석유(石囿)이다. 아버지는 윤기동(尹紀東)이며, 뒤에 윤면동(尹冕東)에게 입양되었다. 1789년(정조13) 문과에 급제, 사헌부 감찰 등 여러 관직을 역임하고 좌승지가 되었다. 1805년(순조5)에 왜어역관(倭語譯官) 등이 왜인과 비밀리에 모의해 서계(書契)와 도서(圖書)를 위조한 사건이 일어나자 동래부 안핵사가 되어 동래에 내려가 사건의 진상을 밝혀 범인을 엄벌하였다. 1821년(순조21)에 동지사 부사가 되어 청나라에 다녀왔다. 내외직을 두루 거쳐 벼슬이 이조 참판에 이르렀는데, 평소에 물욕이 없고 마음이 깨끗해 40년 관료 생활에 가산이 불어나지 않았다고 한다. 시호는 충헌(忠憲)이다.

238 자하(紫霞) : 신위(申緯, 1769~1845)를 가리킨다. 본관은 평산(平山). 자는 한수(漢叟), 호는 자하・경수당(警修堂)이다. 조선 후기의 문신・화가・서예가로 다방면에 능하였다. 글씨는 동기창(董其昌)의 체를 따라 조선에 이 서체가 유행하는 데 선도적 구실을 하였고, 그림에서는 강세황(姜世晃)에게서 묵죽을 배우고 남종화의 기법을 이어받아 조선 후기 남종화의 꽃을 피웠다.

239 이……요구하는가 : 윤명렬이 명필 자하 신위의 글씨를 받지 않고 자신에게 글씨를 요구한 것을 겸사로 한 말이다. 원문의 '동가녀(東家女)'는 동쪽 이웃에 사는 미인이란 의미인데, 여기서는 월(越)나라 미인 서시(西施)의 가슴앓이를 따라 한 동시(東施)를 가리킨 것으로 보인다.

울산 감목관으로 나가는 이천민을 전송하며[240]

送蔚山牧官李天民

술 한 말에 시 백 편을 짓는 고래 탄 나그네가[241]	百篇一斗騎鯨客
천 리 길에 삼 년 임기로 목마관 되었네	千里三年牧馬官
운명과 곤궁에 시달리며 그대로 늙었으니	命與窮謀仍及老
굶주림에 떠밀려 가며 힘든 줄 잊은 듯하네	飢來驅去若忘艱
맑은 봄 풀빛 우거진 긴 둑방 따스하고	春晴草色長堤暖
새벽달에 냇물 소리 들리는 옛 객점은 서늘하리	月曙溪聲古店寒

240 울산……전송하며 : 이의철(李懿喆, 1779~?)이 울산목장의 감목관으로 부임하는 데 써준 시이다. 천민(天民)은 그의 자(字)이고 호는 용성(蓉城)이다. 감목관(監牧官)은 조선 시대 지방의 목장에 관한 일을 관장하던 종6품 외관직이다. 《대전회통》에 따르면, 30개월을 만기로 하는 감목관의 정원은 경기도에 5인, 충청도에 1인, 경상도에 3인, 전라도에 5인, 황해도에 3인, 함경도에 3인, 평안도에 1인이 있었다. 경상도에는 진주(晉州), 울산(蔚山), 동래(東萊)에 목마관(牧馬官)을 두었는데, 《속대전(續大典)》에서는 다대포 첨사(多大浦僉使)가 겸임한 것으로 되어 있는데, 이때에 와서 따로 목마관을 파견한 듯하다.

241 술……나그네가 : 이의철이 이백(李白)처럼 시를 짓는 재능이 뛰어남을 가리킨다. 두보의 〈음중팔선가(飮中八仙歌)〉에 "이백은 술 한 말에 시가 백 편인데, 장안의 저잣거리 술집에서 자기도 하고, 천자가 불러도 배에 오르지 않으면서, 신이 바로 술 가운데 신선이라 자칭하였네.〔李白一斗詩百篇, 長安市上酒家眠. 天子呼來不上船, 自稱臣是酒中仙.〕"라고 한 데서 온 말이다. 원문의 '기경(騎鯨)'은 큰 물고기를 탔다는 말로 이백을 가리키는 말이다. 두보(杜甫)의 〈병으로 물러나 강동으로 돌아가려는 공소보를 전송하고 겸하여 이백에게 주다〔送孔巢父謝病歸遊江東兼呈李白〕〉에 "고래를 타고 가는 이백을 만난다면, 지금 어떻게 지내는지 두보가 묻더라고 전해주게.〔若逢李白騎鯨魚, 道甫問信今何如.〕"라는 시구가 있다.

바닷가의 바람과 안개가 마음에 든다면　　海上風煙如有得
꽃이 피거든 비단 주머니의 시를 내게 보내주게　　花前寄我錦囊看

질그릇 연못에 연꽃을 심고서 한문공의 〈분지〉 시에 차운하다[242]

瓦沼栽荷 次韓文公盆池韻

쉽사리 탁하게도 맑게도 할 수 있어	易令爲濁又爲淸
작은 그릇이 버젓이 연못이란 이름 훔쳤네	小器公然濫盜名
더욱 딱한 것은 올챙이 새끼들이니	堪更可哀蝌蚪子
정말 연못으로 알고서 마음껏 노네	認眞圓沼內橫行

옥녀가 머리 감던 연못[243]에 비해 어떠한가	何如玉女洗頭池
열 길 푸른 꽃[244]을 사람들 알지 못하네	十丈靑花人不知
눈 아래 뾰족뾰족 연뿌리 돋아나니	眼底參差新藕出
대나무 떨기가 암수로 갈리는 것과 흡사하네[245]	恰隣叢籜解雄雌

242 질그릇……차운하다 : 한유(韓愈)의 〈분지(盆池)〉는 모두 5수인데 여기서는 제3, 제4, 제5수를 차운하였다.

243 옥녀가……연못 : 중국 화산(華山) 정상에 있으며 명성옥녀(明星玉女)가 머리를 감던 물동이 형태의 웅덩이로 옥녀분(玉女盆) 또는 옥녀세두분(玉女洗頭盆)이라고 하는데, 그 안에 담긴 맑고 푸른 물이 가뭄이나 홍수에도 변동이 없다고 한다.《太平廣記 卷59 集仙錄》

244 열……꽃 : 연꽃을 표현한 말이다. 한유(韓愈)의 〈고의(古意)〉에 "태화산 봉우리 옥정에 연꽃이 있는데, 꽃은 열 길이나 되고 뿌리는 배와 같네.〔太華峯頭玉井蓮, 開花十丈藕如船.〕"라고 하였다.

245 대나무……흡사하네 : 조선 전기의 문신 박흥생(朴興生, 1374~1446)이 지은 《촬요신서(撮要新書)》에 소식(蘇軾)의 《동파지림(東坡志林)》을 인용하여 대나무가

물위에 뜬 자색 잎이 처음 푸르게 펴지니 浮餘卷紫始舒青
흙으로 뿌리를 덮자 병에 꽂은 것보다 낫네 有土培根勝揷瓶
물이 얕아도 텅 빈 성질 갖춘 줄 알겠거니 水淺猶知空性具
구름 그림자 거꾸로 비치고 별빛도 잠기네 倒來雲影更涵星

암수가 있으며 암그루가 죽순이 많이 돋는데, 이는 음양의 이치를 따르는 것임을 언급하였다. 아울러 암수 구별법을 소개해놓았는데, 대나무 뿌리 위의 가장 첫째 가지가 쌍으로 돋았으면 암그루이고, 하나만 돋았으면 수그루라고 한다.《撮要新書 卷下 耕稼門 栽竹吉日》

이고동 익회 의 부채 글씨를 보고 장난삼아 쓰다[246]

觀古東李 翊會 便面書戲題

고아한 필치 아름답고 오래된 먹도 향기로워	古筆精佳古墨香
구름 연기[247]가 손 가는 대로 광채를 발하네	雲煙隨手自輝光
묻노니, 그대는 무슨 연고로 경전 사서를 버리고	問君何故抛經史
되레 이웃 아이들에게 《급취장》을 빌렸는가[248]	還借隣童急就章

246 이고동(李古東)의……쓰다 : 이익회(李翊會, 1767~1843)의 본관은 전의(全義), 자는 좌보(左甫), 호는 고동(古東)이다. 아버지는 낙배(樂培)이며, 어머니는 신정하(申靖夏)의 딸이다. 1811년(순조11) 정시문과에 급제, 1817년 홍문관에 등용되고, 1820년 대사간을 지냈으며, 1825년 대사성을 거쳐 1827년 이조 참의가 되었다. 1834년 홍문관 제학에 올라 동지사로 청나라에 다녀왔다. 1835년(헌종1) 돌아와 대사헌이 된 뒤 여러 번 거듭해서 대사헌의 직을 지냈으며, 1843년 한성부 판윤에 이르렀다. 글씨에 능하였으며, 작품으로 〈삼우당문익점신도비(三憂堂文益漸神道碑)〉를 썼다. 시호는 문간(文簡)이다.

247 구름 연기 : 원문의 '운연(雲煙)'은 그림과 글씨를 가리킨 말이다. 두보(杜甫)의 〈음중팔선가(飮中八仙歌)〉에 "장욱은 석 잔 술에 초성으로 전해지는데, 왕공 앞에서도 모자 벗어 이마를 드러내고, 종이에 붓 대고 휘두르면 구름 연기 지나는 듯하네.〔張旭三杯草聖傳, 脫帽露頂王公前, 揮毫落紙如雲煙.〕"라고 하였다.

248 그대는……빌렸는가 : 이익회가 일찌감치 과거에 급제했음에도 결국 학문을 버리고 글씨에 매진하여 이름이 났다는 의미이다. 급취장(急就章)은 한(漢)나라 황문령(黃門令) 사유(史游)가 지은 《급취편(急就篇)》을 가리킨다. 성명(姓名), 의복(衣服), 음식(飮食), 기용(器用) 등에 관한 글자를 실어 아동들이 익힐 수 있게 한 책인데, 실제 한(漢)·위(魏) 시대의 동자들은 모두 이 책을 읽었다고 한다.

옥호정사에 영산홍이 만발하다

壺舍映山紅盛開

문득 보이는 불 무더기가	忽看一堆火
푸른 솔밭을 태우려 하네	欲燒青松林
대낮에도 광채가 오히려 타오르고	白日光猶啖
황혼녘 되자 되비침이 더욱 선명하네	黃昏映更深
동산에 가득하다면 평범해 보이겠지만	滿園當賤目
한 그루 나무라서 마음에 감동스럽네	獨樹故驚心
옥호정사에 꽃나무 많으나	壺舍多花品
오직 이 나무만은 팔지 않으리	玆惟不換金

효명세자 만사[249]

孝明世子挽詞

적통이라 존귀하기 비할 데 없어　正嫡尊無比
큰 이름을 경사스러운 날에 책봉받았네[250]　鴻名冊慶辰
온화한 문채 날마다 성취됨이 훌륭하고　溫文猗日就
효성스럽고 우애 있어 천륜에 돈독했네[251]　孝友篤天倫

249 효명세자 만사(挽詞) : 1830년에 효명세자(孝明世子, 1809~1830) 영전에 올린 만사(挽詞)이다. 효명세자의 이름은 영(昖), 자는 덕인(德寅), 호는 경헌(敬軒)이다. 순조의 아들로 어머니는 김조순의 딸인 순원왕후(純元王后) 김씨(金氏)이다. 1812년(순조12) 왕세자에 책봉되었으며, 1819년 영돈녕부사 조만영(趙萬永)의 딸인 풍양 조씨(豊壤趙氏)를 맞아들여 가례를 올렸다. 1827년(순조27) 2월 18일에 부왕인 순조의 명으로 대리청정하면서 어진 인재를 널리 등용하고, 형옥을 신중하게 하는 동시에 모든 백성을 위하는 정책의 구현에 노력하였으나 불행히도 대리청정을 수행한 지 3년 3개월 만인 1830년(순조30) 5월 6일에 창덕궁 희정당(熙政堂)에서 훙서하였다. 8월 4일에 양주(楊州) 천장산(天藏山) 좌측 유좌(酉坐)로 향한 언덕에 장사지냈다. 묘호는 문호(文祜), 능은 경기도 구리시 인창동에 있는 수릉(綏陵)이며, 시호는 효명(孝明)이다. 그의 아들 헌종(憲宗)이 즉위한 뒤 익종(翼宗)으로 추존되었다.

이 시를 이해하는 데는 《풍고집》 권9 〈효명세자연경묘지문(孝明世子延慶墓誌文)〉이 참고가 되는데, 《순조실록》 순조 30년(1830) 7월 15일 조에 실려 있다.

250 큰……책봉받았네 : 1812년(순조12) 7월 6일에 창덕궁 희정당(熙政堂)에서 왕세자로 책봉하는 예식을 거행하였는데, 당시 나이 네 살이었다.

251 효성스럽고……돈독했네 : 효명세자가 효도와 우애는 하늘로부터 타고나서, 정조의 비 효의왕후(孝懿王后)와 순조의 모친 수빈(綏嬪) 박씨(朴氏)가 졸하였을 때, 슬픔 중에 있는 주상과 왕비에게 위로를 드리고 음식을 권한 일. 친모상을 당한 모후를 지성으로 위로하고 간병한 일은 효성이 드러난 사례이다. 또한 동생으로 대군과 공주가

세 가지 선 배웠으니 우상의 오랜 전통이고[252] 三善虞庠古
덕을 노래하였으니 한나라 궁궐이 새로워졌네[253] 重謠漢邸新
승화[254]에서 덕을 숨긴 지 오래이니 承華潛德久
함께 기뻐하며 귀신과 사람이 만족하였네 胥悅洽神人

하계가 승계하던 날[255]이요 夏啓克賢日
요화가 섭정하던 때[256]였네 姚華祗攝時
노고를 나눠 간고의 명 받았으니[257] 分勞符幹蠱

태어날 때마다 지성으로 어루만져준 것은 우애가 드러난 사례이다.《純祖實錄 30年 7月 15日 誌文》《楓皐集 卷9 孝明世子延慶墓誌文》

252 세……전통이고 : 1817년(순조17) 3월에 세자가 태학(太學)의 생도들 틈에 끼어 알성(謁聖)하고 박사(博士) 앞에 나아가 배우기를 청한 것을 가리킨다. 세 가지 선(善)은 부자, 군신, 장유의 도리를 가리키고, 우상은 학교를 가리킨다.《禮記 文王世子》《禮記王制》

253 덕을……새로워졌네 : 원문의 '중요(重謠)'는 사중요(四重謠)를 가리키는데, 세자가 지닌 네 가지 덕을 칭송하는 내용의 노래이다. 본래 한(漢)나라 명제(明帝)가 태자로 있을 때 악인(樂人)이 〈일중광(日重光)〉·〈월중륜(月重輪)〉·〈성중휘(星重輝)〉·〈해중윤(海重潤)〉 등 4장의 가시(歌詩)를 지어, 제왕이 지닌 덕을 태자도 지니고 있음을 칭송한 데서 유래하였다.《天中記 卷12 太子》

254 승화(承華) : 본래 태자가 거처하는 궁문의 이름인데, 창덕궁에 있던 세자 전용 도서실 이름도 승화루(承華樓)이다.

255 하계(夏啓)가……날 : 하(夏)나라 우(禹) 임금이 죽은 뒤에, 민심이 우의 아들 계(啓)에게 쏠려 칭송하고 따른 것을 가리킨다.

256 요화(姚華)가……때 : 요(姚)는 순(舜) 임금의 성(姓)이고 화(華)는 순 임금의 미칭인 중화(重華)를 가리키는데 문덕이 요 임금을 계승하여 거듭 광화(光華)를 발했음을 일컫는 말이다.

257 노고를……받았으니 : 효명세자가 1827년(순조27) 2월 9일에 부왕인 순조로부터

고전의 구절이 바로 집안의 법도일세 古典卽家規
완염[258]에 아름다움 드날리는 옥책이여 琬琰揚徽冊
산처럼 언덕처럼[259] 장수를 축원하는 술잔이여 岡陵祝壽巵
효성과 자애를 하늘이 돌아보았으니 孝慈天所眷
남은 경사는 많은 후손에게 증명되리[260] 餘慶驗螽斯

서무를 주관하매 임금의 마음에 부합되고 裁務王心合
가까이 위엄을 베푸니 멀리서 은혜를 추앙하였네 邇威遠戴恩
구휼선 띄우니 북로가 소생하고 泛舟蘇北路
내탕고를 여니 남쪽 변방이 안정되었네[261] 發帑奠南藩

대리청정의 명을 받았는데, 여러 차례 사양에도 허락을 받지 못하자 2월 18일부터 직접 대리청정한 것을 가리킨다. 간고(幹蠱)는 아들이 아버지의 일을 잘 계승하여 처리함을 말한다. 《周易 蠱卦 初六》

258 완염(琬琰) : 완(琬)과 염(琰)은 모두 미옥(美玉)으로, 여기에 문자를 써서 기록을 남기기도 하므로 간책(簡冊)에 기록되어 있는 것을 아름답게 말한 것이다.

259 산처럼 언덕처럼 : 원문의 '강릉(岡陵)'은 《시경》 〈천보(天保)〉의 "하늘이 당신을 보호하고 지켜주시니, 흥하지 않음이 없으리로다. 산 같고 언덕 같고, 산등성이 같고 구릉 같도다.〔天保定爾, 以莫不興. 如山如阜, 如岡如陵.〕"라는 말에서 유래하여 장수를 기원할 때 쓰인다.

260 남은……증명되리 : 세자의 덕성에 힘입어 자손이 번창하는 것을 말한다. 원문의 '종사(螽斯)'는 《시경》 〈종사(螽斯)〉에 "메뚜기가 많이 모였으니 마땅히 네 자손이 많겠구나.〔螽斯羽詵詵兮, 宜爾子孫振振兮.〕"라고 한 데서 온 말이다.

261 구휼선……안정되었네 : 효명세자가 실제 행한 정사의 한 사례인데, 영남과 호서에 기근이 들자 내탕고(內帑庫)에 있는 많은 곡식을 내어 진휼하는 밑천을 넉넉하게 하였고, 북로(北路)에 또 큰물이 지자 배로 관동(關東)과 영남의 곡식을 운반하여 진휼하도록 하여 남방과 북방에 버려지거나 야윈 자가 없게 한 것을 가리킨다. 《純祖實錄

자신을 굽혀 바야흐로 간언을 권장하여　屈己方昭諫
사람들의 말 널리 듣고 스스로 말을 살폈네　兼聽自察言
창생들 참으로 복이 없으니　蒼生眞少福
죽을 때까지 잊을 수 있으랴　沒世可能諼

왕통을 이어 제사를 주관하란 당부 헛일 되었으니　祧鬯今虛托
사람과 하늘이 필경 누구를 위함인가　人天竟孰爲
칭송하던 백성들 되레 들에서 곡하고　謳歌還野哭
듬직한 반석이 문득 포갠 바둑알 되었네[262]　磐石奄累棋
모후의 애통함 무엇으로 위로하랴　慈慟將何慰
성상의 심정 오랠수록 의심만 드네　宸情久愈疑
난간에 올라 상여 행렬 바라보니　臨欄望輴蹕
오히려 더디 돌아가려 하는 듯하네　猶似待歸遲

만고의 청문[263]의 길에　萬古青門道
의관이 의릉[264]에 가까워지네　衣冠近懿陵

30年 7月 15日 誌文》《楓皐集 卷9 孝明世子延慶墓誌文》

262 듬직한……되었네 : 탄탄하던 국가의 기틀이 세자의 홍서로 위태롭게 되었다는 말이다. 원문의 '누기(累棋)'는 누란중기(累卵疊棋)와 같은 말로 알을 포개고 바둑알을 포개어 무너지기 쉬움을 비유한 표현이다.

263 청문(青門) : 도성의 동쪽 문을 말하는데, 일반적으로 이별 장소를 뜻하는 말로 쓰인다. 전하여 상여가 나가는 문이라는 뜻으로 만시(挽詩) 등에 자주 쓰인다.

264 의릉(懿陵) : 서울 성북구 석관동에 있는 조선 제20대 왕 경종(景宗)과 그의 계비 선의왕후 어씨(宣懿王后 魚氏)의 능이다. 효명세자의 수릉(綏陵)은 경기도 구리시 인

인정이 어느 곳에 안정될까 人情何所泊
천리는 끝내 믿기 어렵네 天理竟難憑
덕을 형용함에 밝음〔明〕이 합당하고 狀德明惟合
이름을 찾노라니 효도〔孝〕가 가장 근거 있네[265] 循名孝最徵
무너진 가슴으로 오늘 축원하노니 崩心今日祝
묵묵한 신의 도움 이어지기를 冥佑在繩繩

재주는 터럭만 한 공효도 없이 才蔑毫毛效
은혜는 골육의 정을 겸하였네[266] 恩兼骨肉情
꿈에서 누런 휘장 치던 날을 찾더니 夢尋黃襹日
하늘에 소흠의 행차를 묻네[267] 天問素廞行
전형은 표창이 잘못될까 부끄러운데[268] 型範慚褒謬
귀결처에는 사리에 밝았음을 우러르노라[269] 甌臾仰理明

창동에 있으므로 상여가 이곳을 지나간다는 의미이다.

265 덕을……있네 : 효명세자가 홍서하고 나서 4일 만에 성복(成服)하고 3일을 더 지낸 무진일에 시호를 효명(孝明), 묘(墓)를 연경(延慶), 묘(廟)를 문호(文祜)라 정하였다. 《純祖實錄 30年 7月 15日 誌文》《楓皐集 卷9 孝明世子延慶墓誌文》

266 은혜는……겸하였네 : 효명세자가 풍고의 외손자임을 가리킨다.

267 꿈에서……묻네 : 갑작스러운 죽음을 가리키는 말이다. 누런 휘장은 지난날 혼례를 올리던 시절을 가리키고, 소흠(素廞)은 빛깔이 흰 장례용구를 가리킨다.

268 전형은……부끄러운데 : 풍고가 효명세자의 지문(誌文)을 지어 세자의 행적을 기렸는데, 여기에 잘못이 있을까 부끄럽다는 겸사이다. 《純祖實錄 30年 7月 15日 誌文》《楓皐集 卷9 孝明世子延慶墓誌文》

269 귀결처에는……우러르노라 : 효명세자의 일생을 요약할 때 사리에 밝았다고 평가할 수 있다는 의미로 보인다. 본래 구유(甌臾)는 움푹한 구덩이를 가리키는데, 《순자

몸으로 대신하고자 하나 정성이 미치지 못해　　代身忱未格
오직 눈물로 여생을 보내리　　惟有淚餘生

(荀子)》〈대략(大略)〉에 "구르는 탄환은 구유에서 그치고, 떠도는 말은 지혜로운 사람에게서 그친다.〔流丸止於甌臾, 流言止於智者.〕"라는 구절이 있다.

석한을 애도하며[270]

悼石閒

명사가 지하로 돌아가니	地下歸名士
인간 세상에 가는 세월 느끼네	人間感逝年
그대를 책 상자의 글에서 만나니	得君巾笥藏
나로 하여금 눈물방울 떨구게 하네	使我淚珠連
지난날 성대했음을 어찌 알았으랴	往日寧知盛
남은 인생이 얼마나 더 낫겠는가	餘生復幾賢
가을바람이 옛 꿈에 불어오니	秋風吹舊夢
살구 처마 앞이 또렷이 떠오르네	歷歷杏簷前

270 석한(石閒)을 애도하며 : 선배이며 지기였던 석한 김조(金照, 1754~1825)를 회상하며 지은 시이다. 이 시의 앞뒤에 배열된 시가 1830년경에 지은 시임을 감안하면 석한이 죽고 나서 몇 해 뒤에 지은 시로 보인다.

문암의 육십일 세 생일을 축하하며[271]

賀問菴六十一歲生朝

경인년 시월은 十月歲庚寅
그대가 태어난 때일세 爲君以降辰
정을 맞추는 것은 옛 예법이 아니고[272] 適丁非古禮
회갑이라 칭함은 지금 사람에서 비롯됐네 稱甲自今人
넉넉한 잔칫상에 풍류가 성대하고 物采風流篤
노래며 시로 송축함이 새롭네 歌詩頌禱新
인정에서 나왔음을 이미 아노니 已知情所起
시속을 따라도 안 될 것 없으리 未妨俗相循
자시에 쌀밥을 먹으니 치아에 눈이 쌓이고 子粒齒叢雪
묘시에 술을 따르니 얼굴에 봄빛이 머무네 卯斟顔駐春
배부를 고기 없다는 말 듣기 드물고 尠聞無肉飽
돈의 귀신이 있음은 자주 보았네[273] 多見有錢神

271 문암(問菴)의……축하하며 : 1830년에 회갑을 맞은 문암 유본학(柳本學, 1770～1842?)에게 써준 축하시이다. 유본학의 본관은 문화(文化), 자는 백교(伯敎)이다. 영재(泠齋) 유득공(柳得恭)의 맏아들로 아우 본예(本藝)와 함께 당시 예원(藝苑)에 이름이 높았다. 문집의 흔적을 추적하면 풍고와는 1825년경부터 교유를 시작하여 노년까지 이어졌다.

272 정(丁)을……아니고 : 정을 맞춘다는 것은 태어난 해에 맞춰 기념한다는 의미로 보인다.

273 배부를……보았네 : 회갑 잔치를 맞이하여 넉넉한 음식을 준비하고 축하의 돈을 주고받는다는 의미이다. 전신(錢神)이란 금전의 힘은 신물(神物)과 같다 하여 돈을

글씨 없는 부채를 품속에 지녔고 素箑懷中置
화려한 종이는 좌우에 진열했네 紋箋座右陳
생선을 손질하며 을골을 잘 발랐고 鮮治宜去乙
연초를 피울 때는 매운맛이 귀하다네[274] 烟吸貴從辛
지팡이로는 청려장이 옥지팡이처럼 어여쁘고 拄杖靑憐玉
글씨를 쓰매 흰 종이가 은색 종이와 다투네 摛毫白賽銀
푸성귀라도 마음에 또한 흡족하고 雖菲心亦足
장난스러워도 일은 더욱 참되네 如戲事逾眞
누가 남쪽으로 나는 학을 읊겠는가[275] 誰詠天南鶴
응당 좌석 위의 보배로 남겨두리 應留席上珍
옛날의 약속을 우선 이렇게 지켜 宿言聊此踐
장수와 축하를 함께 펴노라 賀壽可兼申

높여 일컫는 말인데, 진(晉)나라 때 노포(魯褒)가 일찍이 세상 사람들의 탐욕스러운 세태를 풍자하여 〈전신론(錢神論)〉을 지은 일이 있다.

274 생선을……귀하다네 : 생선과 같은 음식을 잘 조리하였고, 손님과 같이 피울 좋은 담배도 준비했다는 의미이다. 을골(乙骨)이란 물고기 턱 밑에 붙은 아가미뼈를 말하는데, 그 모양이 을(乙) 자 비슷하므로 이렇게 일컫는다고 한다. 《예기》 〈내칙(內則)〉에 "물고기는 아가미뼈를 제거한다.〔魚去乙.〕"라고 하였다.

275 누가……읊겠는가 : 생일을 축하하여 훌륭한 시를 짓는다는 의미이다. 소식(蘇軾)이 생일을 맞아 적벽(赤壁) 아래서 잔치를 벌였을 때, 문득 강가에서 퉁소 소리가 들려왔다. 무슨 소리인지 찾아보니 이위(李委)라는 사람이 〈학남비(鶴南飛)〉라는 신곡(新曲)을 만들어 동파의 생일을 축하하려고 이날 분 것이라고 한다. 《蘇東坡詩集 卷21 李委吹笛》

방승원에게 주다[276]

與方承圓

철옹성 남쪽의 방 별장이	鐵甕城南方別將
장안에서 쌀을 구하며 추위에 갖옷도 없네	長安索米寒無裘
때가 이르면 뜻을 얻으리니 신음할 것 없어라	時來自得不須喟
큰 고을 이름난 번진이 어찌 한정 있으랴	雄府名藩何限州

276 방승원(方承圓)에게 주다 : 시의 내용으로 미루어 방승원은 평안도 영변(寧邊)의 철옹성에서 별장(別將)으로 있는 무관인데, 자세한 행적은 미상이다. 다만 《승정원일기》에 보면, 순조10년(1810)에 금위영 초관(哨官), 1814년에 경복궁 위장(衛將), 1818년에 시채 첨사(恃寨僉使), 1822년에 구례 현감(求禮縣監), 1825년에 금위영 기사장(騎士將), 1826년에 충익위장(忠翊衛將), 1830년에 호위청 별장(別將) 등을 역임한 기록이 있다.

용성이 보내온 시에 차운하다

次蓉城見寄韻

떠돌이별 차갑고 북풍은 매서우니	漂星洌洌北風嚴
해진 솜옷은 삼경이라 냉기를 더하리라	敗絮三更冷更添
흉년에 굶주림은 너 혼자만은 아닌데	儉歲飢寒非所獨
시인의 수심과 질병은 본래 함께 한다네	騷人愁病本相兼
관아가 잔약하여 무공의 술[277] 보이지 않고	官殘不見無功酒
음식이 싱거워 늘 상사의 소금[278]이 생각나리	食淡常思上舍鹽
알겠노라, 매화 앞에 시를 짓는 곳에	知道梅前題句處
벼루의 파도 싸락눈 되어 붓끝이 얼었으리	硯波成霰噤毫尖

277 무공(無功)의 술 : 무공은 당나라 왕적(王績)의 자(字)이다. 일찍이 문하성 대조(門下省待詔)를 지내면서 술 마시는 것을 낙으로 삼았는데, 하루는 대악서사(大樂署史) 초혁(焦革)의 집에서 술을 잘 빚는다는 말을 듣고 이부(吏部)의 반대를 무릅쓰고 마침내 대악승(大樂丞)에 옮겨 제수되었다. 초혁이 보내주는 술을 실컷 마시다가 초혁이 죽자 그의 처가 술을 이어 보내주었는데, 1년 남짓 만에 그의 처마저 죽고 나니 왕적은 벼슬을 버리고 떠났다고 한다. 《新唐書 卷196 王績列傳》

278 상사(上舍)의 소금 : 성균관에서 공부할 때 먹던 소금을 가리킨다. 한유(韓愈)의 〈송궁문(送窮文)〉에 "4년 동안 태학에 있을 때에, 아침에는 부추 반찬, 저녁에는 소금을 반찬 삼아 밥을 먹었다.〔太學四年, 朝韲暮鹽.〕"라는 구절이 있다.

징니연을 읊다[279] 병서

澄泥硯詩 幷序

벼루 두 장을 판다는 자가 있기에 얼른 가져다 보니 징니(澄泥)로 만든 것이었다. 그 하나는 호리병 모양이었고, 하나는 네모난 돌 모양이었는데, 모두 10면에 새겨진 것이 있었는데 먼지와 때로 어두워 보였다. 물에 씻어 살펴보니, 바로 당나라 풍승소(馮承素)[280]가 〈난정서(蘭亭序)〉를 임모한 것과 건륭제가 풍승소의 임모에 대해 읊은 절구였다. 새긴 솜씨가 정묘하였는데, 관지(款識)에 "임진년(1772) 소춘(小春 10월)"이라 하였으니, 지금 59년 되었다. 생각건대, 이것은 내부(內府 궁궐의 창고)의 물건인 듯한데 무슨 연유로 우리나라에 이르렀는지 모르겠고, 또 우리나라에서 처음 얻은 자가 누구였으며, 민간에 유락한 것은 다시 무슨 연유인지 모르겠다. 내가 유본학(柳本學)과 마주 앉아 매만지며 완상하다가 350전으로 바꾸어, 네모난 것은 내 곁에 두고, 호리병 모양의 벼루는 유군에게 주었다. 이 시를 지어 기록하니, 경인년(1830) 남지(南至 동지) 후 19일이다.

279 징니연(澄泥硯)을 읊다 : 징니연이란 벼루의 한 종류로 정제한 진흙을 구워 만들거나 옛날 기와를 파서 만든다. 조조(曹操)가 세운 동작대(銅雀臺)의 기와로 만든 동작와연(銅雀瓦硯)이 대표적인 예이다.

280 풍승소(馮承素) : 627～649. 당나라 태종 때 사람으로 장사랑(將仕郎), 직홍문관(直弘文館)을 지냈다. 정관(貞觀) 13년에 태종의 명으로 왕희지의 친필 〈악의론(樂毅論)〉을 임모하게 하였고, 또 왕희지의 〈난정첩〉 진본을 소익(蕭翼)을 통해 입수한 다음, 풍승소와 조모(趙模) 등에게 임모하게 한 일이 있는데, 풍승소의 임모본이 가장 권위를 얻었다고 한다. 《蘭亭考》

금호문[281] 서쪽 오래된 다리 옆에 金虎門西古橋畔
징니연 두 장이 저자에 나와 있네 兩澄泥硯列市閈
내가 객의 말 듣고서 얼른 사동을 불러 我聞客傳便僮喚
빨리 달려가 돈으로 사오라 당부했네 戒走疾疾將錢換
잠시 후에 가져와서 안석 위에 놓고 片刻携來供几案
어두운 눈 비비면서 자세히 들여다보았네 雙拭昏花注眸看
하나는 호리병 반쪽을 교묘히 가른 모양이고 一形巧剖葫蘆半
하나는 깎아지른 절벽처럼 네모로 잘랐네 一形方截削成岸
십 면에 자잘한 글씨 정연하여 어지럽지 않고 十面細畫整不亂
글자마다 주렁주렁 구슬을 꿰어 놓은 듯하네 字字纚纚璣珠貫
〈난정서〉의 모사본은 풍승소의 솜씨를 높이 치니 蘭亭搨貴承素腕
건륭제가 절구 지어 찬탄하여 읊었네 乾隆絶句有詠讚
두 벼루 모두 이처럼 신묘한 수단으로 새겼으니 兩皆刻此妙手段
마치 금강찬[282]으로 옥을 다듬듯이 했네 如玉鑱用金剛鑽
임진년 소춘에 만든 것임을 알 수 있으니 壬辰小春製可按
분명코 내부의 진귀한 보배였으리 分明內府之珍翫
먹물이 틈새에 들어가 검은 때가 되었으니 墨瀋入罅結煤炭
때때로 붓을 적시던 일 상상할 수 있네 想見時時恣染翰
어찌 만 리나 떨어진 동해가로 와서 萬里胡爲東海浒
하루아침에 도랑에 버려진 물건 되었는가 一朝眞成溝中斷

281 금호문(金虎門) : 창덕궁 돈화문(敦化門) 서쪽에 있던 문으로, 대신들이 창덕궁으로 들어올 때 주로 이 문으로 출입하였다.

282 금강찬(金剛鑽) : 다이아몬드의 한자식 표현으로 금강석(金剛石)이라고도 한다.

명사의 서화 휘장에 들어가지 못하고　　不入名士書畫幔
되레 거간꾼의 잡화로 떨어졌네　　却墮雜貨牙儈漢
달랑 삼백오십 전을 값으로 치르니　　三百五十售直但
구리 엽전이어서 빛나는 금은도 아니었네　　銅青又非黃白燦
매만지매 너를 위해 몹시 한탄하였으니　　摩挲爲汝足嗟惋
옛날에 귀하다 지금 천해짐이 이토록 판연한가　　昔貴今賤乃爾判
듣자니 신물이 풍성의 감옥에 묻혔다가　　曾聞神物埋豐犴
양검과 음검을 장화와 뇌환이 나눠 가졌다네[283]　　一雄一雌分華煥
이 벼루 서로 따르며 흩어지지 않고서　　此硯相隨不相散
몇 년이나 민간에 유락하며 숨어 있었나　　幾年流落民間竄
내가 갑자기 얻고서 이를 드러내며 웃는데　　我忽得之齒政粲
문암[284]이 찾아와 함께 구경하며 감탄했네　　問菴揭來共賞歎
그대는 원래 나의 좋은 시벗이라　　君本是我好詩伴
돌 같은 사귐의 증거이니 돌은 썩지 않는다네　　證交如石石不爛
나 홀로 차지하면 이치에 장애가 되니　　我如獨有於理扞
하나를 주는 것 마음에 어찌 꺼리랴　　擧一相贈心豈憚

283 신물이……가졌다네 : 옛적의 명검으로 전해진 양(陽)의 검 간장(干將)과 음(陰)의 검 막야(莫邪)에 얽힌 고사를 가리킨다. 진(晉)나라 때 점성가 뇌환(雷煥)이 남창(南昌)의 풍성옥(豐城獄) 지하에 묻힌 이 두 자루의 검을 발굴하여 간장검(干將劍)은 상서(尙書) 장화(張華)에게 바치고 막야검(莫邪劍)은 자신이 차고 다녔다. 장화가 죽은 뒤에 간장검의 행방을 알 수 없었다. 뇌환이 죽은 뒤에 그 아들 뇌화(雷華)가 막야검을 차고 평진(平津)을 지나는데, 갑자기 검이 허리에서 빠져나가 물속으로 들어갔다. 뇌화가 사람을 시켜 물속에 들어가 검을 찾게 하였는데, 검은 보이지 않고 두 마리 용이 뒤엉킨 것만 보였다고 한다.《晉書 卷36 張華列傳》

284 문암(問菴) : 유본학의 호이다. 419쪽 주271 참조.

그대에게 보내서 문방의 으뜸으로 삼게 하니 爲君送作文房冠
예서 해서 행서 초서 쓰며 밤낮을 소일하리 隷楷行草消晁旰
밤중에 시를 괴로이 읊으며 손가락 자주 퉁기지만 夜吟心苦指屢彈
노반의 문에서 도끼를 놀리니 땀이 나지 않으랴[285] 弄斧般門那不汗

285 노반(魯般)의……않으랴 : 자신이 지은 시가 상대방에게 미치지 못해 부끄럽다는 의미이다. 노반은 건축과 기술의 시조로 일컫는 춘추 시대 노(魯)나라 공수반(公輸般)을 가리킨다.

밥을 먹고 붓 가는 대로 쓰다

飯罷信筆

우리 집 제육볶음과 꿩국은	家裏豬炒與雉羹
신씨 부엌의 순두부[286]에 미치지 못하고	不及黎祈申廚烹
박씨 집 만두와 고기 완자는	朴家饅頭與煎肉
한씨 집 장독대 갓김치 줄기만 못하네	不如韓甕芥菹莖
지금껏 집안에서 잘 먹어왔건만	向來家裏雖善飯
이따금 배가 불편함을 느꼈네	往往便覺腹不平
삼 일 동안 산속 서재에서 두 음식 배불리 먹으매	三日山齋飽兩物
위가 편해지고 정신과 기운이 맑아지네	胃間澹淨神氣清
위가 편해지니 드디어 고기 생각 없어지고	胃淨遂欲羶葷忘
정신이 맑아지니 아름다운 시구 저절로 나오네	神清不禁佳句生
비로소 알겠노라, 오음과 오색이	乃知五音及五色
사람을 귀먹고 눈멀게 함이 괴이할 것 없어라	無怪令人聾又盲
어찌하면 단번에 속세의 일 멀리하고	安得一併塵事謝
전원에 돌아가 나무꾼과 농부처럼 살아갈까	歸去田園托樵耕

286 신씨 부엌의 순두부 : 신씨는 누구인지 미상이다. 원문의 '여기(黎祈)'는 여기숙(黎祈菽)과 같은 말로 두부를 가리키는데, 팽(烹)이라는 말에 주목하여 처음 끓여낸 순두부로 풀이하였다. 《物名考 無情類 草》《廣才物譜 卷2 飮食部》

벗에게 주다

贈友人

채소를 뜯어먹었다 핑계하여 손님의 망아지 붙들어두고[287] 已誦場苗縶谷駒
차가운 달이 옥항아리 비춤을 다시 보게 되네[288] 更看寒月照氷壺
시인이 예부터 유독 다정다감하여 詩人自古偏多感
우리 도가 지금까지 외롭지 않은 것이리 吾道如今尙不孤
어찌 장군에게 읍객이 없어서야 되랴[289] 肯使將軍無揖客
일찌감치 빼어난 논설을 지었음을 익히 알았네[290] 夙知名論有潛夫

287 채소밭……붙들어두고 : 갖은 핑계를 대어 현자가 못 떠나도록 만류한다는 의미이다. 《시경》 〈백구(白駒)〉에 "깨끗한 흰 망아지가 채소밭 망친다는 구실을 붙여, 붙잡아 매어두고 오늘 못 떠나게 하고는, 그분이 우리 집에서 소요하게 하리라.〔皎皎白駒, 食我場苗, 縶之維之, 以永今朝, 所謂伊人, 於焉逍遙.〕"라고 하였다.

288 차가운……보네 : 손님과 주인이 만나 마음이 서로 통함을 비유한 말이다. 원문의 '한월(寒月)'과 '빙호(氷壺)'는 모두 고결한 인품을 형용하는 시어로 소식(蘇軾)의 〈증반곡(贈潘谷)〉에 "베옷은 때 묻어 검고 손을 갈라 터졌어도, 얼음 항아리에 가을 달을 담는 데 방해될 것 없네.〔布衫漆黑手如龜, 未害氷壺貯秋月.〕"라는 구절이 있다.

289 어찌……되랴 : 읍객(揖客)이란 읍만 할 뿐 절은 하지 않는 객이라는 말로, 상대방이 자신에게 절을 하지 않는 훌륭한 고사라는 말이다. 한(漢)나라의 대장군(大將軍) 위청(衛青)이 막부를 열었을 적에, 급암(汲黯)이 읍만 하고 절을 하지 않자 어떤 사람이 그 이유를 물으니 "대장군에게 읍객이 있다면 그것이 오히려 대장군을 중하게 해주는 것이 되지 않겠는가.〔夫以大將軍有揖客, 反不重耶?〕"라고 하였는데, 위청이 그 말을 듣고는 더욱 그를 어질게 여겼다는 고사가 전한다.《史記 卷120 汲黯列傳》

290 논설을……알았네 : 상대방이 은자이면서 논설에 빼어난 인물이라는 말이다. 후

취기가 올라 나도 모르게 흉금을 토로하여　　醉來未覺胸襟露
삼강과 오호를 다 들이켰네[291]　　呑盡三江與五湖

한의 왕부(王符)는 성격이 강직하여 세속에 부합하지 않고 줄곧 은거 생활을 하면서 10여 편에 달하는 저술을 남겼는데, 이름이 알려질까 염려하여 저술 이름을 〈잠부론(潛夫論)이라고 붙였다 한다.《後漢書 卷49 王符列傳》

291 삼강과……들이켰네 : 가슴속이 호탕함을 비유한 말이다. 삼강(三江)과 오호(五湖)는 중국 소주(蘇州) 근방의 이름난 물을 통칭한 말이다. 당나라 왕발(王勃)의 〈등왕각서(滕王閣序)〉에 "땅은 형산과 여산에 접해 있으며, 삼강을 옷깃으로 하고 오호를 띠로 둘렀으며, 형초를 끌어들이고 구월을 당기고 있다.〔地接衡廬, 襟三江而帶五湖, 控蠻荊而引甌越.〕"라는 구절이 있다.

죽은 나귀를 생각하며

憶故驢

몸이 죽어도 영혼은 남으니	物化靈猶有
나귀여, 너 또한 스스로 알리라	驢乎亦自知
황천에선 누가 네 주인인가	泉臺誰爾主
비탈길 만나면 매양 너를 생각하노라	峽路每余思
따스한 풀밭에선 생기 넘쳐 울었고	草暖鳴生態
무너진 돌다리도 의심 없이 건넜네	矼殘踏不疑
묘향산 유람할 적에 말이 여러 마리였어도	妙香群馬足
당시 너를 따라오는 것 드물었네	當日尠相追

효전의 시에 차운하다[292]

次孝田韻

이 깊은 봄 경치를 마주하여	對此深春景
서로 만나 마시지 않고 어이하랴	相看不飮何
홍매화 아리따움 활짝 웃는 듯하고	絳梅嬌破笑
꾀꼬리 고운 소리는 노래와 같네	黃鳥巧當歌
월로는 벌레가 글씨를 새기는 셈이고[293]	月露蟲成篆
광음은 개미가 맷돌 따라 걷는 격일세[294]	光陰蟻逐磨
붉은 주묵 어디서 얻을까	硏朱安所獲
한번 취함보다 좋을 것 없어라[295]	一醉較無多

292 효전(孝田)의 시에 차운하다 : 효전은 심노숭(沈魯崇, 1762~1837)의 호이다. 《楓皐集 卷4 送孝田宰天安》 참조.

293 월로(月露)는……셈이고 : 시문을 짓는 것도 벌레가 글씨를 새기듯 가치 없는 일이라는 의미이다. 월로는 월로풍운(月露風雲)의 준말로 음풍농월과 같은 의미이다.

294 광음은……격일세 : 해와 달이 운행하는 것이 맷돌 위의 개미가 도는 것과 같다는 의미이다. 가령 맷돌이 서쪽으로 돌고 개미는 동쪽으로 간다면 맷돌은 빠르고 개미는 늦으므로 결국은 개미가 맷돌과 함께 서쪽으로 돌게 된다는 말이다. 《晉書 卷11 天文志上》

295 붉은……없어라 : 시문에 매진하는 것보다 한번 취하는 것이 낫다는 의미이다. 원문의 '연주(硏朱)'는 연주점역(硏朱點易)의 준말로 주묵을 갈아 지은 글의 일부를 붓으로 지우고서 새로 고치는 것을 말한다. 당(唐)나라 때 신선을 매우 좋아했던 고변(高駢)이 〈보허사(步虛詞)〉에서 "청계산 도사를 사람들은 알지를 못하니, 하늘을 오르내리는 학 한 마리뿐이로다. 골짝 어귀 깊이 잠겨 푸른 창은 춥기만 한데, 이슬방울로 주묵을 갈아 지은 글 지우고 고치노라.〔靑溪道士人不識, 上天下天鶴一隻. 洞門深鎖碧窓寒, 滴露硏朱點周易.〕"라고 한 데서 온 말이다.

정원의 거위가 알을 품어 삼십 일이 다 되어 부화하였기에 급히 장난삼아 읊다

園鵝伏卵 幾三旬而觳 率爾戲賦

암 거위가 알을 품으니 두 눈이 휘둥그레　　雌鵝伏卵視如瞠
먹지도 않고 울지도 않으며 한 달 남짓 품었네　　無哑無聲一月强
기운이 변하고 태가 열려 혼돈을 벗어나니　　氣化胞開離混沌
형체 이루고 털이 붙어 부모를 빼닮았네　　形成毛傅肖爺孃
훗날 필시 왕희지가 담아갔던 흰 거위와 흡사할 것이니[296]　　他年定像王籠白
이날 두보의 아황주 같은 병아리 유독 사랑스럽네[297]　　此日偏憐杜酒黃
아이를 잉태함은 남녀가 교접한 후임을 알겠으니　　胎孕知從男女後
탄생의 처음이 어찌 파천황과 같으랴[298]　　厥初何若破天荒

296 훗날……것이니 : 진(晉)나라 왕희지(王羲之)가 거위를 무척 좋아하여 산음(山陰)의 도사(道士)에게 《도덕경(道德經)》을 써주고 거위를 모두 조롱에 담아 돌아왔다는 고사가 있다. 《晉書 王羲之傳》 한유(韓愈)의 〈석고가(石鼓歌)〉에 "왕희지는 세속에 유행하는 글씨체로 모양을 부려, 몇 장의 종이로도 흰 거위와 바꿨다네.〔羲之俗書逞姿媚, 數紙尙可博白鵝.〕"라는 구절이 있다.

297 이날……사랑스럽네 : 아황주(鵝黃酒)는 거위 새끼처럼 색깔이 노란 술을 가리킨다. 당나라 두보(杜甫)의 〈주전소아아(舟前小鵝兒)〉에 "거위 새끼 누런빛이 술 빛과 같으니, 술을 대하듯 거위 새끼를 사랑하네.〔鵝兒黃似酒, 對酒愛新鵝.〕"라고 하였다.

298 탄생의……같으랴 : 거위가 새끼를 부화시키는 것은 음양의 교접으로 인한 도리에 따른 일임을 가리킨다. 원문의 '파천황(破天荒)'은 천지개벽 이전의 혼돈한 상태를 깨뜨려 연다는 뜻으로 지금껏 일어나지 않았던 일을 가리킨다.

시냇가의 맑은 아침

溪上晴朝

봄이라 나른하고 늙어 게으르니 온통 몽롱하여	春慵老倦兩朦朧
작은 난간 동쪽에서 책상다리하고 턱을 괴네	盤膝支頤小檻東
향긋한 풀은 붉은 살구꽃비 흡족히 나눠받고	芳草恰分紅杏雨
푸른 산은 파릇한 버들 바람에 비로소 마르네	青山初曬綠楊風
살아 헤어지고 죽어 이별하여 시인들 다 사라져도	生離死隔詩人盡
묵은해 가고 새해가 오매 물색은 변함없네	歲去年回物色同
흐르는 물과 뜬구름은 본래 휙 지나가니	流水浮雲元一吷
한만히 보내지 말고 가슴속에 간직하세	等閑莫遣着胸中

목관 이천민이 남전에서 왔기에 함께 읊다[299]
李牧官天民自藍田至 共賦

그대 위해 꽃비가 길의 먼지 적신 덕에	爲君花雨浣行塵
창정에서 대작하며 자주 등잔 심지 돋우네	對酌倉亭跋燭頻
그대 돌아올 생각에 방초는 천 리나 물들었고	芳草歸思千里色
나는 병중의 대화로 봄날 밤에 다시 살아난 사람일세	春宵病話再生人
영남 바닷가를 두루 유람함이 되레 부러운데	却憐嶠海冥搜遍
문장이 풍부하고 새로워짐이 더욱 부럽네	更艶文章富有新
석별의 정이 만나 기쁜 자리에 더욱 깊어라	惜別翻深迎喜地
더군다나 내일 아침이 답청절[300]임에랴	明朝況是踏青辰

299 목관(牧官)……읊다 : 울산(蔚山)의 남전(藍田)에서 온 이천민(李天民)과 함께 읊은 시이다. 이천민은 이의철(李懿喆, 1779~?)을 가리킨다. 얼마 전에 울산 목장의 감목관으로 부임한 일이 있다. 《풍고집》 권6 〈울산 감목관으로 나가는 이천민을 전송하며〔送蔚山牧官李天民〕〉 참조. 조선 세종조에 들어오면서 울산의 방어진(方魚津)에 목장이 들어서고 남옥(南玉)엔 남목(南牧), 장기(長鬐)엔 북목(北牧)을 설치하였는데, 남전은 남옥의 별칭으로 한동안 쓰였다고 한다. 이 두 곳 목장은 사복시에서 관리하며 감목관을 지정하여 파견하였다. 정조와 순조 연간에 이곳에 감목관으로 내려왔던 홍세태(洪世泰, 1653~1725)와 원유영(元有永) 등이 남목의 동면에 거주하던 지방 토호들과 어울려 시회를 즐기던 전통을 이어 남전시우회(藍田詩友會)가 발생했고, 근대까지 이어졌다고 한다. 《한석근, 울산 동면(東面)의 남전시우회(藍田詩友會), 울산매일utv. 2013. 1. 16.》《전인철, 남전시우회에 대한 소고, 울산동구문화원, 동구문화 9, 2015년 1월》

300 답청절(踏青節) : 3월 3일을 상사(上巳)라 하는데 속언으로는 답청절(踏青節)이라 한다. 이날에는 사람들이 모두 교외로 나가 야유회를 즐겼다.

화수정[301] 병서

花樹亭 幷序

신묘년(1831) 늦봄에 나는 시냇가 집 작은 정원 속에 있었는데, 종조제(從祖弟) 사의(士猗)[302]가 황해도 관찰사의 감영에서 갑자기 편지를 보내기를 "바닷가라서 복어를 먹을 수 있으나, 맛이 서울만 못합니다. 그러나 형과 함께하지 못함이 한스러워 이제 돈 십천(十千)을 멀리 형의 국값에 쓰시도록 보냅니다."라고 하였다. 편지를 펴서 읽어보자 정이 글 밖에까지 넘쳐 손에 잡힐 정도로 애연하였으니, 나는 이로 인하여 가슴속에 느낌이 일었다. 대체로 인생에서 친척 간의 정이란 그 즐거움이 본래 천륜에서 나오고 음식에서 시작되지 않는다.[303] 그러나 음식이 아니면 또한 친하고 사랑하는 오묘함을 펴서 바라던 바의 정중함을 전달할 수 없다. 이것이 〈벌목(伐木)〉[304] 시를 주공(周公) 때부터 읊고, 화수회(花樹會)[305]를 옛 현인들이 설치한 까닭

301 화수정(花樹亭) : 1831년(순조31)에 화수정을 건립하고서 친족 간의 정이 중요함을 읊은 시이다. 종조제(從祖弟) 김난순(金蘭淳)이 황해도 관찰사로 있으면서 풍고에게 국값에 쓰라고 보내준 돈을 정자 건립에 사용하였다.

302 사의(士猗) : 김난순(金蘭淳, 1781~1851)의 자(字)이다. 본관은 안동(安東), 호는 벽곡(碧谷)이다. 김제겸(金濟謙)의 증손으로, 할아버지는 김탄행(金坦行)이고, 아버지는 군수 김이유(金履裕)이며, 어머니는 유광석(柳光錫)의 딸이다. 1830년 11월부터 1833년 3월까지 황해도 관찰사를 지냈다.

303 친척……않는다 : 《예기》 〈예운(禮運)〉에 "예의 시초는 음식에서 비롯하였다.〔夫禮之初, 始諸飮食.〕"라는 구절을 염두에 두고 천륜의 정이 더 중요함을 강조한 말이다.

304 벌목(伐木) : 《시경》 소아(小雅)의 편명으로 친구 간의 우정을 읊은 시이다.

이다. 사의는 옛사람의 마음을 깨달은 사람일 것이다. 취하고 배부른 즐거움은 짧은 순간에 그치지만, 마음속에 간직한 정은 늘 보는 것만 하겠는가. 드디어 그 돈으로 이 정원에 작은 정자를 지어 "화수(花樹)"라는 편액을 걸고 사의가 돌아오기를 기다린다. 사의가 돌아오기 전에는 내가 사의를 그리워함을 잊을 날이 없을 것이고, 사의가 돌아온 뒤에는 사계절 풍경을 이 정자에 함께 앉아 술과 밥을 마련하여 담소하며 즐기면서, 천륜의 즐거운 일을 펴면서 수명을 마친다면 또한 즐겁지 않겠는가. 건물이란 오래 보존되는 것이니, 비록 백년 뒤에라도 우리 형제의 우정 넘치던 흔적이 땅으로 인해 보존되어서, 사람과 함께 사라지지 않게 할 수 있을 것이다.

보내온 편지를 정원에 앉아 세 번 읽으니	三復來書坐小園
십천의 돈을 복어를 사는 데 쓰지 않았네	十千不用買河豚
진정에서 우러난 그대의 천륜의 정에 감동하여	感君花樹眞情發
검소한 이치가 보존된 나의 띠풀집을 단장했네	剪我茅茨妙理存
정자는 수명이 백 년이라 응당 은덕을 칭송할 테고	亭壽百年應話德
복어국 진기해도 한번 배부르면 누가 흔적 찾으랴	羹珍一飽孰求痕
어리석은 형에 어진 아우가 지금 모두 늙었으니	愚兄賢弟均今老
형제간의 우애를 자손들이 알게 해야 하리	式好宜令示子孫

305 화수회(花樹會) : 친족 간의 모임을 상징하는 말이다. 당나라 시인 잠삼(岑參)이 대종(代宗) 때에 좌습유(左拾遺)에 제수되어 장안(長安)에 갔을 때, 원외랑(員外郎)으로 있는 위씨(韋氏) 집안 친족들이 꽃나무 밑에서 매번 술자리를 벌여 단란한 모임을 하는 것을 보고 〈위원외가화수가(韋員外家花樹歌)〉를 지어 찬양한 데서 유래하였다. 《岑參集 卷4》《近思錄 卷9 治法》

시냇가 집의 풍경

溪屋卽事

푸른 대 붉은 석류에 대낮 해그림자 더딘데	翠竹紅榴午景遲
누렁 소가 송아지 안고 보리 이삭 갈라졌네[306]	黃牛抱犢麥生歧
초가집 처마 아래 나른히 누워 희황의 꿈[307] 꾸노라니	茅檐倦就羲皇夢
되레 숲속의 장정이 저녁밥 되었다 알리네	却有林丁報晚炊

306 누렁……갈라졌네 : 은거하여 태평스러운 풍년을 즐긴다는 의미이다. 원문의 '포독(抱犢)'은 옛날 어떤 은자가 중국 기주(沂州) 승현(承縣) 북쪽에 있는 포독산에서 송아지를 키우며 농사를 지었던 데서 은자를 비유하는 말이다. 보리 이삭이 갈라졌다는 말은 후한(後漢)의 어양 태수(漁陽太守) 장감(張堪)이 호노(狐奴)에서 전답을 개간하여 민생을 안정시키자, 백성들이 "뽕나무에는 곁가지가 없고, 보리에는 이삭이 두 개씩 달렸다. 장군이 정사를 행하면서부터 즐거움을 이루 헤아릴 수 없다.〔桑無附枝, 麥穗兩歧, 張君爲政, 樂不可支.〕"라고 찬미했던 고사에서 태평시절을 상징하는 말이다.《後漢書 卷31 張堪列傳》

307 희황(羲皇)의 꿈 : 복희(伏羲) 황제 때의 이상세계를 꿈꾼다는 의미로 전원에서 한가로이 즐기는 정취를 말한다. 도연명(陶淵明)이 전원생활을 즐기면서 "여름철 한가로이 북창가에 잠들어 누웠다가, 소슬한 바람이 불어와 잠을 깨고 나면 문득 태곳적의 사람인 것처럼 느껴지곤 한다.〔夏月虛閑, 高臥北窓之下, 淸風颯至, 自謂羲皇上人.〕"라고 말한 데에서 유래하였다.《晉書 卷94 隱逸列傳 陶潛》

이천민의 〈동경회고〉 시에 차운하다[308]

次李天民東京懷古韻

드높은 포석정이 바다 모래 위로 솟으니　鮑石高亭出海沙
애절하고 황급한 음악소리 맑은 물결에 오열하네　哀絲急管咽晴波
뉘 알았으랴, 문밖에 한금호가　誰知門外韓擒虎
봄바람 속에 부르는 〈옥수가〉를 요란스레 끊을 줄을[309]　鬧斷春風玉樹歌

308 이천민의……차운하다 : 이천민(李天民)은 이의철(李懿喆, 1779~?)을 가리킨다. 동경(東京)은 경주(慶州)를 가리키는데, 이의철이 얼마 전에 울산목장의 감목관으로 부임한 일이 있으므로 아마 이곳을 유람하고 시를 지어 풍고에게 보내온 듯하다. 《풍고집》 권6 〈울산 감목관으로 나가는 이천민을 전송하며〔送蔚山牧官李天民〕〉 참조.

309 뉘……줄을 : 국가의 위기에도 향락을 일삼았다는 의미이다. 《삼국사기》에는 경애왕이 왕비와 후궁, 친척들과 함께 포석정(鮑石亭)에서 연회를 즐기느라 적병이 쳐들어오는 줄도 모르다가, 왕과 왕비 등이 모두 붙잡혀 견훤의 군영으로 끌려갔다고 한다. 《三國史記 卷50 甄萱列傳》 한금호(韓擒虎)는 수(隋)나라 장수이다. 진(陳)나라 후주(後主)가 주색에 빠져 정사를 돌보지 않고, 많은 누각을 짓고 비빈(妃嬪)들과 잔치를 벌이며 시부(詩賦)를 일삼다가 수나라 장수 한금호에게 잡혀 장안(長安)에 바쳐졌다고 한다. 〈옥수가(玉樹歌)〉는 진나라 후주가 즐겨 부르다가 나라를 망친 악곡 〈옥수후정화(玉樹後庭花)〉를 가리킨다.

두보의 운자를 뽑아 함께 짓다[310]

拈杜韻共賦

구리돈을 마련하여 낚싯배를 세내어　擬辦靑銅賃釣船
보리 누런 계절이라 이호[311]로 나가기 좋네　梨湖好趁麥黃天
탄알 보고 올빼미 구이 생각하니 사람들이 웃을 테지만[312]　彈前鴞炙人應笑
그릇 속의 생선 매운탕에 흥이 벌써 쏠리네　楪裏魚羹興已牽
예부터 초수와 삽수에는 배를 집 삼은 일 일컬었으니[313]　苕霅由來稱泛宅
어찌 꼭 비단 휘장에 화려한 잔치를 마련하랴　綺羅何必設芳筵

310 두보(杜甫)의……짓다 : 두보의 원운은 〈성서 언덕 아래에 배를 띄우다〔城西陂泛舟〕〉라는 시이다. 이 시는 당나라 현종(玄宗) 천보(天寶) 13년(754)에 장안 서쪽의 미파(渼陂)에서 벌인 흥겨운 뱃놀이 광경을 읊은 작품이다.

311 이호(梨湖) : 남한강의 여러 구간마다 이름이 다른데, 경기도 여주시 대신면 천서리 일대를 이호라 부른다. 현재는 이포대교가 놓여 있다.

312 탄알……테지만 : 미리 기대하며 침을 흘린다는 의미이다. 《장자(莊子)》 〈제물론(齊物論)〉의 "계란을 보고 벌써 새벽 알려주기를 요구하며, 탄알을 보고 올빼미 구이를 생각한다.〔見卵而求時夜, 見彈而求鴞炙.〕"라고 하였다.

313 예부터……일컬었으니 : 당나라 때 장지화(張志和)가 절강성(浙江省) 호주시(湖州市) 경내에 있는 초수(苕水)와 삽수(霅水) 사이에 은거하였는데, 안진경(顔眞卿)이 호주 자사(湖州刺史)로 부임하여 장지화가 타고 다니는 낡은 배를 보고 새 배로 바꿔주겠다고 하였다. 이에 장지화가 사양하며 "나의 소원은 배를 집 삼아 물 위에 살면서 초수와 삽수 사이를 왔다 갔다 하는 것이다.〔願爲浮家泛宅, 往來苕霅間.〕"라고 한 고사가 있다. 《新唐書 卷196 隱逸列傳 張志和》

지난가을 일백 곡의 차조를 모두 수확했으니　去秋百斛都收秫

반드시 그대로 하여금 주천[314]을 부러워하지 않게 하리　定不令君羨酒泉

314 주천(酒泉) : 한무제(漢武帝) 태초(太初) 원년에 설치한 주천군(酒泉郡)을 가리키며 모두 9개 현(縣)이 있다고 한다. 두보(杜甫)의 〈음중팔선가(飮中八仙歌)〉에 "여양왕은 서 말 술 마시고야 조정에 나갔고, 길에서 누룩 수레만 만나도 침을 흘렸으며, 주천군에 옮겨 봉해지지 못함을 한한다네.〔汝陽三斗始朝天, 道逢麴車口流涎, 恨不移封向酒泉.〕"라고 하였다.

용성이 시골에 새로 집터를 정했다는 말을 듣고 급히 읊어서 주다[315]

聞蓉城新卜鄕居 率吟贈之

구봉산 앞 목악촌에[316]	九鳳山前木岳村
몇 쌍의 밭이랑이 사립문을 둘렀다네	數雙田畝擁柴門
병든 아내와 어린아이들 새로 깃들 만하고	病妻弱子堪新托
농부와 초동은 옛날 은정이 있는 듯하리	農叟樵童似舊恩
벼슬살이에 누군들 넉넉한 녹봉 없으랴만	宦澤誰無贏俸得
시골살이는 그대가 묵은 인연이 있어서라오	鄕居君自宿緣存
내년 봄에 소 몰고 찾아주길 기다리노니	明春會待驅牛訪
벽 위에 우선 〈낙지론〉[317]을 써두네	壁上聊書樂志論

315 용성(蓉城)이……주다 : 용성은 울산의 감목관을 지낸 이의철(李懿喆, 1779~?)의 호이다. 이의철이 울산 목장의 감목관이 되었다가 30개월의 임기를 마친 뒤 시골에 은거하려고 집터를 정한 것으로 보인다. 《풍고집》 권6 〈울산 감목관으로 나가는 이천민을 전송하며〔送蔚山牧官李天民〕〉 참조.

316 구봉산 앞 목악촌에 : 구봉산(九鳳山)은 구봉산(九峯山)을 가리키는 듯한데, 경기도 양지현(陽智縣) 남쪽에 있는 산이다. 목악촌(木岳村)은 양지현 남쪽에 있던 부곡이다.

317 낙지론(樂志論) : 후한(後漢)의 중장통(仲長統, 179~219)이 지은 글로 한가로운 산속에서 자연과 벗하며 살아가고자 하는 이상적인 전원생활을 묘사하였다. 《古文眞寶後集 卷1》

촉직[318]

促織

빨리 베를 짜라 또 빨리 베 짜라	促織復促織
왜 그리 찌륵찌륵 우는가	唧唧何唧唧
이슬 차가워도 추위를 알지 못하고	露冷不知寒
밤이 길어도 쉴 줄을 모르네	宵長不知息
원망하는 듯하고 또 하소연하는 듯하니	如怨又如訴
흡사 무언가에 쫓기는 듯도 하네	如有所催逼
사람과 벌레가 서로 꾀하지 못하나니	人蟲不相謀
타고난 성정이 서로 다른 때문이지만	情性殊所得
어찌하여 한번 네 소리 들으면	如何一聞爾
나의 회포가 처량해지는 것인가	使我懷悽惻
책을 덮고 등불 아래 기대앉아	掩書隱燈影
멍하니 소리와 얼굴빛을 잃네[319]	嗒然喪聲色
몸 기울여 천지를 바라보니	側身望天地
아득하기만 하여 끝이 없네	悠悠無終極

318 촉직(促織) : 귀뚜라미의 별명인데, 가을밤에 우는 귀뚜라미 소리가 '빨리 베를 짜라'는 소리로 들린다 하여 붙여진 별명이다.

319 책을……잃네 : 물아(物我)를 모두 잊은 무심(無心)의 상태를 가리킨다. 《장자(莊子)》〈제물론(齊物論)〉 첫머리에 "남곽자기가 궤 안에 기대어 앉아서 하늘을 쳐다보고 숨을 쉬니, 멍하니 물아(物我)를 모두 잊은 듯 무심하기만 하였다.〔南郭子綦隱机而坐, 仰天而噓, 塔焉似喪其耦.〕"라는 구절이 있다.

이 한 몸 이미 미미하나	一身既微眇
어찌 마음대로 기뻐하고 슬퍼하랴	胡爲任欣戚
듣자니 사람이 만물 가운데	人言萬物內
가장 신령하여 하늘의 덕 구비하여	最靈具天德
문채는 조화에 참여하고	文彩參造化
오관이 모두 제 기능을 다하였다네	五官皆竭力
내가 생각해본 바로는	如我所思惟
지식으로 말미암아 우환이 생기니	憂患由知識
부러워라, 너희는 자연을 타서	羡爾乘自然
그저 울기만 하고 생각하는 바 없으니	但鳴無思憶

이천민의 〈칠석〉 시에 차운하다

次李天民七夕韻

한번 만나고 한번 헤어짐에 두 줄기 눈물 흐르니　一逢一別淚雙垂
신령한 비가 해마다 기이한 징험을 보이네　靈雨年年指驗奇
천상의 별자리는 욕계를 초월했건만　天上星辰超慾界
세간의 남녀는 그리운 심정을 의탁하였네　世間男女托情思
다리를 만든 것은 참으로 까치가 힘을 쓴 때문이지만　橋成信有鵲輸力
은하수가 얕으니 어찌 견우가 건널 때가 없으리오　河淺那無牛渡時
야단스러운 설화는 처음 누가 지었는지　好事原初誰刱說
지금껏 시인들 즐겨 시로 읊는구나　秖今才子愛吟詩

어제저녁에 느낌이 일어 붓 가는 대로 짧은 시를 짓다

昨夕 意有所感 謾成短律

멀리 견우직녀 두 별이 빛나는 밤	迢遰雙星夜
표표히 외로운 잎 날리는 가을	飄颻一葉秋
은하수엔 구름 그림자 맑고	銀河雲影澹
금정엔 빗소리가 걷혔네	金井雨聲收
어찌하여 인간사에 참여하여	何與人間事
천상의 수심을 나누려 하는가	思分天上愁
주렴 그림자는 서늘하여 움직이지 않고	簾波涼不動
가녀린 달만 잠깐 사이에 누각을 지나네	纖月瞥經樓

이른 가을에 중랑의 시골집을 생각하며[320]

早秋憶中浪田舍

완두는 주렁주렁 올벼는 고개 숙이고 豌豆斑斑早稻垂
늦게 심은 배추와 무잎이 비로소 무성해졌으리 晩菘萊菔葉初滋
도성 안에서 전원의 즐거움 상상하노니 城中想得田家樂
앞 시내에 게 잡을 때가 또 가까워졌네 又近前溪撈蟹時

320 이른……생각하며 : 중랑(中浪)은 서울 중랑구의 중랑천을 가리키는데, 여기서는 특별히 노가재(老稼齋) 김창업(金昌業, 1658~1721)이 거처하던 석교(石郊), 즉 현재 석계역 부근을 지칭한 말이다. 이곳에 있던 김창업의 옛집을 풍고의 아들 김유근(金逌根)이 수리한 일이 있다. 《풍고집》 권6 〈유근이 가재 선생의 옛집을 중수하기에 기뻐서 읊다〔逌根重修稼齋先生舊第 喜而賦〕〉 참조.

동파의 시에 차운하여 가을의 감회를 읊다[321]

次東坡韻感秋

바위 뒤엔 우수수 댓잎 소리 가늘고	石背脩脩竹籟細
바위 앞엔 어둑어둑 이끼가 덮였네	石面陰陰苔文閉
석양 무렵에 누각에 올라 병든 몸 시험하니	夕陽登樓試病骨
청량한 기운 난간에 가득하여 두 소매를 펴네	清涼滿檻鬆雙袂
자미화는 붉은빛 다투고 파초는 초록빛을 다투니	紫薇競紅蕉競綠
마음에 흡족하긴 하지만 오래 즐길 수는 없다네	可怡終非久長計
담장 모퉁이 세 그루 소나무 누가 심었는지	墻角三松誰所種
백 년토록 수려한 빛 사계절 이어지네	百年秀色四時繼
되레 가을을 슬퍼하며 다시 돌아갈 생각하며	却爲悲秋復憶歸
동쪽으로 부처 머리 닮은 청산을 바라보네	東望青山似佛髻
이 산 아래에 푸른 강물 흐르니	此山之下碧江流
어부가 배 타고 가며 세상을 잊으리라	漁人泛泛應遺世

321 동파(東坡)의……읊다 : 원운은 소식(蘇軾)의 〈보조사로부터 두 암자를 유람하고〔自普照遊二庵〕〉라는 시이다. 절강성 부양현(富陽縣)에 있는 보조사(普照寺)를 출발하여 연수원(延壽院) 앞에 있는 두 암자를 유람하고 지은 시인데, 산중의 암자를 유람하는 것이 좋기는 하지만 자신은 화려하고 향기로운 현실 속에 살아가는 것이 더 좋다는 내용이다.

산속 집에서 이천민의 시에 차운하다

山屋次李天民韻

내가 가장 좋아하는 것은 책으로 눈을 덮고	最愛書遮眼
사람을 이끌어 잠 속으로 드는 것이네	勾人到睡鄕
곧 오후의 더위를 피할 수 있으니	便能違午熱
어찌 가을의 서늘함만 기다리랴	何必待秋涼
운향의 향기 끊겼다 이어지고	斷續芸香氣
대자리의 광채는 몽롱하네	朦朧竹簟光
모를레라, 장주의 나비 꿈이	不知周蝶境
지금의 나와 같은지 다른지를	眞否似今卬

화전지[322]

花牋

백 장의 구름 문양에 꽃이 어지러이 피어나고	百張雲樣亂花開
일곱 자 글머리에 직금회문[323]이 아름다웠으리	七字文頭艶錦回
옅푸른 빛은 하늘 위에서 얻은 듯하고	浮碧空從天上得
새빨간 빛은 햇무리에서 가져왔으리	殷紅應是日邊來
보배롭게 받드니 귀중함이 운엽[324]을 능가하고	捧持價重凌雲葉
주머니에 쌓였어도 향이 깊어 해태[325]를 비웃네	封裹香深笑海苔
상자 가득한 맑은 빛이 눈에 들어오니	滿篋淸光應照眼
시를 쓰고자 하나 범상한 재주가 부끄럽네	欲題風韻愧凡才

322 화전지(花牋紙) : 이 시는 당나라 양거원(楊巨源)의 〈최 부마가 보내준 시전지 백 장과 아울러 보내준 사운시에 답하며〔酬崔駙馬惠箋百張兼貽四韻〕〉라는 칠언율시가 잘못 실린 것이다. 원시에 '應是'가 '應自'로 되어 있는 것만 다르다. 화전지는 시전지(詩箋紙)와 같은 말로 시나 편지 따위를 쓰는 문양이 있는 종이를 가리킨다.

323 직금회문(織錦回文) : 직금체(織錦體), 회문(廻文)이라고도 하는데, 거꾸로 읽어도 뜻이 다 통하게 되어 있는 글의 형식이다. 전진(前秦) 두도(竇滔)의 아내 소씨(蘇氏)가 직금회문시(織錦回文詩)를 남편에게 보낸 고사가 있어 아내의 편지, 또는 아름다운 시구를 뜻하기도 한다. 《晉書 卷96 列女傳 竇滔妻蘇氏傳》

324 운엽(雲葉) : 대구로 보아 귀한 종이 종류로 보이는데 미상이다.

325 해태(海苔) : 본래 바다에서 나는 김, 미역 등의 해초를 가리키는 말이다. 남방 사람들이 이것으로 종이를 만들었는데, 그 결이 종횡으로 얽혔다고 한다. 《拾遺記 晉時事》

장혼이 보내온 생일 축하시에 답하다[326]

答張混賀晬

지난해에 화조를 보내주고	去年投火棗
올해엔 설리를 보내주니[327]	今年餽雪梨
장혼이 나의 생일을 축하하여	張混賀余晬
매년 시를 곁들여 보내주네	每年兼有詩
내가 받아서 먹고 또 읽노라니	余受啖且讀
문득 생각하는 바가 있네	忽然有所思
좋은 과일은 심지 않더라도	美果雖不種
돈을 가지고 얻을 수 있지만	將錢可得之
좋은 시구는 가슴에서 나오니	佳句自胸出

326 장혼이……답하다 : 장혼(張混, 1759~1828)이 어느 해에 시를 보내왔는지는 미상이다. 원운은 《이이엄집(而已广集)》 권9 〈하상영안부원군주갑경연 용전세하기운(賀上永安府院君周甲慶讌 用前歲下寄韻)〉이란 제목으로 실려 있다.

장혼은 본관이 결성(結成), 자는 원일(元一), 호는 이이엄(而已广)·공공자(空空子)이다. 서울 출신의 중인으로 인왕산의 옥류동(玉流洞)에 '이이엄'이라는 집을 짓고 천수경(千壽慶)·김낙서(金洛瑞) 등의 중인과 함께 여항문인들의 시모임 송석원시사(松石園詩社)의 중심인물로 활약하면서, 1797년 《풍요속선(風謠續選)》을 편집, 간행하였다. 또 규장각 서리로 있으면서 홍석주(洪奭周)·김조순·김정희(金正喜) 등 당대 사대부 문사들의 지우를 받았다.

327 지난해에……보내주니 : 대추와 배를 보내준 것을 고상하게 표현한 말이다. 화조(火棗)는 금단(金丹)보다도 오히려 약효가 뛰어나서 복용하기만 하면 날개가 돋아 공중을 날 수 있다는 전설상의 선과(仙果) 이름이다. 설리(雪梨)는 속이 하얗고 품질 좋은 배를 가리킨다.

사람들이 어찌 함부로 지으랴　夫人寧妄爲
화려하고 풍성함은 위의가 있고　華贍有魚雅
전아한 법도는 노쇠하지 않았도다[328]　典型非末衰
서로 안 지 수십 년에　相識數十年
이처럼 기이할 줄 생각지 못했네　不謂如是奇
슬프다, 나라 풍속이 편협하여　哀哉國俗偏
인재를 취함에 좋은 규칙 없어라　取人無良規
재주가 좋은지 나쁜지 묻지 않고　不問才脩狹
문벌이 높고 낮은지만 살피네　但視地崇卑
옛 철인이 가시나무에 앉은 봉황을 탄식했으니[329]　昔哲歎棲棘
그대에게 참으로 같은 말을 해줄 만하네　於爾信可推
그대가 곤궁하여 고꾸라질 듯함을 보면　見爾窮欲踣
내 심정에 부끄러움 일어나네　余懷有忸怩

328 화려하고……않았도다 : 장혼의 시세계가 훌륭함을 묘사한 구절이다. 원문의 '어아(魚雅)'는 어어아아(魚魚雅雅)의 준말로 위의(威儀)가 정돈되고 엄숙한 모습을 표현하는 말이다. 원문의 '말쇠(末衰)'는 묘말쇠열(眇末衰劣)을 가리키는 말로, 보잘것없고 노쇠하다는 의미이다.

329 옛……탄식했으니 : 후한(後漢) 때 고성 영(考城令) 왕환(王渙)이 엄격한 정치만 숭상하였는데, 포(蒲)의 정장(亭長)인 구람(仇覽)이 덕으로 사람을 교화한다는 말을 듣고 그를 주부(主簿)로 삼은 다음 "주부는 진원(陳元)이란 사람의 죄를 듣고도 처벌하지 않고 교화했다 하니, 매처럼 맹렬한 뜻이 너무 적은 게 아닌가?"라고 물었다. 이에 구람이 "매가 되는 것보다 난봉(鸞鳳)이 되는 것이 낫습니다."라고 하자, 왕환이 사과하면서 "가시나무는 난봉이 깃들 곳이 아니거니와, 백리 작은 고을이 어찌 대현께서 계실 곳이리오.〔枳棘非鸞鳳所棲, 百里豈大賢之路?〕"라고 하고서 그를 태학(太學)으로 보냈다고 한다.《後漢書 卷76 循吏列傳 仇覽》

그대로 하여금 주옥을 품게 하니 使爾抱珠玉
조물주가 참으로 장난스럽도다 造物眞戲嬉
부디 그대의 처음에 유감을 품지 마소[330] 愼莫憾厥初
천도가 어찌 사람에게 사사로움 있으랴 天道奈人私
수천 필 말을 소유해도 칭송하는 이 없기도 하니[331] 千駟或無稱
그대의 시를 나만 홀로 알아주랴 爾詩獨余知

330 그대의……마소 : 재주를 지녔으나 중인 가문 출신으로 태어난 것을 한탄치 말라는 의미이다.

331 수천……하니 : 부귀한 자가 모두 덕을 지닌 것은 아니라는 의미이다. 원문의 '천사(千駟)'는 4천 마리 말을 가리킨다. 공자가 "제나라 경공이 천 사의 말을 소유하였으나 죽는 날에 사람들이 덕을 칭송함이 없었고, 백이와 숙제는 수양산 아래에서 굶주렸으나 사람들이 지금에 이르도록 칭송하고 있다.〔齊景公有馬千駟, 死之日, 民無德而稱焉, 伯夷、叔齊餓于首陽之下, 民到于今稱之.〕"라고 하였다.《論語 季氏》

유근의 시에 차운하다

次逌根韻

가을 소리 가을빛이 날로 깊어짐을 아노니	秋聲秋色日知深
서리 맞은 머리털 수북하여 거울 속에 무성하네	贏得霜毛鏡裏森
한가로이 앉았음은 내세의 복을 닦기 위함인데	閑坐是修來世福
은밀한 말은 혹 후인의 마음에 부합할는지	微言倘合後人心
스스로 바둑판 가지고 시무를 관찰하고	自將棋局看時務
부질없이 고향 생각하며 밤늦도록 읊노라	漫憶鄕園屬夜吟
죽으면 끝내 가지고 떠나지 못하리니	死了終成携不去
이번 생에 그득한 재물은 욕심이 없네[332]	此生無意滿籯金

332 이번……없네 : 재물을 물려주기보다 학문을 물려주라는 의미이다. 원문의 '만영금(滿籯金)'은 한나라 원제(元帝) 때의 승상 위현성(韋玄成)에 얽힌 고사이다. 위현성의 아버지 위현(韋賢)과 할아버지 위맹(韋孟)까지 삼대가 경학에 밝아 명망이 높았고 모두 현달하니, 사람들이 "자손에게 황금 한 바구니를 물려주는 것보다 경전 하나를 가르치는 것이 낫다.〔遺子黃金滿籯, 不如一經.〕"라고 칭송했다고 한다.《漢書 卷73 韋賢傳》

다시 차운하다

更次

세월이 쉼 없이 흘러 한 해도 절반이 지나니	落落年光過半深
비가 주룩주룩 내려 다시 수심을 더하네	更添愁絶雨森森
하늘은 뜻이 있어 시절을 재촉하는 것 아닌데	天非有意催時運
사람은 까닭 없이 시들어가는 심정 일으키네	人自無端起暮心
재촉하는 섬돌의 벌레는 밤중에 유독 구슬프고	切促階蟲偏夜訴
흩날리는 우물가 나뭇잎은 바람에 부질없이 우네	飄颻井葉漫風吟
고향집 가을 풍경 곧 가까워지리니	故園秋色行將近
단풍은 모래를 물들이고 국화는 황금빛 뿌리리	楓染丹沙菊散金

새벽에 일어나 앞의 운자로 다시 읊다
曉起疊前韻

이슬꽃 시리고 희어 사람을 깊이 감상케 하니	露華淒白感人深
천지의 중간에 삼엄한 기운 퍼졌네	天地中間有肅森
성쇠와 생사는 본래 한순간인데	衰盛死生元一瞥
현우와 왕패에 더욱 마음을 쏟네	賢愚王霸更多心
개는 무엇을 보고 떼를 이뤄 짖어대는가	犬何所怪成群吠
벌레는 무지한데도 괴로운 읊조림 따라 하네	蟲自無知效苦吟
새벽에 빈 누각에 기대 만년의 계책 생각하니	曉倚空樓思晩計
끝내 산을 살 돈을 잘못 허비했도다[333]	終然枉擲買山金

333 끝내……허비했도다 : 미리 은거의 계획을 세우지 못했음을 말한다. 원문의 '매산금(買山金)'은 은거할 산을 구매할 돈을 말한다. 동진(東晉)의 고승 지도림(支道林)이 심공(深公)에게 가서 인산(印山)을 사려고 하니, 심공이 "옛날 소보(巢父)·허유(許由)가 산을 사서 숨었다는 말을 듣지 못했다."라고 말했다고 한다. 《世說新語 排調》

옥호정사 앞 언덕에서 아침에 바라보다

壺舍前皐早望

골짜기 빛이 꿈에서 깨어난 듯	峽色如醒夢
아침 햇살이 북쪽 숲[334]에 엷게 비치네	朝暉澹北林
엷은 구름은 맑게 성곽을 두르고	微霄澄帶郭
차가운 하늘은 빛나게 산줄기와 이어졌네	涼碧矖連岑
높이 오르려는 흥취를 드디어 일으키고	遂引登高興
멀리 떠나려는 마음 부질없이 품어보네	空懷適遠心
가을 매미는 미련이 아직 끊어지지 않아	寒蟬情未斷
나뭇잎 안고서 한번 외로이 우네	抱葉試孤吟

334 북쪽 숲 : 원문의 '북림(北林)'은 옥호정사가 있는 삼청동 골짜기 깊숙한 숲을 가리키는 듯하다.

〈양두섬섬사〉를 의고하여 짓다[335]

擬古兩頭纖纖詞

두 가닥이 가느다란 것은 먼 산의 눈썹이요	兩頭纖纖遠山眉
절반은 희고 절반은 검은 것은 바둑판의 돌이네	半白半黑局中棋
푸드덕푸드덕 소리는 박쥐가 나는 것이고	腷腷膊膊仙鼠飛
높고 선명한 것은 서리 내린 숲의 배로다	磊磊落落霜林梨

335 양두섬섬사(兩頭纖纖詞)를 의고하여 짓다 : 양두섬섬사는 잡체시의 일종으로 보통 사구칠언(四句七言)으로 구성하여 구절마다 앞의 네 글자는 사물의 특징을 묘사하고 뒤의 세 글자는 사물의 명칭을 묘사한다. 첫째 구는 양두섬섬, 둘째 구는 반백반흑(半白半黑), 셋째 구는 복복박박(腷腷膊膊), 넷째 구는 뇌뢰락락(磊磊落落)이 일률적으로 들어간다.

근체시 한 편을 지어 정사로 떠나는 정경산을 전송하다[336]

近體一篇送上行人鄭經山

성은 너른 바다 굽어보고 들은 요동에 열렸으니 城壓重溟野坼遼
눈길 끝까지 그대를 보내며 마음으로 헤아려보네 君行縱目尙心料
산하는 글에서 보던 모습과 어긋나지 않을 테고 山河不爽文書覓
진나라든 한나라든 흐르는 세월과 관계없으리 秦漢無關日月消
우리나라는 시를 안다고 명성 이미 자자하니[337] 左海聲詩名已炙
높은 풍모로 선물 주고받던 그 일 본받을 만하리[338] 高風縞紵事堪翹
칼을 주던 사람이 만약 후손이 남아 贈刀人若遺孫在
명함 들여 세교를 맺으면 녹초를 마중하리[339] 刺款通家迓綠軺

336 근체시……전송하다 : 정경산(鄭經山)은 정원용(鄭元容, 1783~1873)을 가리키며 경산은 그의 호이다. 본관은 동래(東萊), 자는 선지(善之)로 1802년(순조2) 문과에 급제하여, 이조 참의・대사간 등 내직을 두루 거쳐 영의정에까지 올랐다. 1831년(순조31) 동지사 정사로 청나라에 다녀왔다.

337 우리나라는……자자하니 : 명나라 왕사정(王士禎)이 지은 〈논시절구(論詩絶句)〉에 "소고사엔 구름 열어 가는 비가 내리는데, 팔월이라 난초 시들고 국화 한창 피었네. 조선의 사신이 지은 시구를 읽어보니, 동국은 과연 시를 안다고 하겠구나.〔淡雲微雨小姑祠, 菊秀蘭衰八月時. 記得朝鮮使臣語, 果然東國解聲詩.〕"라고 하여 조선 사신의 높은 시적 성취를 칭송하였는데, 앞 두 구절은 청음(淸陰) 김상헌(金尙憲)이 지은 시라고 한다.《漁洋詩話》

338 높은……만하리 : 원문의 '호저(縞紵)'는 선물로 주고받는 흰 명주띠와 모시옷을 가리키는데, 깊은 우정을 나누는 것을 의미한다. 오(吳)나라 계찰(季札)이 정(鄭)나라 자산(子産)에게 흰 명주띠를 선사하자 자산이 그 답례로 모시옷을 보냈다는 고사에서 생긴 말이다.《春秋左氏傳 襄公 29年》

339 칼을……마중하리 : 칼을 주던 사람은 옛날의 효자 왕상(王祥)을 가리키는 듯하다. 사신이 요동을 지나가는 도중에 삼류하(三流河)에서 석문령(石門嶺) 사이에 왕상령(王祥嶺)이 있는데, 왕상이 살던 곳이라 한다. 참고로 위(魏)나라 때 서주 자사(徐州刺史) 여건(呂虔)이 패도(佩刀)를 한 자루 가지고 있었는데, 공인(工人)이 감정해보고 "삼공(三公)이 되는 사람이라야 이 칼을 찰 수 있다."라고 하였다. 여건이 이 패도를 걸맞지 않은 사람이 소유하면 되레 해가 될 것이라 하여 왕상에게 주었고, 왕상은 임종할 때 아우 왕람(王覽)에게 주면서 "너는 크게 흥기하여 이 칼을 차기에 걸맞게 될 것이다."라고 하였는데, 왕람의 집안은 그 후 대대로 인재가 많이 배출되어 큰 문벌이 되었다고 한다. 《晉書 卷23 王祥列傳》

연경 가는 사람을 보내며

送人之燕

성 머리에서 바다를 바라보니 조수가 일어	城頭望海海潮生
흰 파도가 바람을 타고서 변방의 성을 치리	白浪乘風撼塞城
한나라 사신[340] 오지 않아 뗏목만 스스로 맴돌고	漢使不來槎自轉
진나라 황제 이미 사라져 돌만 도리어 놀라우리[341]	秦皇已去石還驚
뽕밭이 바다로 변하니 천년의 역사요	桑田反覆千年事
구름 낀 나무 아득하니 만리의 정이로다	雲樹蒼茫萬里情
이날 술잔 돌려가며 흥취를 다 풀어보세	此日流觴須盡興
당시에 불로초 찾은 일 끝내 무엇을 이뤘나[342]	當時採藥竟何成

340 한나라 사신 : 한(漢)나라 때 서역(西域)의 무역로를 개척한 장건(張騫)을 가리킨다.

341 진나라……놀라우리 : 요동의 봉황산(鳳凰山)에 있는 맹강(孟姜)을 모신 정녀사(貞女祠)에 얽힌 전설을 가리킨다. 진(秦)나라가 장성을 쌓을 적에 범랑(范郎)이라는 역도(役徒)가 이 일에 종사하다가 죽었는데, 그의 아내 허씨(許氏)가 남편을 찾아오니 남편은 이미 죽어 해도(海島)에 장례한 뒤였다. 허씨는 망부대 위에서 남편을 위해 곡하다가 마침내 그 자리에서 죽어 돌아가지 못했는데, 뒤에 산해관 주사(山海關主事) 장동(張棟)이 이 대에 사당을 세우고 장시현(張時顯)이 비문을 지어 비를 세웠다고 한다. 《白沙別集 卷5 朝天錄上》

342 당시에……이뤘나 : 불로장생을 구하기보다 당장 이별의 술잔을 기울이자는 의미이다. 진시황(秦始皇) 때에 방사(方士) 서불(徐市)이 불사약(不死藥)을 구하기 위하여 동남동녀(童男童女) 5백 명을 데리고 동해의 삼신산(三神山)으로 들어갔다는 전설을 가리킨다.

밤에 일어나 책상 위의 매화를 읊다
夜起詠牀梅

잠자던 눈 살포시 떠보니　睡眼微微開
몽롱하게 작은 매화가 보이네　矇朧識小梅
그윽한 향기 베갯머리에 엉기고　暗香凝枕角
성근 그림자는 병풍 모서리에 은은하네　疏影隱屛隈
등불을 걸어둔 걸 깜빡 잊고서　不記燈懸在
달빛이 비쳐드는가 화들짝 놀랐네　翻驚月照來
씁쓸히 한바탕 웃으니　悄然成一笑
어디에서 옥인[343]이 돌아오셨나　何處玉人廻

343 옥인(玉人) : 매화의 흰 꽃을 미인에 비유한 말이다.

와운산방에서 이천민에게 시를 지어 보이다[344]

臥雲山房示李天民

오경에 좀체 잠들지 못하고	五更渾不寐
오도카니 산속 창가에 앉았네	兀兀坐山窓
솔바람 소리는 풍경 소리와 함께 맑고	松韻淸依磬
매화 향기는 등잔을 감돌아 은은하네	梅香暗護釭
추위에 놀란 뜨락의 학이 애처롭고	警寒哀院鶴
눈 보고 짖는 마을의 삽살개 유난스럽네	吠雪怪村尨
평생의 호쾌한 일 회상하노라니	緬憶平生快
강 가득 달밤에 썰매 타던 일일세	氷車月一江

344 와운산방(臥雲山房)에서……보이다 : 와운산방은 삼각산 인수봉 아래에 있던 와운루(臥雲樓)를 가리키는 듯하다. 삼각산 북쪽으로 도성문에서 40리 거리에 있으며 영조 연간에 홍석보(洪錫輔, 1672~1729)가 지었다고 한다.《楓皐集 卷1 遊淸潭 幷序》《眉山集 卷8 游淸潭記》 이천민(李天民)은 이의철(李懿喆, 1779~?)을 가리키며 천민은 그의 자(字)이다.

수선화

水仙花

여러 꽃 중에서 홀로 빼어나	群芳之外獨超然
물과 돌을 벗한 생애가 신선의 품격일세	水石生涯品是仙
계수 궁전의 수의[345]인가 구름처럼 무성하고	桂殿銖衣雲縰縰
한고대의 패옥[346]인가 달처럼 곱기도 해라	漢皐瓊珮月娟娟
향기로운 혼은 번화한 꿈에 떨어지지 않고	香魂不墮繁華夢
차가운 성질은 폐색한 절기를 상관치 않네	冷性無干閉塞天
나는 이미 교제를 끊었고 그대는 벗이 적으니	我已息交君少侶
그저 마음으로 세한의 인연을 맺을 만하네	秪宜心結歲寒緣

345 계수 궁전의 수의 : 계수 궁전은 달세계를 표현한 말인데, 여기서는 수선화 잎을 비유한 듯하다. 수의(銖衣)는 불교의 도리천(忉利天)에서 입는 매우 가벼운 옷으로, 보통 선인(仙人)의 옷을 가리킨다.

346 한고대(漢皐臺)의 패옥 : 수선화 꽃잎을 비유한 말이다. 한고(漢皐)는 호북성(胡北省)에 있는 산 이름이다. 주(周)나라 정교보(鄭交甫)가 초(楚)나라 한고대 아래에서 강비(江妃)인 선녀 두 사람을 만나 사랑의 표시로 패옥(佩玉)을 받았는데, 몇 걸음 가지 않아서 보니 패옥도 없고 그녀들도 종적이 묘연하였다 한다. 《文選 卷6 江賦 注》

한식[347]

寒食

버들 바람이 엿 파는 소리를 불어 보내니	柳風吹送賣餳聲
낮잠에서 도로 깨어 집을 둘러 거니네	午睡醒回遶屋行
풀빛은 강호의 선비를 이별함에 더욱 사랑스럽고	草色重憐湖士別
꽃이 날리매 야승의 정을 부질없이 저버렸네	花飛漫負野僧情

347 한식(寒食) : 명절의 하나로 동지에서 105일째 되는 날로서 4월 5일이나 6일쯤이 되는데, 조상의 산소를 찾아 제사를 지내고 사초(莎草)하는 등 묘를 돌아본다. 《형초세시기(荊楚歲時記)》에는 "동지로부터 105일이 지나서 거센 비바람이 몰아치는 때를 한식이라 하여 삼 일 동안 불을 금하고, 엿과 대맥죽을 만든다.〔去冬節一百五日, 卽有疾風甚雨, 謂之寒食, 禁火三日, 造餳大麥粥〕"라고 하였다.

답청 전날 저녁에 비를 만나 북창에서 자며 하릴없이 읊다[348]

踏青前夕值雨 宿北倉謾吟

답청의 시절에 빗소리 추적추적하니	踏青時候雨聲聲
내일이면 한양도성에 꽃이 만발하리	來日花應遍漢城
이웃 노인 부추겨 옛 흥취 솟구치게 하여	但使隣翁饒舊興
병든 나도 내일 답청을 시험해보겠네	猶堪病我試新晴
복어국 진한 국물 진기하기 짝이 없고	文鯀臛膩珍無對
녹의주 술 향기는 기묘하여 이름할 수 없네	綠蟻醽香妙莫名
시사의 동지들 셋 중에 둘이 비니	社裏同人三損二
춘풍에 어찌 여생을 생각지 않으랴	春風那不念餘生

348 답청(踏青)……읊다 : 3월 3일을 상사(上巳)라 하는데 속언으로는 답청절(踏青節)이라 한다. 이날에는 사람들이 모두 교외의 들로 나가 야유회를 즐겼다.

어떤 이의 〈골짜기를 유람하며〉란 시에 차운하다

次人遊洞門韻

아직 남은 꽃을 찾기 위해	爲覓殘紅在
서로 어울려 북쪽 숲에 이르렀네	相將到北林
바둑이 늦어 꽃 그림자 기울고	枰遲花影昃
꾀꼬리 소리 드무니 골짜기가 깊네	鶯歇洞門深
아리따운 풀은 내 몸을 둘러 펼쳐지고	芳草圍身定
푸른 하늘은 정수리에 바짝 드리웠네	靑天拍頂臨
취하고 깨는 모습 비록 달라도	醉醒雖異態
산수를 즐기는 마음[349] 동일하네	仁智且同心

349 산수를 즐기는 마음 : 원문의 '인지(仁智)'는 《논어》 〈옹야(雍也)〉에 "지혜로운 이는 물을 좋아하고, 어진 이는 산을 좋아한다.〔知者樂水, 仁者樂山.〕"라는 공자의 말에서 유래하여 산수를 즐기는 것을 가리킨다.

영야와 북저동으로 나가 함께 읊다[350]

與寧野出北渚同吟

꽃의 주인이 누군지 묻지 않고 不問花誰主
마을을 두루 다니며 구경하네 行看遍一村
흐르는 물 밖에서 시를 이루고 詩成流水外
고송의 뿌리에서 바둑을 두네 棋對古松根
산의 해는 숲을 스치며 저물고 山日捎林轉
시내의 구름은 비를 머금어 어둡네 溪雲釀雨昏
여유롭게 머물러 잘 생각에 悠然思止宿
맑은 홍취에 남은 술동이 기울이네 清興湛餘樽

송 노인이 어느 해에 지었는지[351] 宋老何年築
복사꽃 밭이 한 마을에서 으뜸일세 桃園甲一村
기거함에 별다른 수단 없어도 起居無別幹

350 영야(寧野)와……읊다 : 영야는 서준보(徐俊輔, 1770~1856)의 호이다. 본관은 대구(大丘), 자는 치수(穉秀), 다른 호는 죽파(竹坡)이다. 아버지는 이조 판서 유방(有防)이며, 유린(有隣)에게 입양되었다. 1794년 문과에 급제, 내외직을 두루 역임하여 벼슬이 판서에 올랐다. 풍고가 척제(戚弟)로 호칭하며 간혹 만나서 어울렸다. 원문의 '북저(北渚)'는 혜화문 밖에 있던 북저동(北渚洞)을 가리키는데, 현재 성북동에 해당하며 복사꽃이 많아서 민간에서 도화동(桃花洞), 홍도동(紅桃洞)이라고도 불렀다 한다.

351 송……지었는지 : 우암(尤庵) 송시열(宋時烈)이 거처하던 곳이 송동(宋洞)으로 현재 명륜동1가에 해당한다. 이곳에 송시열의 옛 집터가 있는데, 이곳 담벼락에 '증주벽립(曾朱壁立)'이라고 새긴 큰 글자가 남아 있다.

의식은 저절로 터전을 이루었네[352]	衣食自成根
돌틈 샘물은 예나 지금이나 변함 없고	石澗情今古
구름 낀 산은 아침저녁으로 모습이 다르네	雲巒態曉昏
돈이 있으면 이곳을 사서	有錢應買此
서책 끼고 거문고와 술동이를 벗하리라	書卷伴琴樽

352 기거함에……이루었네 : 복숭아를 팔아 살아간다는 의미이다. 기록에 따르면 북저동은 혜화문 밖 북쪽에 있는데, 동(洞) 가운데 복숭아나무를 벌여 심어서 봄철에 복사꽃이 한창 피면, 도성 사람들이 다투어 나가서 놀며 구경하므로 민간에서는 도화동(桃花洞)이라 부르며, 어영청의 성북둔(城北屯)이 있다고 한다. 또한 북사동(北寺洞)이라고도 하며 옛날에 묵사(墨寺)가 있었기 때문에 묵사동(墨寺洞)이라고도 하는데 맑은 시내의 언덕을 따라 주민들이 복숭아나무를 심어서 생활을 했다고 한다. 《新增東國輿地勝覽 卷3 東國輿地備考 第2篇 漢城府》

흰 두견화

白杜鵑

전신이 촉나라 혼을 지닌 새임을 아노니	前身知是蜀魂禽
만 번 변하여도 한 조각 붉은 마음 여전하네[353]	萬化猶丹一片心
다만 동풍에 피울음 다 짜내어	秖爲東風啼血盡
오직 옥골만 남아 지금까지 이르렀으리	惟餘玉骨到如今

353 전신이……여전하네 : 원문의 '촉혼(蜀魂)'은 두견새의 별칭인데, 촉백(蜀魄)·촉조(蜀鳥)·귀촉도(歸蜀道)·두백(杜魄)·두우(杜宇)·망제혼(望帝魂) 등으로도 불린다. 옛날 촉(蜀)나라 망제(望帝)는 이름이 두우(杜宇)인데, 신하에게 왕위를 잃고 죽어서 두견새가 되어 밤낮으로 울며 토한 피가 두견화가 되었다고 한다.《華陽國志 卷3 蜀志》

산속 집에서 감회를 적다

山館書感

문학의 마음은 새가 봄을 우는 것과 흡사하고	文心一似鳥鳴春
사귐의 도는 옥에 먼지를 떠는 데서 늘 보네	交道常看玉去塵
그대가 선봉에서 으쌰 어이쌰 외쳐	喁許君爲前者唱
나와 뒤의 사람들에게 모범이 되어라	典型余與後之人
결코 《태현경》보다 못한 《주역》이 없고	斷無大易輸玄草
능히 소신이 된 좌구명이 있게 되었네[354]	能有丘明作素臣
산빛과 물소리에 기미가 통하니	嶽色泉聲通氣味
술 마시고 시 지으며 정든 친구를 보네	樽南硯北見情親

354 결코……되었네 : 《태현경(太玄經)》은 한(漢)나라 양웅(揚雄)이 《주역》을 본떠 만든 책으로 모두 10권인데, 《주역》과 비교해보면 괘(卦)를 가(家)라 하고 단(彖)을 현수(玄首)라 하고 효(爻)를 현찬(玄贊)이라 하는 등 용어를 달리하였다. 일찍이 한(漢)나라 유학자들이 《춘추(春秋)》를 지은 공자를 소왕(素王)이라고 일컬었고, 《춘추전》을 지은 좌구명(左丘明)을 높여 소신(素臣)이라 일컬었다.

섬돌 아래 대나무

階下竹

대나무 심자 새로이 푸르게 물들어	種得琅玕綠染新
뙤약볕에서 바위 곁에서 정신을 드러내네	炎天石畔見精神
천만 줄기 자손이 구름 위까지 솟으니	孫枝千萬凌雲起
백세청풍이 모두 한 몸에서 비롯되었네[355]	百世淸風摠一身

355 천만……비롯되었네 : 번성한 대나무가 처음 한 뿌리에서 시작되었듯이, 유구한 집안의 전통도 훌륭한 조상에서 비롯되었다는 의미이다.

지은이 **김조순(金祖淳)**

1765(영조41)~1832(순조32). 본관은 안동(安東), 초명은 낙순(洛淳), 자는 사원(士源), 호는 풍고(楓皐), 시호는 충문(忠文)이다. 영의정 김창집(金昌集)의 4대손으로, 부친은 부사를 지낸 김이중(金履中)이다. 21세 때인 1785년(정조9)에 문과에 급제하여 정조로부터 조순(祖淳)이라는 이름을 하사받았으며, 1786년 초계문신(抄啓文臣)에 뽑혔다. 1792년(정조16)에 담정(藫庭) 김려(金鑢)와 함께 《우초신지(虞初新志)》를 모방하여 《우초속지(虞初續志)》를 만들었다. 이해 10월에 동지겸사은사의 서장관으로 연행하였으며, 패관소설의 탐독으로 문체가 바르지 못하다는 정조의 견책을 받고 연행 도중 자송문(自訟文)을 지어 올렸다. 1800년(정조24) 6월 정조가 승하한 뒤 정조의 시책문(諡冊文)을 지어 올렸다. 병조·예조·이조의 판서를 거친 뒤 1802년(순조2)에 문형이 되었으며, 이해 9월에 딸이 순조의 비(妃)가 되자 영안부원군(永安府院君)에 봉해졌다. 1804년(순조4) 무렵 삼청동(三淸洞)에 별장인 옥호정(玉壺亭)을 조성하였으며, 이곳을 중심으로 많은 문인들과 시회를 펼쳤다. 이후 훈련대장과 금위대장을 역임하였고, 1826년(순조26)에 다시 문형이 되었다. 1832년(순조32) 4월 3일 세상을 떠나 여주(驪州) 효자리(孝子里)에 묻혔으며, 1841년(헌종7)에 이천(利川) 가좌동(加佐洞)으로 이장되었다. 정조의 묘정에 배향되었으며, 양주의 석실서원(石室書院)과 여주의 현암서원(玄巖書院)에 제향되었다. 저서로 《풍고집》이 있다.

옮긴이 **김채식(金菜植)**

1967년 충북 진천에서 태어났다. 성균관대학교 한문교육과를 졸업하고, 한림대학교 부설 태동고전연구소에서 한문을 수학했다. 성균관대학교 한문학과에서 문학석사와 문학박사 학위를 받았다. 현재 성균관대학교 대동문화연구원 거점번역연구소에 재직 중이다. 박사학위논문은 〈이규경의 오주연문장전산고 연구〉이고, 번역서로 《무명자집 5·6·13·14》, 《환재집 1·2》이 있으며, 공역서로 《김광국의 석농화원》, 《석견루시초》, 《풍고집 2》 등이 있다.

권역별거점연구소협동번역사업 연구진

연구책임자　이영호(성균관대학교 HK 교수)
공동연구원　이희목(성균관대학교 한문학과 교수)
　　　　　　진재교(성균관대학교 한문교육과 교수)
　　　　　　안대회(성균관대학교 한문학과 교수)
책임연구원　김채식
　　　　　　이상아
　　　　　　이성민
　　　　　　이승현
　　　　　　서한석
연구원　　　임영걸

교열　　　　송기채(한국고전번역원 명예교수)
　　　　　　임정기(전 한국고전번역원 자문위원)
윤문　　　　성창훈(성균관대 한문학과 박사과정 수료)

풍고집 3

김조순 지음 | 김채식 옮김
2020년 12월 31일 초판 1쇄 발행
편집·발행 성균관대학교 출판부 | 등록 1975. 5. 21. 제1975-9호
주소 (03063) 서울시 종로구 성균관로 25-2
전화 760-1253~4 | 팩스 762-7452 | 홈페이지 press.skku.edu
조판 김은하 | 인쇄 및 제본 영신사

값 25,000원
ISBN 979-11-5550-442-0　94810
　　　979-11-5550-365-2 (세트)